中青年学者“双碳”目标学术研讨系列

本书受国家自科基金（72073008）和北京工商大学人才培养质量建设资助。

中国能源效率及碳减排潜力综合实证研究

陈真玲◎著

中国财经出版传媒集团
中国财政经济出版社

图书在版编目（CIP）数据

中国能源效率及碳减排潜力综合实证研究 / 陈真玲著. -- 北京：中国财政经济出版社，2022.1
（中青年学者“双碳”目标学术研讨系列）
ISBN 978 - 7 - 5223 - 0721 - 3

Ⅰ.①中…　Ⅱ.①陈…　Ⅲ.①能源效率－研究－中国②二氧化碳－减量化－排气－研究－中国　Ⅳ.①F206②X511

中国版本图书馆 CIP 数据核字（2021）第 161682 号

责任编辑：高树花　　　　责任印制：史大鹏
责任校对：胡永立

中国财政经济出版社 出版

URL：http：//www.cfeph.cn
E - mail：cfeph@cfeph.cn

社址：北京市海淀区阜成路甲 28 号　邮政编码：100142
营销中心电话：010 - 88191522
天猫网店：中国财政经济出版社旗舰店
网址：https：//zgczjjcbs.tmall.com
北京财经印刷厂印刷　各地新华书店经销
成品尺寸：170mm × 240mm　16 开　15 印张　230 000 字
2022 年 1 月第 1 版　2022 年 1 月北京第 1 次印刷
定价：68.00 元
ISBN 978 - 7 - 5223 - 0721 - 3
（图书出现印装问题，本社负责调换，电话：010 - 88190548）
本社质量投诉电话：010 - 88190744
打击盗版举报热线：010 - 88191661　QQ：2242791300

前　言

我国幅员辽阔，人口众多，自然资源和环境面临着巨大的压力。由于煤炭是我国最重要的能源来源，导致我国碳排放居高不下，政府制定一系列积极政策推动节能减排，行政命令、行业标准、碳市场等总量型和价格型的减排手段不断推出。在众多减排方式中，提高能源效率是最直接有效的手段之一。国际能源署（IEA）提出，满足全球能源需求最环保、最便宜、最快捷的方法就是提高能源效率。先进国家的能源利用率为40%～50%，并力求再提高20%～30%；而我国能源利用率不到30%，还有很大的提升潜力。世界能源理事会（WEC）指出，整个世界的能源效率的改善潜力是巨大的。如果能够解决我国能源非科学的开发、利用和严重浪费等问题，就如同开发出一种新的主要能源。现在，有很多国际组织和专家把能源效率的提高看作与煤炭、石油、天然气、核能并列的“世界第五大能源”。

何谓能源效率？WEC（World Energy Council）（2006）将能源效率解释为能源服务产出与能源投入的比值。魏一鸣等（2013）认为，提高能源效率的目标就是在保证能源消费最小化的同时使产品服务尽可能最大化。产品服务的生产不可避免地会产生对环境的污染，因此能源效率提高不仅要实现期望产出的最大化，还要同时减少环境污染等非期望产出。传统能源效率大多指能源的利用效率，也即单位能源消费带来的产出变动。因此评价一个决策单元是否达到能源利用有效，往往仅看能源消费的期望产出效应而忽视非期望产出效应。非期望产出是指生产过程中不可避免地排放的一些污染物或温室气体（比如废水、二氧化碳）。传统的效率和生产率测算往往忽视了非期望产出，生产过程中如果不考虑环境污染等非期望产出往往会对经济效率的测算出现高估（Denison，1979；Repetto et al.，

2008），而 Hailu 和 Veeman（2000）认为，正是“好”产出和“坏”产出的不平衡处理扭曲了对经济绩效和社会福利水平变化的评价，导致在使用传统全要素生产率的测度方法测算生产率增长时出现偏差。因此，将碳排放与能源利用效率结合起来成为新的研究态势。在此背景下，提高能源（利用）效率指的是在发展经济的同时，消耗同样的能源总量产生尽可能少的碳排放。很显然，这一概念属于全要素生产率的分析框架。

在研究能源效率的方法方面，数据包络分析（DEA）由于能够同时处理多投入多产出的复杂情形，因此得到了广泛的应用。DEA 方法是 Charnes，Cooper 和 Rhodes 于 1978 年提出的基于投入产出数据的相对有效性评价方法。DEA 是用来估计决策单元（DMUs）相对有效性的一种非参数数学方法，其优势在于无需事前对各个指标设置权重，而系统会自动选择达到自身最优表现的权重。前沿面上的决策单元由于达到了最佳实践和最优表现被认为是有效的，不在前沿面上的决策单元被认为是无效的，通过对比有效决策单元或投影到前沿面的距离来反映决策单元的无效程度。DEA 由于采用统计学方法自动赋权，从而可以有效减少环境指标赋权的主观性影响，为我们提供一种评价经济发展和环境影响相对效率的思路（杨斌，2009）。DEA 不仅能够测算能源效率，而且通过与前沿面的决策单元的比较，还可以估算被评价单元的减排潜力。通过对减排潜力的衡量，可以提出有针对性的区域减排策略，为实现碳达峰、碳中和目标提供决策参考。

因此，本书综合运用 DEA、统计分析、计量经济建模、博弈论等综合实证方法，致力于研究中国能源效率及碳减排潜力。

本书作者长期关注中国的资源、能源及环境问题。初稿是在作者博士后出站报告基础上完成的，书中大部分章节来源于作者已经发表的小论文。其中第五章“中国制造行业能源拥挤效应研究”来源于期刊《系统理论与实践》2019 年第 39 卷第 7 期；第十章“中国省级区域初始配额分配方案”来源于期刊《管理世界》2019 年第 35 卷第 3 期；第十一章“环境税制下政府与污染企业演化博弈分析”来源于《管理评论》2017 年 29 卷第 5 期；第十二章“生态效率、城镇化与空间溢出——基于空间面板杜宾模型的研究”来源于《管理评论》2016 年 28 卷第 11 期。

此外，本书的出版得到了倪国华教授主持的国家自然科学基金项目：全球贸易新格局下中国构建自主型粮食安全体系的理论路径与政策模拟研究（72073008）以及北京工商大学人才培养质量建设——一流专业建设——金融学的资金支持，在此特别表示感谢。通过参加倪国华教授粮食安全与粮食政策研究团队，使我对我国粮食安全及其面临的国际贸易环境有了更加理性而深刻的认识。粮食安全是国家安全的重要基础，习近平总书记指出："要牢牢把住粮食安全主动权，粮食生产年年要抓紧。"但总体看，我国粮食安全基础仍不稳固，粮食安全形势依然严峻，尤其是面对复杂多变的国际贸易环境，我们绝对不能放松警惕。坚持最严格的耕地保护制度，坚守耕地红线，实施藏粮于地、藏粮于技战略。总之，粮食安全是一项系统工程，只有树立危机意识和全局思维，才能真正做到"把饭碗端在自己手里"，才能在未来不会被吃饭问题"卡脖子"。只有在保证我国粮食供给安全解决14亿人民温饱的基础上，才有"力气"谈发展，才有底气谈减排。

鉴于本书作者的水平有限，书中的错误在所难免，还请广大读者批评指正。

作　者

2021年9月

摘　要

节能减排既是中国政府的重要目标，也是中国经济低碳转型的关键。本书首先利用数据包络分析方法建立能源效率、碳减排潜力和能源拥挤的估算模型，对中国制造业行业、火电部门以及中国30个省级区域的能源效率、碳减排潜力和能源拥挤进行评估和影响因素分析；其次从全要素生产率视角研究建立中国七大碳试点的减排效果的DID模型和兼顾目标与责任、公平与效率的区域碳配额分配模型，运用这些模型对碳试点减排效果以及配额分配进行了实证研究；最后从行业异质性和区域异质性视角从能源效率、建立全国统一碳市场的省级区域分配方案、空间效应检验及环境税对企业减排行为影响等方面提出政策建议。这些研究为中国制造行业节能减排、促进中国经济低碳转型提供决策支持。

这些研究成果具有以下理论意义和实践意义：

(1) 在能源效率理论基础上，构建碳排放约束下能源效率和碳减排潜力识别测算模型，从制造业行业和区域能源利用效率视角提出节能减排的政策建议。

(2) 以我国制造业行业和省级区域为研究对象，甄别并测算制造业行业和区域的能源效率状态，并对能源全要素生产率进行测算及对驱动因素分析剖析，从行业异质性和区域异质性视角提出改善能源效率的政策建议，为我国节能减排提供政策支持。

(3) 针对中国经济发展的规模过大，能源浪费严重，可能形成能源拥挤效应，本书拟在自由处置和管理处置的思想下构建能源期望拥挤模型和能源非期望拥挤模型，分别从制造业行业和省级区域视角来检验并测算中国经济系统是否存在能源拥挤效应，这对于能源效率理论是一次深化和扩展。

(4) 从区域科学的视角，本书提出了基于责任原则的碳配额分配机制，将历史责任和碳转移责任统一在区域碳配额分配机制中。这对于区域碳减排以及通过市场手段建立减排具有重要的启示作用。

(5) 鉴于碳排放与环境污染具有类似性，本书最后两章立足中国环境污染严重的客观事实，探究了环境税对企业减排行为的影响机制、城镇化对生态效率的空间影响机制，从另一个视角研究中国的能源环境问题，从而为中国污染物和碳排放减少提出政策建议。

目　录

1.

引　言

1.1

研究背景和意义

化石能源产生的 CO_2 排放是引起全球气候变暖的主要原因，据国际能源署IEA 预测如果全球经济按照现有发展模式，将在 2050 年难以实现温控 2℃ 的目标，要想实现该目标，温室气体排放要比 2010 年减排 70%，在 2050 年非化石能源占比 70% 的情况下，全球能源消费总量控制在 100 亿吨油当量。化石能源燃烧不仅排放温室气体，还排放大量的 SO_2、NO_X、颗粒烟雾等造成空气严重污染的PM2. 5。目前全球污染最严重的 20 个城市中，中国城市有 17 个榜上有名。唐山、石家庄、邯郸、郑州、北京等地的 PM2. 5 浓度值甚至高达约每立方米 800 毫克，爆表现象频频出现。据史料记载，1952 年伦敦 4 天的浓雾共造成 1. 2 万人死亡，这是和平时期伦敦遭受的最大灾难。大量证据表明，雾霾通过呼吸系统破坏人体免疫系统，对孕妇和婴儿造成伤害极大，长期暴露在雾霾之中，罹患癌症的概率上升将会增加，因此由化石能源使用造成的环境污染对人类的健康形成极大的威胁。

随着全球气候变化压力的不断逼近，节能减排已经成为国内外关注的热点话题。从 1992 年的《联合国气候变化框架公约》到 2016 年的《巴黎气候协定》开启了全球气候变化治理的新局面，不同经济体进一步确立了“共同但有区别的责任”的气候变化治理协作机制。中国作为负责任的大国，积极参与全球气候治理。2009 年，中国政府作出承诺，到 2020 年单位 GDP 的排放比 2005 年下降

40%～45%，到2030年单位GDP排放比2005年下降60%～65%。2015年中国政府在巴黎气候大会上再次向全世界作出碳减排承诺："2030年左右使二氧化碳排放达到峰值并争取尽早实现，2030年单位国内生产总值二氧化碳排放比2005年下降60%～65%，非化石能源占一次能源消费比重达到20%左右。"2020年习近平总书记提出"中国将提高国家自主贡献力度，采取更加有力的政策和措施，二氧化碳排放力争于2030年前达到峰值，努力争取2060年前实现碳中和"。

但是作为最大的发展中国家，生存和发展依然是中国经济和社会必须牢牢抓紧的第一要务，如何在碳减排约束下提高经济发展水平，增强环境改良能力是摆在中国政府面前的一次严峻考验。

众所周知，制造业在国民经济系统中占据重要的位置，一个地区或者国家的制造业水平在一定程度上决定了这个地区或国家的经济水平和现代化程度。改革开放以来，中国经济进入了快速发展时期，迅速成为工业大国，工业生产为中国的GDP做出了巨大贡献，尤其是制造业的发展支撑起了整个中国工业体系。但是另一方面中国制造业碳排放量占比高达80%，2004～2013年中国制造业碳排放量从2004年的23227万吨增长到2013年的41347万吨，增长了1.78倍。摆在中国政府面前的任务主要有，一是如何在保证经济利益的前提下减少二氧化碳排放；二是面对区域和行业的异质性如何实施节能减排政策；三是碳排放的市场交易手段如何完善。这三个问题的关键就是如何制定有效的节能减排政策，促进中国经济又快又好地发展。

从节能的效率水平来看，国际能源署（IEA）提出，满足全球能源需求最环保、最便宜、最快捷的方法就是提高能源效率。先进国家的能源利用率为40%～50%，并致力于再提高20%～30%；而我国能源利用率还不到30%，还有很大的发展潜力。世界能源理事会（WEC）指出，整个世界的能源效率的改善潜力是巨大的。如果能够解决我国能源非科学的开发、利用和严重浪费等问题，就如同开发出一种新的主要能源。现在，有很多国际组织和专家把能源效率的提高看作与煤炭、石油、天然气、核能并列的"世界第五大能源"。中国能源消费总量处于不断上升的趋势。能源强度指的是生产单位GDP所需的能源量，是能源效率的简单测度。国际上多采用吨标准油（toc）/千美元为其计算单位。

按 2011 年 IEA 发布的能源强度数据：世界值为 0.31，经合组织国家（OECD）为 0.18，美国为 0.19，日本为 0.10，中国和印度同为 0.77，巴西为 0.28。显然，中国的能源强度明显高于世界和 OECD 国家均值，亦高于不少发展中国家。我国 2010 年 GDP 占世界 9.3%（按汇率计算）而能源消费却占世界的 20.5%，成为世界第一能源消费大国。我国历年单位 GDP 能耗从 1993 年的 3.25，下降到了 2016 年的 0.59，但中国的能源强度数据仍高于世界平均值。

从节能的结构效应来看，如表 1－1 所示，中国的化石能源比重占 89.1%，美国占比 86.3%，日本占比 93%，OECD 占比为 82.1%，非 OECD 占比 89.4%。虽然总体上看差异不大，但是如果仅仅观察煤炭比重，中国高达 66%，远远高于其他发达国家，也高于世界平均水平（30%）、OECD 国家和非 OECD 国家。

表 1－1　　世界能源结构比较

国家	原油（%）	天然气（%）	原煤（%）	其他（%）
美国	36.4	30.2	19.7	13.7
加拿大	31	28.2	6.4	34.4
阿根廷	36	49.4	1.5	13.1
法国	32.4	13.6	3.8	50.2
中国	17.5	5.6	66	10.9
印度	28.3	7.1	56.5	8.1
日本	43.1	22.2	27.7	7
世界平均	32.6	23.7	30	13.7
非 OECD	29.3	22	38.1	10.6
OECD	37	26	19.1	17.9

从国内时间上来看，如表 1－2 所示，我国的能源消费中的煤炭比重从 1978 年的 70.7%，下降到 2014 年的 66%。但是我国的能源结构仍未实现优化调整，大量的煤炭开采和消费对资源环境造成了巨大的压力。直到近年由于国家对产能过剩行业进行整顿调整，煤炭需求在内外交困状态下开始下降。因此，中国能源消费结构内部出现了不协调，这种不协调性加大了经济发展对资源和能源的攫取和依赖，出现了能源资源危机和碳排放量过高、环境污染压力大的问题。

表 1-2　中国能源消费结构历年变化

年份	能源消费总量（万吨标准煤）	占能源消费总量的比重（%）			
		煤炭	石油	天然气	一次电力及其他能源
1978	57144	70.7	22.7	3.2	3.4
1980	60275	72.2	20.7	3.1	4.0
1985	76682	75.8	17.1	2.2	4.9
1990	98703	76.2	16.6	2.1	5.1
1991	103783	76.1	17.1	2.0	4.8
1992	109170	75.7	17.5	1.9	4.9
1993	115993	74.7	18.2	1.9	5.2
1994	122737	75.0	17.4	1.9	5.7
1995	131176	746	17.5	1.8	6.1
1996	135192	73.5	18.7	1.8	6.0
1997	135909	71.4	20.4	1.8	6.4
1998	136184	70.9	20.8	1.8	6.5
1999	140569	70.6	21.5	2.0	5.9
2000	146964	68.5	22.0	2.2	7.3
2001	155547	68.0	21.2	2.4	8.4
2002	169577	68.5	21.0	2.3	8.2
2003	197083	70.2	20.1	2.3	7.4
2004	230281	70.2	19.9	2.3	7.6
2005	261369	72.4	17.8	2.4	7.4
2006	286467	72.4	17.5	2.7	7.4
2007	311442	72.5	17.0	3.0	7.5
2008	320611	71.5	16.7	3.4	8.4
2009	336126	71.6	16.4	3.5	8.5
2010	360648	69.2	17.4	4.0	9.4
2011	387043	70.2	16.8	4.6	8.4
2012	402138	68.5	17.0	4.8	9.7
2013	416913	67.4	17.1	5.3	10.2
2014	426000	66.0	17.1	5.7	11.2

从已经投产的发电装机容量来看，中国的一些省份，比如新疆、山东、江

苏、广东、河南、山西、内蒙古的发电装机容量均高于美国平均值。其中新疆累计装机容量达到 32655 兆瓦，是美国的近两倍（资料来源：全球燃煤电厂追踪系统，2016 年 1 月）。在区域分布 2014 年新近投产燃煤发电装机排在前列的省份依次是新疆（7950 兆瓦），浙江（5010 兆瓦），山东（3330 兆瓦）。全国总计新增 35640 兆瓦，预计 2015 年全国新增 49045 兆瓦。火电行业的大规模、长期持续发展增大了中国的能源结构清洁化的难度。

从节能的拥挤效应来看，中国作为能源消费和碳排放大国，经济社会发展与碳排放的矛盾尤为尖锐，其中高耗能行业的盲目扩张带来的环境污染和能源低效利用是我国实现节能减排目标的重要障碍。以火电行业为例，新疆、山东、江苏等省份在 2000 ~ 2015 年已投产的燃煤发电装机均高于世界其他国家。即使在雾霾污染严峻的 2015 年，燃煤发电装机容量依然新增 51.9GW，同时还有 203GW 装机容量在建，509GW 处于开工前的准备阶段（绿色和平组织，2016）。对应发电规模不断扩张的是 2015 年火电发电利用率（实际产量和能够达到最大产量之间的百分比）则暴跌到 49.4%，达到历史最低点（绿色和平组织，2016）。目前五大发电集团的资产负债率均超过 80%，远高于国资委为央企设定的 70% 警戒线（王亦楠，2017）。同样的情况也发生在其他高耗能行业，形成严重的产能过剩和资源配置的无效率。这种高耗能产业规模盲目扩张与能源效率低下之间的悖论，让人们疑问中国的高耗能行业是否陷入有悖传统经济增长的困境：随着能源要素投入的增加，经济产出（如利润）没有增加，反而出现下降，这种困境被称为能源拥挤效应（Energy Congestion Effects）。根据 Cooper 等（2001）的思想，Zhou 等（2017）将能源拥挤效应的定义为“在现有的生产技术水平下，保持劳动、资本和能源适当的投入比例，增加能源要素投入，期望的经济产出（如工业增加值，利润等）不增反降”。事实上，能源拥挤效应的消除相当于在产出不变的情况下减少化石能源的过度浪费。如果不能识别我国高耗能产业存在的能源拥挤效应，就失去了从拥挤角度提高能源效率的机会。在企业层面，可以通过调整能源要素投入或者更新节能技术来消除能源拥挤效应；在行业层面，可以减少对能源拥挤企业的支持或者鼓励新能源技术的发展来消除能源拥挤；在区域层面，可以通过调整不同区域的资源优化配置来消除能源拥挤。目前，从能源拥挤视角研究节能减排还没有引起学者的广泛关注，对能源拥挤效应形成机理和影响机制缺乏对系统的、理论化的研究，在高耗能行业方面实证和政策含义也有待进一步挖掘。

从减排的角度来看，目前主要的政策有行政命令式手段和市场化手段。其中依靠成本效率机制采用市场化手段被认为是碳减排的有效手段。世界范围内欧盟碳市场的成功运作和深远影响为各国政府建立完善的碳市场制度提供了有效的经验借鉴。中国政府在碳市场建设方面进行了积极的探索。2010 年以来，中国政府先后在 7 个以上地区进行了碳市场试点工作，2017 年全国碳交易体系启动在望，中国碳市场将面临越来越广阔的发展空间，为应对全球气候变化、推进国内节能减排和经济转型做出重要的贡献。中国气候变化事务特别代表解振华表示，“中国正加快全国碳市场建设进度，组织开展重点行业企业碳排放数据核算报告与核查、研究全国碳排放权总量设定和配额分配方案、建立完善核查体系、制定市场监管规则、深入开展能力建设、推动碳排放权交易的立法进程。在全国范围内，特别是高污染、高耗能的重点行业进行能源效率和碳减排潜力的研究对于帮助中国履行其气候变化目标，同时促进煤炭消费封顶，实现从煤炭转向可再生能源的“能源革命”都是至关重要的。同时针对我国的七大碳试点地区进行碳减排效果的检验并对全国范围内完善碳市场制度提出政策建议也是本研究的另一个重要内容。

根据以上分析提高中国的能源效率水平，提升全要素生产率成为中国节能减排政策的关键。但是中国制造业门类齐全，行业之间节能减排潜力差异较大，比如高耗能高污染传统产业和低能耗低排放的战略性新兴产业的国家发展地位、行业效率水平、未来发展潜力均存在差异。另外从区域分布视角，我国区域资源禀赋差异较大，经济发展基础各异，因此制造业的节能减排差异不仅体现在不同行业的异质性，还体现在区域发展水平的异质性上。因此中国政府的节能减排不仅要体现在制造业行业上还要体现在区域差异上。只有通过行业异质性和区域异质性来研究中国能源效率和碳减排潜力的绩效表现，并从异质性视角来剖析引起行业和区域异质性的深层次原因及蕴含其中的节能减排政策内涵，才能为能效政策的改善提出有针对性的建议。

根据以上研究分析，本书立足研究中国制造业行业和区域的能源效率和碳减排潜力。试图从制造业全行业、火电行业、省级区域三个维度来研究能源效率、碳减排潜力、能源拥挤等相关问题，并从全要素生产率视角研究中国七大碳试点的减排效果以及从区域异质性的责任原则来研究碳配额分配问题，这些研究成果具有的理论意义和实践意义为：

（1）在能源效率理论基础上，构建碳排放约束下能源效率和碳减排潜力识别测算模型，从制造业行业和区域能源利用效率视角提出节能减排的政策建议。

（2）以我国制造业行业和省级区域为研究对象，甄别并测算制造业行业和区域的能源效率状态，并对能源全要素生产率进行测算及对驱动因素分析剖析，从行业异质性和区域异质性视角提出改善能源效率的政策建议，为我国节能减排提供政策支持。

（3）针对中国经济发展的规模过大，能源浪费严重，可能形成能源的拥挤效应，本书拟在自由处置和管理处置的思想下构建能源期望拥挤模型和能源非期望拥挤模型，分别从制造业行业和省级区域视角来检验并测算中国经济系统是否存在能源拥挤效应，这对于能源效率理论是一次深化和扩展。

（4）从区域科学的视角，本书提出了基于责任原则的碳配额分配机制，将历史责任和碳转移责任统一在区域碳配额分配机制中。这对于区域碳减排以及调动区域通过市场手段减排具有重要的启示作用。

1.2 研究内容

本书按照效率和生产率理论，围绕“中国制造业及区域能源效率与碳减排潜力研究”展开研究，研究主体主要分为三大部分，其中第一部分为：中国制造业发展现状、能源效率、碳减排潜力、能源全要素生产率、能源拥挤研究；第二部分为：中国分区域火电行业的能源效率、碳减排潜力、能源全要素生产率、能源拥挤研究；第三部分为：中国省级区域能源效率及收敛性研究、低碳省试点建设对能源全要素生产率的影响研究、碳配额的责任分担问题研究；第四部分为：环境税制下政府与污染企业演化博弈分析、生态效率与城镇化的空间溢出效应。这四大部分共包括 11 大问题进行研究。

1.3 创新及特色之处

本书的创新和特色之处体现在：

（1）本书依托能源效率和生产率理论，从时间尺度和空间尺度对中国制造业行业和省级区域的能源效率和生产率来进行深入分析和研究，这种时空交织、层级错配的研究范畴具有一定的特色，多角度、多层次、多手段的相容相通对于效率和生产率理论是一次从理论到实践的飞跃。

（2）立足能源效率模型和理论，着重提出能源拥挤效应理论。首次在自由处置和管理处置思想下，运用能源非期望拥挤和能源期望拥挤模型实证中国的制造业行业和重点高污染行业的能源拥挤效应，从而挖掘能源拥挤效应的政策内涵。

（3）在对碳市场的研究中，本书不仅从全要素生产率的角度来检验碳试点地区的减排绩效，而且将减排目标和历史排放责任和历史转移责任纳入公平的碳配额分配方案中，比较分析了责任原则、效率原则和综合原则下配额分配的减排成本效应，从中甄选出兼具目标与责任、公平与效率的区域配额方案。这些研究有助于厘清各地区历史碳排放责任，减少地区之间的政治摩擦，建立公平而有效的初始碳配额分配机制。

2.

中国能源政策及制造业发展历程

本节重在对我国的能源政策发展历程、碳市场发展现状、制造业发展现状等进行梳理和归纳，从中对于研究制造业行业、区域能源效率和碳减排政策提供必要的历史背景和政策脉络。

2.1 中国能源政策发展历程

2.1.1 中国能源政策发展历程

表2-1梳理了1950~2017年我国政府对外公开发布的能源政策。

表2-1　　中国历年能源相关政策

年份	政策	颁发部门	主要内容
1950	《燃料工业组织法》	中国人民政治协商会议	燃料工业部管理煤炭与石油工业，并监督和管制私人企业同类活动。
1958	“二五”计划	中央政治局	重工业方面以钢为纲。
1975	“五五”计划	国务院	要达到的发展指标有钢4000万吨，煤炭5.5亿~5.8亿吨，石油1.5亿吨。
1980	《关于加强节约能源工作的报告》	国务院	节能作为一项专门工作被纳入国家宏观管理范畴，成立专门的节能管理机构。
1989	《关于进一步治理整顿和深化改革的决定》	十三届五中全会	规定煤炭由国家管理，统一分配。

续表

年份	政策	颁发部门	主要内容
1995	《中华人民共和国电力法》	国务院	中国第一部专论能源的法律。
1997	《中华人民共和国节约能源法》	全国人大常务委员会	对节能管理、合理使用能源和鼓励节能技术进步作出规定。
2000	《节约用电管理办法》	国家发展计划委员会	加强用电管理，采取技术上和经济可行的节电措施，减少电能的损耗，提高能源效率。
2004	《能源中长期规划纲要（草案）》	国务院	制定并实施能源中长期发展规划，解决好能源问题。
2005	《中华人民共和国可再生能源法》	全国人大常务委员会	促进可再生能源的开发利用，增加能源供应，改善能源结构，保障能源安全，保护环境，实现经济社会的可持续发展。
2007	《“十一五”资源综合利用指导意见》	国家发改委	分析我国资源综合利用现状，提出2010年资源综合利用目标、重点领域、重点工程和保障措施。
2011	《“十二五”节能减排综合性工作方案》	国务院	优化产业结构、实施节能减排重点工程、加快技术开发和应用、加强管理和监督检查、推广节能减排市场化机制。
2012	《中国的能源政策》	国务院	分析能源发展现状和政策目标。
2012	《可再生能源“十二五”规划》	国家发展改革委	《规划》包括水能、风能、太阳能、生物质能、地热能和海洋能，阐述了2011年至2015年我国可再生能源发展的指导思想、基本原则、发展目标、重点任务、产业布局及保障措施和实施机制。
2013	《页岩气产业政策》	国家能源局	合理开发页岩气资源，提高天然气供应能力，促进节能减排。
2014	《关于进一步落实分布式光伏发电有关政策的通知》	国家能源局	进一步扩大分布式光伏发电应用，解决项目融资、电网接入、电力交易等问题。
2014	《能源发展战略行动计划（2014－2020）》	国务院	指出推进能源生产与消费革命对于全面建成小康社会和加快建设现代化国家所有的重要现实和战略意义，并提出能源生产消费革命的“节约、清洁、安全”战略方针，构建清洁、高效、安全、可持续的现代能源体系。
2015	《关于加快推进生态文明建设的意见》	国务院	推进节能减排、发展循环经济、加强资源节约，发展绿色矿业。

续表

年份	政策	颁发部门	主要内容
2016	《可再生能源“十三五”规划》	国家发展改革委	《规划》包括水能、风能、太阳能、生物质能、地热能和海洋能，明确了2016年至2020年我国可再生能源发展的指导思想、基本原则、发展目标、主要任务、优化资源配置、创新发展方式、完善产业体系及保障措施。
2016	《能源生产与消费革命战略2016－2030》	国家发展改革委	重申能源生产消费革命的战略意义，把推进能源革命定调为能源发展的国策，全面提出“安全、节约、绿色低碳、主动创新”战略取向，并设定2020年、2030年、2050年中长期能源开发利用目标，逐步实现能源清洁低碳化、高效化的能源体系转型。明确提出“推动产业结构调整与能源结构优化互驱并进”等战略要求。

资料来源：政府各年发布文件。

近年来，我国在节能方面采取了一系列措施，主要概括为以下5个方面：

（1）推进结构调整。长期以来，中国能源效率偏低的主要原因是经济增长方式粗放、高耗能产业比重过高。中国坚持把转变发展方式、调整产业结构和工业内部结构作为能源节约的战略重点，努力形成“低投入、低消耗、低排放、高效率”的经济发展方式。中国加快产业结构优化升级，大力发展高新技术产业和服务业，严格限制高耗能、高耗材、高耗水产业发展，淘汰落后产能，促进经济发展方式的根本转变，加快构建节能型产业体系。

（2）加强工业节能。工业是中国能源消费的重点领域。中国坚持走科技含量高、经济效益好、资源消耗低、环境污染少、人力资源得到充分发挥的新型工业化道路，加快发展高技术产业，运用高新技术和先进适用技术改造传统产业，提升工业整体水平。重点加强钢铁、有色金属、煤炭、电力、石油石化、化工、建材等高耗能行业节能降耗。中国实施千家企业节能行动，重点加强年耗能万吨标准煤以上的工业企业节能管理。调整产品结构，加快技术改造，提高管理水平，降低能源消耗。支持一批节能降耗的重大及示范项目，带动工业提高能效水平。进一步完善工业行业能效标准和规范，强制淘汰落后的高耗能产品，完善能效市场准入制度。

(3) 实施节能工程。中国正在实施节约替代石油、热电联产、余热利用、建筑节能等十大重点节能工程，支持节能重点及示范项目建设，鼓励高效节能产品的推广应用。中国大力发展节能省地型建筑，积极推进既有建筑节能改造，广泛使用新型墙体材料。实施节约和替代石油工程，科学发展替代燃料。加快淘汰老旧汽车、船舶，积极发展公共交通，限制高油耗汽车，发展节能环保型汽车。加快燃煤工业锅（窑）炉改造、区域热电联产和余热余压利用，提高能源利用效率。促进电机节能和能源系统优化，提高电机运行和能源系统效率。实施绿色照明工程，加快推广高效电器应用。加快推广农村省柴节煤炉灶、节能房屋技术，淘汰高耗能老旧农机、渔船，推进农业和农村节能。加强政府机构节能，发挥政府对社会节能的带动作用。加快节能监测和技术服务体系建设，强化节能监测，创新服务平台。

(4) 加强管理节能。中国政府建立了政府强制采购节能产品制度，积极推进优先采购节能（包括节水）产品，选择部分节能效果显著、性能比较成熟的产品予以强制采购。积极发挥政府采购的政策导向作用，带动社会生产和使用节能产品。研究制定鼓励节能的财税政策，实施资源综合利用税收优惠政策，建立多渠道的节能融资机制。深化能源价格改革，形成有利于节能的价格形成机制。实施固定资产投资项目节能评估和审核制度，严把能耗增长的源头。建立企业节能新机制，实施能效标识管理，推进合同能源管理和节能自愿协议。建立健全节能法律法规，依法强化节能管理。加强节能管理队伍建设，加大执法监督检查力度。

(5) 倡导社会节能。中国采取多种形式大力宣传节约能源的重要意义，不断增强全民资源忧患意识和节约意识。倡导能源节约文化，努力形成健康、文明、节约的消费模式。把节约能源纳入基础教育、职业教育、高等教育和技术培训体系，利用新闻出版、广播影视等媒体，大力宣传和普及节能知识。继续深入开展节能宣传周活动，动员社会各界广泛参与，努力建立全社会节能的长效机制。

科学技术是推动能源技术转换的关键因素，因此党和政府在节能技术创新方面极为重视，采取了一系列措施，主要包括以下 5 个方面：

(1) 大力推广节能技术。中国把节能技术作为能源技术发展的优先主题，重点攻克高耗能领域的节能关键技术，大力提高一次能源和终端能源利用效率。

实施节能技术政策大纲，引导社会投资节能技术应用。重点研究开发工业、交通运输、建筑等领域的节能技术与设备，以及可再生能源与建筑一体化、节能建材等应用技术。加强能源计量、控制、监督与管理，积极培育节能技术服务体系。

（2）推进关键技术创新。中国鼓励发展洁净煤技术，推进煤炭气化及加工转化等先进技术的研究开发，推广整体煤气化联合循环、超（超）临界、大型循环流化床等先进发电技术，发展以煤气化为基础的多联产技术。重点掌握第三代大型压水堆核电技术，攻克高温气冷堆工业实验技术。积极发展复杂地质油气资源勘探开发和低品位油气资源高效开发技术。鼓励发展替代能源技术，优先发展可再生能源规模化利用技术。稳步推进正负 800 千伏直流输电和 1000 千伏交流特高压输电技术以及增强电网安全技术。

（3）提升装备制造水平。装备制造业是能源技术发展的基础。中国依托国家能源重点工程，带动装备制造业的技术进步。鼓励发展煤矿综合采掘设备，研制大型煤炭井下综合采掘、提升、运输和洗选设备以及大型露天矿设备。鼓励发展大型煤化工成套设备，研制煤炭液化和气化、煤制烯烃等成套设备。鼓励发展大型高效清洁发电装备，发展煤电高效发电机组、大型水电及抽水蓄能机组、重型燃气轮机、先进百万千瓦级压水堆核电机组、大功率风力发电机组等以及特高压输变电设备。鼓励发展石油天然气勘探、钻采装备，支持大型海洋石油工程设备、30 万吨原油运输船、液化天然气运输船及大功率柴油机等配套设备。

（4）加强前沿技术研究。前沿技术是能源发展的潜力，能够引领能源产业和能源技术实现跨越式发展。中国重点研究化石能源、生物质能源和可再生能源制氢、经济高效储氢及输配技术，研究燃料电池基础关键部件制备及电堆集成、燃料电池发电及车用动力系统集成技术等。研究突破化石能源微小型燃气轮机等终端能源转换、储能及热电冷三联产技术。加快研发气冷快堆设计及核心技术。积极研究磁约束核聚变和天然气水合物开发技术。

（5）开展基础科学研究。基础研究是自主创新的源头，决定能源发展的实力和后劲。中国重点研究化石能源高效洁净利用与转化的基础理论，高性能热功转换、高效节能储能的关键原理，规模化利用可再生能源的基础技术，规模利用核能、氢能技术等基础理论。

2.1.2 中国能源政策发展趋势

21世纪以来我国的能源政策逐渐由盲目开发向集约利用转变，由开发传统化石能源为主到向鼓励发展新能源、可再生能源转变，通过以上梳理，可以看出我国的能源政策出现以下特征和趋势：

（1）我国能源政策的制定开始要求提高能源利用率、减少能源浪费，政策目标由原来的以钢为纲发展为循环经济、绿色矿业；政策的制定也在逐步地细化，由所有的能源范围细化到针对单一能源品种的保护，如对新能源页岩气的保护。

中国把资源节约作为基本国策，坚持能源开发与节约并举、节约优先，积极转变经济发展方式，调整产业结构，鼓励节能技术研发，普及节能产品，提高能源管理水平，完善节能法规和标准，不断提高能源效率。

（2）中国将通过有序发展煤炭，积极发展电力，加快发展石油天然气，鼓励开发煤层气，大力发展水电等可再生能源，积极推进核电建设，科学发展替代能源，优化能源结构，实现多能互补，保证能源的稳定供应。

（3）中国充分依靠能源科技进步，增强自主创新能力，提升引进技术消化吸收和再创新能力，突破能源发展的技术瓶颈，提高关键技术和重大装备制造水平，开创能源开发利用新途径，增强发展后劲。

（4）中国以建设资源节约型和环境友好型社会为目标，积极促进能源与环境的协调发展。坚持在发展中实现保护、在保护中促进发展，实现可持续发展。

2.2 中国制造业发展历程

2.2.1 中国制造业面临的时代背景

世界上的工业革命是从制造业开始的，自18世纪工业革命以来，世界制造业已经经历从工业 1.0 到工业 4.0 的演变过程。在工业 1.0 时代主要特征是机械制造时代，即通过水力和蒸汽机实现工厂机械化，时间大概是 18 世纪 60 年代至 19 世纪中期；工业 2.0 时代特征是电气化与自动化时代，即在劳动分工基础上采用电力驱动产品的大规模生产，时间大概是 19 世纪后半期至 20 世纪初。工业 3.0 时代是电子信息化时代，即广泛应用电子与信息技术，使制造过程自动化控制程度进一步大幅度提高。从 20 世纪 70 年代开始并一直延续至现在。工业 4.0 是德国 2013 年确定的十大未来项目之一，已上升为国家战略。工业 4.0 是实体物理世界与虚拟网络世界融合的时代，产品全生命周期、全制造流程数字化以及基于信息通信技术的模块集成，将形成一种高度灵活、个性化、数字化的产品与服务新生产模式。此时制造业迈向了智能化、信息化、绿色化方向发展。中国是工业后发国家，世界上先进的工业技术可以用来充分借鉴，因此节省了很多原始创新成本，具有一定的后发优势。

从科技创新方面来看，中国制造业“研究与开发”投入有较大幅度的提升，制造业“研究与开发”人员当量和制造业“研究与开发”经费内部支出年均涨幅逐年增加，使得制造业科技创新能力有了大幅度的提升。“三方专利”授权数量年均涨幅逐年增长。

从能源节约能力来看，伴随着制造业增加值的高速增长，制造业能源消耗总量持续增加。但是虽然制造业能源消费总量和电力消费量持续增加，但制造业单位产值能源消耗量却不断下降，这表明中国制造业在发展中注重节约能源，制造业能源节约能力有所增强。

从环境保护能力来看，伴随着制造业经济创造能力的持续提升，制造业污染物排放量逐步增加。虽然制造业污染物排放量呈整体上升的趋势，但制造业单位产值污染物排放量却不断下降。其中，制造业单位产值二氧化硫排放量逐年下降。这些数据都说明中国制造业的环境保护能力不断提升。

总体来讲，中国制造业主要面临以下国内外背景：

（1）全球制造业格局面临重大调整

新一代信息技术与制造业深度融合，正在引发影响深远的产业变革，形成新的生产方式、产业形态、商业模式和经济增长点。各国都在加大科技创新力度，推动三维（3D）打印、移动互联网、云计算、大数据、生物工程、新能源、新材料等领域取得新突破。基于信息物理系统的智能装备、智能工厂等智能制造正在引领制造方式变革；网络众包、协同设计、大规模个性化定制、精准供应链管理、全生命周期管理、电子商务等正在重塑产业价值链体系；可穿戴智能产品、智能家电、智能汽车等智能终端产品不断拓展制造业新领域。我国制造业转型升级、创新发展迎来重大机遇。

全球产业竞争格局正在发生重大调整，我国在新一轮发展中面临巨大挑战。国际金融危机发生后，发达国家纷纷实施“再工业化”战略，重塑制造业竞争新优势，加速推进新一轮全球贸易投资新格局。一些发展中国家也在加快谋划和布局，积极参与全球产业再分工，承接产业及资本转移，拓展国际市场空间。我国制造业面临发达国家和其他发展中国家“双向挤压”的严峻挑战，必须放眼全球，加紧战略部署，着眼建设制造强国，固本培元，化挑战为机遇，抢占制造业新一轮竞争制高点。

（2）中国经济发展环境发生重大变化

随着新型工业化、信息化、城镇化、农业现代化同步推进，超大规模内需潜力不断释放，为我国制造业发展提供了广阔空间。各行业新的装备需求、人民群众新的消费需求、社会管理和公共服务新的民生需求、国防建设新的安全需求，都要求制造业在重大技术装备创新、消费品质量和安全、公共服务设施设备供给和国防装备保障等方面迅速提升水平和能力。全面深化改革和进一步扩大开放，将不断激发制造业发展活力和创造力，促进制造业转型升级。

我国经济发展进入新常态，制造业发展面临新挑战。资源和环境约束不断强化，劳动力等生产要素成本不断上升，投资和出口增速明显放缓，主要依靠资源要素投入、规模扩张的粗放发展模式难以为继，调整结构、转型升级、提质增效刻不容缓。形成经济增长新动力，塑造国际竞争新优势，重点在制造业，难点在制造业，出路也在制造业。

（3）建设制造强国任务艰巨而紧迫

经过几十年的快速发展，我国制造业规模跃居世界第一位，建立起门类齐全、独立完整的制造体系，成为支撑我国经济社会发展的重要基石和促进世界经济发展的重要力量。持续的技术创新，大大提高了我国制造业的综合竞争力。载人航天、载人深潜、大型飞机、北斗卫星导航、超级计算机、高铁装备、百万千瓦级发电装备、万米深海石油钻探设备等一批重大技术装备取得突破，形成了若干具有国际竞争力的优势产业和骨干企业，我国已具备了建设工业强国的基础和条件。

但我国仍处于工业化进程中，与先进国家相比还有较大差距。制造业大而不强，自主创新能力弱，关键核心技术与高端装备对外依存度高，以企业为主体的制造业创新体系不完善；产品档次不高，缺乏世界知名品牌；资源能源利用效率低，环境污染问题较为突出；产业结构不合理，高端装备制造业和生产性服务业发展滞后；信息化水平不高，与工业化融合深度不够；产业国际化程度不高，企业全球化经营能力不足。推进制造强国建设，必须着力解决以上问题。

建设制造强国，必须紧紧抓住当前难得的战略机遇，积极应对挑战，加强统筹规划，突出创新驱动，制定特殊政策，发挥制度优势，动员全社会力量奋力拼搏，更多依靠中国装备、依托中国品牌，实现中国制造向中国创造的转变，中国速度向中国质量的转变，中国产品向中国品牌的转变，完成中国制造由大变强的战略任务。

2.2.2 中国制造业发展历年政策回顾

回顾中国的制造业发展历程，与国际制造业发展趋势相对比分析，可以确定我国制造业发展坐标，制定我国制造业的发展目标和战略措施。

我国制造业发展分为三个阶段：从中华人民共和国成立到改革开放前，1978 ~ 2000 年，2000 年以后。三个阶段各具特色，主要政策可以概括如下：

（1）计划经济下制造业初步发展阶段（1949 ~ 1978 年）

第一阶段是计划经济阶段，即从中华人民共和国成立到改革开放以前。在这期间，中国建立了一个比较完善的初步工业体系。国家通过对官僚资本主义企业进行没收，将其改造建立国营企业。

1953 年起，开启了我国第一个五年计划，以苏联援助的 156 个项目为重心。1956 年开始，中国建立起了公有制经济为主体的经济模式。1953 ~ 1958 年第一个五年计划基本完成。在“二五”计划期间，由于出现了“大跃进”问题，进行大炼钢铁，整个制造业曾一度陷入“求量不求质”的局面，后经过国民经济的调整，“二五”计划顺利完成。在“三五”计划制定期间，受国际形势影响，在严重的国防压力下，中国将重点由轻工业转向军重工业，紧接着开展“三线建设”，即将已有的军事工业，再度建设在三线地区，如中国第二汽车制造厂，攀枝花钢铁厂等，且一直持续到20世纪80年代初。在1972年，尼克松访华之后，借着中美关系解冻契机，国家开启了“四三”计划，即国家计划用43亿美元向西方购买一系列工厂技术，主要涉及大化肥、大化纤等制造业行业，用以改善民生，一直持续到1980年左右。

（2）中国制造业的粗放发展阶段（1979～2000年）

从改革开放到20世纪90年代初期，这期间不同于计划经济的政策，我国为实现经济增长和稳定，推行相关产业政策——促进国有企业改革，减少政府对企业经济活动干预，通过诸多政策支持，鼓励非公有制经济发展。

1980年初，中国扶持轻纺工业、农业，能源交通运输业等，采取结构调整政策，实施“六个优先”原则，即能源、原材料供应优先、改造措施优先、银行贷款优先、基础建设优先，引进技术利用外资优先、交通运输优先。

从20世纪80年代中期开始，对于专用设备制造业，电子信息制造业等制造业高端行业采取各种税收政策进行扶持。

1993年以后，中国推动竞争性非公有制经济发展，增强国有经济对重要行业的影响和控制。

1994年国家发布了《九十年代国家产业政策纲要》，在1993年《反不正当竞争法》的背景下，针对具体的一些行业，出台了相关产业政策，对产品的技术、融资和投资、利用外资、进出口管理等方面做了具体规定。

从1980年的“六五”计划开始，原先的优先发展重工业的战略得到改善，农业、轻工业、重工业的均衡发展战略得到重视，外资和国外市场得到积极利用。1988年之后的十年，沿海地区的开放程度逐渐升高，个体经济在政策上得到鼓励支持，向市场经济改革转型的号召使得民营、外资企业在制造业中的地位逐渐升高，它们促进了轻工业和高科技产业的发展，使服装、医药、视频、电子信息、汽车制造、航空航天制造业飞速发展。区域方面，改革开放后最显著的是东南沿海的经济繁荣，高度活跃的民营和外资企业充分挖掘了本地的劳动力和资源优势，形成了珠三角、长三角和环渤海经济圈三大重点工业区域，而原来的老工业基地出现了明显的衰退现象。1988 年后中国发展了工业园区，促使一大批中外合资、外资等企业，为中国企业带来了先进的技术和管理经验，同时使中国发挥劳动力、土地等优势，加工贸易如火如荼开展，中国制造业在国际分工中逐渐占有一席之地。从整体来看，这一时期的工业繁荣是以投入拉动为主的外延发展，“八五”期间投资增长的贡献率由“七五”的 38.7% 上升到 41.5%。民间生产力的释放、外伤的引进、国内需求上升、政策的开放都是这一时期制造业飞速发展的动力。

3. 中国制造业结构调整新阶段（2000 年至今）

在前一阶段大力发展的制造业基础上，乡镇企业异军突起，成为制造业出口创汇的主力军。随着中国制造业的壮大和发展，“中国制造”成为时代最响亮的名字。党的十六大报告所述，这条道路是“坚持以信息化带动工业化，以工业化促进信息化，走出一条科技含量高、经济效益好、资源消耗低、环境污染少、人力资源优势得到充分发挥的新型工业化路子”。尤其是中国加入世界贸易组织之后，中国成为全球制造业的基地，制造业的规模和产量都膨胀迅猛，使中国有上百类产品在全球居首位，制造业占 GDP 的比重达 40% 以上，中国一度成为世界工厂。这一阶段的制造业在增长速度较快的同时，也伴随着新的问题的出现，此阶段的快速增长仍然是以投资为导向的，且制造业对外依存度很高，2005 年达到 80%，且此阶段重新回到了重工业化倾向，最后区域布局方面东南沿海的制造业发展在这一阶段远远超过了东北、西部等地区。近年来，我国面临国际产业分工格局的重塑，国家为了抓住历史机遇，制定了制造业强国战略纲领《中国制造 2025》，指导中国制造业转变发展模式，引领世界制造业发展。

但是随着国内外经济形式的巨变，德国提出工业 4.0，美国也将原来大量外溢的制造业准备实行回流。再加上过重的资源环境压力，中国的制造业暴露出了技术含量低、做工粗糙、质量难以得到保障等问题。产能过剩现象突出，国家对于效益低下，污染严重的国有企业进行了淘汰和重组，实现产业结构调整。国家为了淘汰产能落后的企业，以及限制高污染、高耗能，高投资的行业的增长，出台了一系列的相关政策和规定。

2003 年出台《财政部、国家税务总局关于调整出口货物退税率的通知》，2005 年国务院颁布《关于发布实施〈促进产业结构调整暂行规定〉的决定》；2006 年国家财政部、发改委等联合发布《关于调整部分商品出口退税率和增补加工贸易禁止类商品目录的通知》，调整了部分商品出口退税率，2008 年环保部发布了《关于当前经济形势下做好环境影响评价审批工作的通知》。鼓励一些可以带动技术进步，改善制造业结构的重点项目加快建设速度。

21 世纪 90 年代后期以来，国家强调要培育企业竞争优势、提高核心竞争力，鼓励一些发展前景好的产业和领域积极地参与国际市场，参加国际竞争，开展跨国经营。

在 21 世纪初期，国家增强了投资融资方面，还有税收项目审批的产业导向，出台了许多文件用以指导产业升级，如表 2 – 2 所示。

表 2 – 2　　2000 年以来国家关于制造业的相关政策

年份	政策	内容或特点
2000	《当前国家重点鼓励发展的产业、产品和技术目录》	对 28 个领域中国家重点鼓励的 526 种产品、技术及部分基础设施和服务作出了说明，用以引导经济结构战略性调整。
2005	《产业结构调整指导目录》	对结构调整和产业升级的政策内容作出了修订，使其更为全面，更加注重战略性新兴产业发展和自主创新，更加注重对产能过剩行业的限制和引导，更加注重落实可持续发展的要求，以为政府引导投资方向、管理投资项目、制定和实施财税、金融、土地、进出口等政策提供依据
2005	国务院《国家中长期科学和技术发展规划纲要（2006 ~ 2020 年）》	有关政府科技投入、税收优惠、金融支持、政府采购、技术引进、科教支持等领域的政策措施相继出台，成为促进产业技术升级的有益助力。
2006	国务院《关于加快振兴装备制造业的若干意见（摘要）》	到 2010 年，发展一批有较强竞争力的大型装备制造企业集团，增强具有自主知识产权重大技术装备的制造能力，基本满足能源、交通、原材料等领域及国防建设的需要．建设和完善一批具有国际先进水平的国家级重大技术装备工程中心，初步建立以企业为主体的技术创新体系。逐渐形成重大技术装备、高新技术产业装备、基础装备、一般机械装备等专业化合理分工、相互促进、协调发展的产业格局。

续表

年份	政策	内容或特点
2011	国务院《工业转型升级规划（2011～2015）》	工业业转型升级，要以科学发展为主题，以加快转变经济发展方式为主线，着力提升自主创新能力，推进信息化与工业化深度融合，改造提升传统产业，培育壮大战略性新兴产业，加快发展生产性服务业，调整和优化产业结构，把工业发展建立在创新驱动、集约高效、环境友好、惠及民生、内生增长的基础上，不断增强我国工业核心竞争力和可持续发展能力。
2009	国务院《装备制造业调整和振兴规划》	全面提高重大装备技术水平，满足国家重大工程建设和重点产业调整振兴需要，百万千瓦级核电设备、新能源发电设备、高速动车组、高档数控机床与基础制造装备等一批重大装备实现自主化。依托十大领域重点工程，振兴装备制造业
2010	《中共中央关于制定国民经济和社会发展第十二个五年规划的建议》	针对钢铁、可再生能源、煤炭工业、环保、生物医药、物联网、战略性新兴产业等相关领域的“十二五”单项规划也开始全面展开。
2015	国务院关于印发《中国制造2025》	明确了迈向制造业强国的目标、时序和路径，是我们打造现代制造业强国的行动指南，提出中国制造业五大工程，其中组织实施传统制造业能效提升、清洁生产、节水治污、循环利用等专项技术改造。开展重大节能环保、资源综合利用、再制造、低碳技术产业化示范。实施重点区域、流域、行业清洁生产水平提升计划，扎实推进大气、水、土壤污染源头防治专项。制定绿色产品、绿色工厂、绿色园区、绿色企业标准体系，开展绿色评价。
2015	国务院《关于推进国际产能和装备制造合作的指导意见》	力争到2020年，与重点国家产能合作机制基本建立，一批重点产能合作项目取得明显进展，形成若干境外产能合作示范基地。推进国际产能和装备制造合作的体制机制进一步完善，支持政策更加有效，服务保障能力全面提升。形成一批有国际竞争力和市场开拓能力的骨干企业。国际产能和装备制造合作的经济和社会效益进一步提升，对国内经济发展和产业转型升级的促进作用明显增强。
2016	国务院《关于深化制造业与互联网融合发展的指导意见》	到2018年底，制造业重点行业骨干企业互联网“双创”平台普及率达到80%，相比2015年底，工业云企业用户翻一番，新产品研发周期缩短12%，库存周转率提高25%，能源利用率提高5%。制造业互联网“双创”平台成为促进制造业转型升级的新动能来源，形成一批示范引领效应较强的制造新模式，初步形成跨界融合的制造业新生态，制造业数字化、网络化、智能化取得明显进展，成为巩固我国制造业大国地位、加快向制造强国迈进的核心驱动力。 到2025年，制造业与互联网融合发展迈上新台阶，融合“双创”体系基本完备，融合发展新模式广泛普及，新型制造体系基本形成，制造业综合竞争实力大幅提升。

续表

年份	政策	内容或特点
2016	发改委、工信部、能源局《中国制造2025－能源装备实施方案》	2020年前，围绕推动能源革命总体工作部署，突破一批能源清洁低碳和安全高效发展的关键技术装备并开展示范应用。2025年前，新兴能源装备制造业形成具有比较优势的较完善产业体系，总体具有较强国际竞争力。有效支撑能源生产和消费革命，部分领域能源技术装备引领全球产业发展，能源技术装备标准实现国际化对接。
2016	工业和信息化部《关于开展绿色制造体系建设的通知》	到2020年，绿色制造体系初步建立，绿色制造相关标准体系和评价体系基本建成，在重点行业出台100项绿色设计产品评价标准、10～20项绿色工厂标准，建立绿色园区、绿色供应链标准，发布绿色制造第三方评价实施规则、程序，制定第三方评价机构管理办法，遴选一批第三方评价机构，建设百家绿色园区和千家绿色工厂，开发万种绿色产品，创建绿色供应链，绿色制造市场化推进机制基本完成，逐步建立集信息交流传递、示范案例宣传等为一体的线上绿色制造公共服务平台，培育一批具有特色的专业化绿色制造服务机构。
2017	工业和信息化部《环保装备制造业发展指导意见（征求意见稿）》	到2020年，行业创新能力明显提升，关键核心技术取得新突破，培育十家百亿规模龙头企业。并打造千家“专精特新”中小企业，形成若干个带动效应强、特色鲜明的产业集群。环保装备制造业产值达到万亿元。重点领域方面，包括大气污染防治装备、水污染防治装备、固体废物处理处置装备、土壤污染修复装备、环境污染应急处理装备、环境监测专用仪器仪表、环境污染防治专用材料与药剂、噪声与振动控制装备等。
2017	工业和信息化部《制造业“双创”平台培育三年行动计划》	力争到2020年底，围绕“双创”平台要素汇聚、能力开放、模式创新、区域合作等四个领域分别培育一批试点示范项目，重点行业骨干企业互联网“双创”平台普及率由目前的60%提高到85%。
2017	工业和信息化部关于印发《工业节能与绿色标准化行动计划（2017～2019年）》	到2020年，在单位产品能耗水耗限额、产品能效水效、节能节水评价、再生资源利用、绿色制造等领域制修订300项重点标准，基本建立工业节能与绿色标准体系；强化标准实施监督，完善节能监察、对标达标、阶梯电价政策；加强基础能力建设，组织工业节能管理人员和节能监察人员贯标培训2000人次；培育一批节能与绿色标准化支撑机构和评价机构。

资料来源：根据政府相关网站（相关信息整理得）。

2.2.3 中国制造业当前发展困境

中国是制造业大国而非制造业强国。首先，中国制造业数十年来的发展过度依赖能源和资金的大量投入，发展方式粗放，效率低下。其次，中国制造业拥有的廉价的劳动力，虽然其成本较低，但是更低的劳动生产率抵消了其优势。再者，中国制造业的产业结构不合理。高端技术制造业发展滞后远不如发达国家制造业，低端制造业多是劳动密集型制造业，所占比重较大，存在重复建设和产能过剩的问题，具有高能耗高污染的特点。在国际分工体系中处于世界产业价值链低端，中国制造业大多以资源密集型制造业或劳动密集型制造业参与国际分工，往往处于全球产业价值链低端。从产业分工的角度来看，处于价值链低端环节的中国制造业缺乏市场主导权，往往是市场竞争压力的被动接受者，面临着较大的市场风险，利润空间也容易受到挤压。为了竞争生存空间，制造业企业往往会采用低技术、高能耗、高污染的发展模式，从而过度消耗能源，导致环境的严重污染。

中国制造业科技创新能力不高，且技术创新保护不足，很容易被模仿和复制，严重阻碍了技术创新和产业升级。

在研发经费方面与发达国家相差甚远，大量经费投入资本密集型制造业，用于提高制造业核心竞争力的科技创新产业投入相对较少。

中国制造业粗放式的发展，具有高耗能、高污染、高投资的特点，能源供给结构不合理，利用效率却比较低。2011 年，中国单位 GDP 能耗高于世界平均水平的四分之三，比美国多了 1.25 倍，比德国多了 2.63 倍——能源利用效率与主要制造业国家相比存在较大差距。2011 年，中国单位 GDP 二氧化碳排放量是世界平均水平的2.4 倍，是美国的3.1 倍，是德国的5.21 倍，是日本的5.4 倍。虽然中国的制造业单位产值能源消耗量和单位产值污染物排放量逐年降低，但随着经济的高速增长还是导致各种污染物排放量急剧增加，雾霾等环境问题已经严重影响人们的正常生活。

（1）创新能力不足

改革开放以来，以市场换技术的方式，大量引进外资和技术，以解决我国经济社会快速发展的问题。但付出的代价是国内市场被跨国公司抢占，出口利润被外商大量盘剥，而想要得到的高新技术特别是核心技术却寥寥无几。出口竞争力比较强的产品，主要是纺织品、服装、鞋类、玩具以及家电、电器元件、机电产品等，这些产品是低附加值产品，个别高新技术产品也主要是来料加工或来件组装产品。在合资企业中，外商掌控着核心技术和销售渠道，我们一边要付出高昂的专利费，一边用低廉的劳动力制造外国品牌的产品，换来的是微薄的利润。低廉、缺乏自主知识产权的产品，是我们在国际市场上的形象。由于自主创新能力不强，事实上我们不是制造强国，而是替人打工意义上的制造大国。

（2）产品附加值低

由于中国的法律制度缺乏对知识产权的严格保护，整个国家缺乏科技发明创新的土壤，绝大多数企业不注重科技研发，宁愿花钱买技术，用市场换技术，也不愿投入资金、时间、人力资源持之以恒地进行科技研发，造成大部分企业缺乏核心竞争力，虽号称“制造业大国”，实际上相当于世界的加工厂。比如东莞工厂制造一个芭比娃娃，出厂价只有 1 美元，生产企业几乎无利可图，而这 1 美元的芭比娃娃卖到美国的销售终端——沃尔玛的零售价是 10 美元。10 美元减掉 1 美元后的 9 美元就是通过整个大物流环节，包括产品设计、原料采购、仓储运输、订单处理、批发经营、终端零售六大物流环节所创造出来的。以 2007 年为例，毛利可以高达 40%，巨额利润都被具有研发与管理优势的跨国公司赚走了，而中国的企业只有“六加一”的“一”，没有“六”，生产再多也没有意义。

（3）产能过剩严重

产能过剩也是中国制造业面临的一个重大问题，有统计显示，中国目前总共有 24 个行业，但其中的 21 个已经有产能过剩的问题。纺织业、服装业、钢铁业都是产能过剩的代表性行业。以钢铁业为例，根据中钢协的统计，2010 年末我国炼钢产能 8 亿吨，2011 年新投产炼钢产能约 8000 万吨，考虑到淘汰落后产能约 3000 万吨，年末粗钢产能在 8.5 亿吨左右。而冶金工业规划研究院数据则显示，截至 2011 年年底，我国粗钢产能已达 9 亿吨左右。由此可见，国内钢铁产能严重过剩。

（4）资源环境紧张

发达国家专注于价值高端的技术和营销环节，把大量占有和消耗资源的生产加工环节转移给发展中国家，进一步优化了自身的资源耗费结构，实现了经济增长方式的集约化。中国等发展中国家承接了这些价值链低端的生产加工环节，制造业的发展是建立在高强度消耗和高密集化使用资源的基础上的，是以日益被破坏的生态环境为代价的，这种长期快速粗放型发展使中国已经面临着非常严重的资源和环境危机。因此，要打破发展中国家经济发展恶性循环的关键，就迫切要求提高发展中国家制造业的技术水准和附加值，摆脱长期锁定在价值链低端环节的困境，大力推进知识资本、人力资本和技术资本密集程度较高的价值链高端环节的发展。

综上所述，制造业的绿色化、集约化已经成为时代发展的主流，如何在现有资源下，优化资源配置，提高能源利用效率，对于中国制造业的绿色化水平具有重要的意义。

3.

中国制造业能源效率及减排潜力研究

3.1 引　言

2006年，中国制造业增加值超越日本，成为世界第二制造业大国；2009年，中国制造业增加值超过美国，制造业产值全球第一。从2004～2011年，制造业增加值占工业增加值的比重稳定在80%左右，制造业的快速发展对中国工业化进程和经济高速增长起到了较好的推动作用。但另一方面中国制造业碳排放量高达80%，在2004～2013年中国制造业碳排放量从2004年的23227万吨增长到2013年的41347万吨，增长了1.78倍。2015年12月巴黎世界气候大会召开，中国作为最大的发展中国家，在“国家自主贡献”中提出“将于2030年左右使二氧化碳排放达到峰值并争取尽早实现，2030年单位国内生产总值二氧化碳排放比2005年下降60%～65%，非化石能源占一次能源消费比重达到20%左右”。为了对应对全球气候危机，实现巴黎气候大会上碳减排承诺，制造业碳排放的下降对于能否完成碳减排任务具有重要的作用。

3.1.1　能源效率相关研究

随着环境污染的加剧和自然资源的枯竭，如何实现资源环境和经济的可持续发展是每一个决策者面临的重要问题。以往以资源大量投入的粗放型发展模式受到越来越多的学者和政府质疑，将环境绩效纳入城市经济效率的考核中的呼声也越来越高。WEC（World Energy Council）（2006）将能源效率解释为能源服务产出与能源投入的比值。魏一鸣等（2013）认为提高能源效率的目标就是在保证能源消费最小化的同时使产品服务尽可能最大化。产品服务的生产不可避免地会产生对环境的污染，因此能源效率提高不仅要实现期望产出的最大化，还要同时减少环境污染等非期望产出。

最早研究能源效率大多指能源的利用效率，也即单位能源消费带来的产出变动。因此，评价一个决策单元是否达到能源利用有效，往往仅看能源消费的期望产出效应而忽视非期望产出效应。事实上，近年来随着碳排放增加导致全球气候变化异常引起国内外学者的关注，而化石能源燃烧是导致碳排放的重要的因素。

碳排放属于一种非期望产出，非期望产出是指生产过程中除了得到期望的产出，不可避免地有废水排放、碳排放等非期望产出（undesirable output）。传统的效率和生产率测算往往忽视了非期望产出，生产过程中如果不考虑环境污染等非期望产出往往会对经济效率的测算出现高估（Denison，1979；Repetto et al.，1997；Zhou and Ang，2008），而 Hailu 和 Veeman（2000）认为正是“好”产出和“坏”产出的不平衡处理扭曲了对经济绩效和社会福利水平变化的评价，使得在使用传统全要素生产率的测度方法测算生产率增长时出现偏差。因此将碳排放与能源利用效率结合起来成为新的研究态势。近年来，能源效率模型构建时往往是在最大化产出的同时，最小化非期望产出。

当考虑带有非期望产出的能源效率实证研究时，学者们研究范围主要在于运用不同的 DEA 技术研究区域或者某一行业的能源效率问题（Zhang et al.，2011；Wei，2011；Wang，2014；Zhao，2014）。也有学者将能源消费与环境影响结合在一起考虑生产效率问题（Wang，2013；Li，2012；Bian，2013；Zhang，2015；Li，2015；）。当研究制造业效率的时候，学者们往往关注制造业的某一领域，比如纺织产业（Carvalhoa，2015）、汽车产业（Hwang，2012）、水泥产业（Riccardi，2012；Mandal，2010；Oggioni，2011）、钢铁产业（Wei，2007；Lin，2011；

He，2013）、能源产业等（Zhang，2014；Zhou，2013;）、食品产业（Mohamad，2010）。还有按照区域划分的整个制造行业的能源或者环境效率（Ozkara and Atak，2015；Xie，2016）。有的是研究工业环境效率（Zhang，2014；Zhou，2013）。但是关注中国制造业能源效率的研究较少。

在研究能源效率的方法方面，数据包络分析（DEA）由于能够同时处理多投入多产出的复杂情形，因此得到了广泛的应用。DEA 方法是 Charnes，Cooper 和 Rhodes 于 1978 年提出的基于投入产出数据的相对有效性评价方法。DEA 是用来估计决策单元（DMUs）相对有效性的一种非参数数学方法，其优势在于无需事前对各个指标设置权重，而系统会自动选择达到自身最优表现的权重。前沿面上的决策单元由于达到了最佳实践和最优表现被认为是有效的，不在前沿面上的决策单元被认为是无效的，通过对比有效决策单元或投影到前沿面的距离来反映决策单元的无效程度。DEA 由于采用统计学自动赋权方法，从而可以有效减少环境指标赋权的主观性影响，为我们提供一种评价经济发展和环境影响相对效率的思路（杨斌，2009）。

运用 DEA 方法处理非期望产出的主要思想是把经济产出（期望产出）与环境因素（非期望产出）合并为产出，即假定环境因素为弱可处置性，期望产出为强可处置性，那么企业能生产更多的期望产出的同时产生较少的环境污染，则认为在技术上是有效的（李静等，2013）。DEA 是衡量一组同类决策单元的相对效率的广泛应用的数学方法之一（Cook et al.，2013）。无效决策单元通过向最优前沿面投影的距离来表示决策单元效率的无效程度。一般情况下，当某决策单元的效率值为 1 时，则表示该决策单元处于最优前沿面上，而当决策单元的效率值小于 1 时，则表示该决策单元的效率值处于相对无效的状态，可以通过向标杆学习、改进、调整来实现自身效率的提升。

在 DEA 的基础模型中，无效单元到前沿面的距离属于径向距离，也即是要求投入产出改进变量呈现等比例增加或者减少。这与现实情况有所不同，比如资本和劳动就很难实现等比例变化。因此从距离改进的视角，Tone（2001）提出非径向距离的 SBM 模型，允许无效单元变量的改进采取非等比例改进。有关 DEA 方面的研究进展详见 Emrouznejad 和 Yang（2017）。

但是 SBM 模型未对目标函数进行标准化，当数据波动范围比较大的情况容易导致结果的不稳定性。为了实现对径向距离的改进，Cooper 等（1999）提出 RAM 模型（Range Adjusted Measure），Sueyoshi 等（2010）扩展了基本的 RAM 模型，同时实现了产出最大化和投入最小化。基于 RAM 模型，Tsang 等（2014）建立了考虑负数集合和非期望产出的 M 指数，Emrouznejad 和 Yang（2016）在 RAM 模型基础上构建了 GML 指数，并证明了 RAM – GML 指数对传统指数的改进。鉴于此，本书将基于 RAM 模型来实现传统 DEA 模型的改进，从而使估计结果更加可信。

3.1.2 碳减排潜力相关研究

碳减排潜力的研究框架是首先构建影响碳排放的因素或对因素进行分解，而后采用技术手段测算碳减排潜力。自 Ang（2000）发表碳排放强度分解方法的经典文献以来，关于碳排放的影响因素的分解研究逐渐走向成熟。经济增长、人口增加、城市化、人均 GDP、技术进步、能源强度、能源结构、进出口贸易，产业结构等方面被认为是影响碳排放的主要因素（庄贵阳，2008）。关于碳排放的影响因素的分解研究方法主要包括结构分解法（SDA）和指数分解法（IDA）。结构分解法（SDA）以投入产出表数据为基础，难以进行连续的时间序列比较分析，只能进行加法分解，分解结果偏差大。指数分解法（IDA）主要有 Laspeyres 指数分解法、Paasche 指数分解法，算术平均 Divisia 指数分解法（AMDI）、对数平均 Divisia 指数分解法（LMDI）、Shapley 值分解法等。其中 LMDI 和 Shapley 值分解法由于理论基础成熟，对数据能进行有效简便的技术处理而成为近年来这一研究领域最有影响力的技术分析工具。采用国家及行业碳排放强度影响因素的经典分解方法（邹秀萍，2013），学者们对区域或者行业的碳减排潜力进行研究。有学者认为用碳排放强度指标来评价减排潜力不能体现不同减排部门的减排成本，因此利用相对基期的退耦指数来测算减排潜力。从减排潜力的分析来看，石油、电力部门的减排效率一直没有达到工业的平均水平，纺织和造纸工业的减排潜力低于工业的平均水平。吴国华（2011）建立了人口经济技术能源结构的差异构建碳减排潜力综合评价模型。徐盈之（2013）基于碳减排责任与碳减排效率相结合来研究各区域的碳减排潜力。近年来，基于生态效率分析节能减排潜力的研究成为国内研究热点，全要素生产率理论框架下的 DEA 方法，有效克服了单要素生态效率方法的缺陷，从而得到了广泛的应用。有关碳减排潜力的预测，郭朝先（2014）采用经济核算的方式对 2010～2050 年我国工业碳减排进行估算，预计在 2030 年达到峰值。夏炎和范英（2012）通过建立减排成本评估的投入产出计量优化组合模型，研究了我国减排成本曲线的动态变化，并对 2020 的碳减排目标进行预测分析。何建坤（2013）通过发达国家和中国在经济增长、能源结构等方面的对比，对 2030 年中国的碳排放峰值进行分析和政策建议。王文举和向其凤（2014）分别从经济结构调整和能源结构调整的角度对 2020 年的碳减排潜力进行预测分析。

总结以上研究发现，有关碳减排的潜力主要采用结构分解法。这种分解方法的主观性比较强，而且不同学者采用的分解方法和影响因素不同，得出的碳减排潜力也有所不同。而在数据包络分析框架下，通过各决策单元最优的自主权重选择而决定的相对效率差异可以解决以往研究方法上的不足。因此，本书拟在能源效率测算的基础上，通过无效决策单元与有效决策单元的碳排放差异或松弛束表示无效决策单元的碳减排潜力。

3.2 研究方法及数据来源

3.2.1 RAM 模型及碳减排潜力模型

为了实现对径向距离的改进，Cooper 等（1999）提出 RAM 模型（Range Adjusted Measure），Sueyoshi 等（2010）扩展了基本的 RAM 模型，同时实现了产出最大化和投入最小化。基于 RAM 模型，Tsang 等（2014）建立了考虑负数集合和非期望产出的 M 指数，Emrouznejad 和 Yang（2016）在 RAM 模型基础上构建了 GML 指数，并证明了 RAM－GML 指数对传统指数的改进。以下是对该模型的简要介绍。

首先我们定义带有非期望产出的全局生产可能集（Global PPS）为 $PPS_D^G = conv\{PPS_D^1, PPS_D^2, \cdots, PPS_D^T\}$，其中 conv{ * } 为凸集。

假定有 K 个 DMUs，M 个非能源投入，N 个能源投入，I 个期望产出，J 个非期望产出。那么 $X_K = (x_{1k}, x_{2k}, \cdots, x_{Mk})^T$，$E_K = (e_{1k}, e_{2k}, \cdots, e_{Nk})^T$，$Y_K = (y_{1k}, y_{2k}, \cdots, y_{Ik})^T$，$B_K = (b_{1k}, b_{2k}, \cdots, b_{Jk})^T$。DEA 模型用来测算能源效率 RAM 模型如下：

$$\max \varphi + \varepsilon\left(\sum_{m=1}^{M} R_m^x s_m^x + \sum_{n=1}^{N} R_n^e s_n^e + \sum_{i=1}^{I} R_i^y s_i^y + \sum_{j=1}^{J} R_j^b s_j^b\right)$$

$$s.t.\begin{cases}\sum_{k=1}^{K} \lambda_k x_{mk} + s_m^x = x_{mo}, m = 1,2,\cdots,M \\ \sum_{k=1}^{K} \lambda_k e_{nk} + s_n^e = e_{no}, n = 1,2,\cdots,N \\ \sum_{k=1}^{K} \lambda_k y_{ik} - s_i^y - \varphi y_{i0} = y_{io}, i = 1,2,\cdots,I \\ \sum_{k=1}^{K} \lambda_k b_{jk} + s_j^b + \varphi b_{j0} = b_{jo}, j = 1,2,\cdots,J \\ \sum_{k=1}^{K} \lambda_k = 1, \lambda_k \geqslant 0, k = 1,2,\cdots,K \\ s_m^x, s_n^e, s_i^y, s_j^b \geqslant 0\end{cases} \tag{3-1}$$

其中 $R_X^{pT} = (R_{X1}^p, R_{X2}^p, \cdots, R_{Xm}^p)^T$，$R_Y^{pT} = (R_{Y1}^p, R_{Y2}^p, \cdots, R_{Ys}^p)^T$，$R_B^{pT} = (R_{B1}^p, R_{B2}^p, \cdots, R_{Bk}^p)^T$，并且：

$$R_X^{pT} = (m+s+k)^{-1}(\max\{x_{ij}^p \mid j=1,\cdots,n\} - \min\{x_{ij}^p \mid j=1,\cdots,n\})^{-1}$$

$$R_Y^{pT} = (m+s+k)^{-1}(\max\{y_{rj}^p \mid j=1,\cdots,n\} - \min\{y_{rj}^p \mid j=1,\cdots,n\})^{-1}$$

$$R_B^{pT} = (m+s+k)^{-1}(\max\{b_{qj}^p \mid j=1,\cdots,n\} - \min\{x_{qj}^p \mid j=1,\cdots,n\})^{-1}$$

其中，s_m^x，s_n^e，s_i^y，s_j^b是非能源投入、能源投入、期望产出、非期望产出的松弛变量。衡量了实际水平与理想水平之间的差异。变量 φ 表明了被评价 DMU 的无效率程度。ε 是阿基米德无穷小，一般取 0.0001。系数λ_k表示变量之间的线性组合，其中 $\sum_{k=1}^{K} \lambda_k = 1$，表示可变规模报酬（Variant Returns to Scale，VRS）

模型。

因此，能源效率的测算公式为：

$$\theta^* = 1 - \left[\varphi^* + \varepsilon\left(\sum_{m=1}^{M} R_m^x S_m^{x*} + \sum_{n=1}^{N} R_n^e S_n^{e*} + \sum_{i=1}^{I} R_i^b S_i^{b*} + \sum_{i=1}^{I} R_i^y S_i^{y*}\right)\right] \tag{3-2}$$

如果（i）$\theta^* = 1$ 及（ii）$s_m^x, s_n^e, s_i^y = 0$，则 DMU 达到有效前沿面。否则，则认为 DMU 处于相对能源无效率状态。

另外，由于松弛变量表示了无效 DMU 与有效 DMU 之间的距离，也即落后制造业与标杆制造业的差异，因此可以用非期望产出的松弛变量反映制造业的碳减排潜力。由于本书的非期望产出是碳排放，因此，碳减排潜力可以表示为碳排放理想值与实际值的差：

据此可以定义绝对碳减排潜力：

$$APC = s_j^b \tag{3-3}$$

相对碳减排潜力为：$RPC = \left(1 - \frac{b_{jo} - \varphi\, b_{j0}}{b_{jo}}\right) \times 100\%$ （3-4）

根据以上模型可以得出如下理论假说：

假说 1：某个制造业行业的碳排放松弛变量越大，说明该制造业行业与先进行业的差异越远，也即碳减排的潜力越大。该制造业可以通过提高运营管理效率和通过技术改造等手段实现减排。

假说 2：如果某制造业的碳排放松弛变量为 0，说明该制造业已经没有进一步减少碳排放的潜力，如果强制减排，该制造业就必须以牺牲产出或者缩减规模为代价。

3.2.2 指标与数据

按照上述理论方法，本书选择中国 2000～2014 年的 27 个制造行业（具体制造业行业和对应行业代码参考表 3-2）作为本书研究对象。本书去除工艺品等其他制造业行业，因为这一行业的就业人员数统计口径在 2012 年之后发生改变，而且也缺乏 2000～2001 年的数据。因此考虑将该行业去除。另外国家统计局在

2012 年以后将橡胶制品业和塑料制品业进行了合并，为了保持研究的一致性，2000 ~ 2014 年的数据统计合并为橡胶及塑料制品业。其中 2004 年与 2012 年缺乏相关就业人口数据，2004 年橡胶与塑料制品业劳动力数据采用两年均值来替代。2012 年数据来自 Wind 数据库月度数据并进行全年平均。从 2012 年国家统计局将交通设备制造业分解为汽车制造业和其他运输制造业。为了保持不同年份的行业之间的可比性，本书将 2012 年以后汽车制造业和其他运输业进行合并为原来的交通设备制造业。

根据以上模型，数据包络分析主要从投入产出的角度来选择指标，参考以往学者研究制造业能源或环境效率的投入产出指标（Zhang, et al., 2015; Fan et al., 2015; Yang and Wang, 2013; Yang, 2016a, 2016b）。我们选取运用频数最多的投入指标，就业人数、固定资产投资和能源消费，产出指标中选取工业增加值作为期望产出指标，二氧化碳排放量作为非期望产出。

工业增加值是用货币表示的价值，因此需要转换为实际数值，本书参考邵帅等（2016）的方法折算成 2002 年不变价格数据。劳动人数、资本投入、能源投入数据来自历年《中国统计年鉴》《中国工业统计年鉴》和《中国能源统计年鉴》。碳排放的测算方法主要根据各种能源消耗产生的二氧化碳排放估计量加总得到，具体公式如下：

$$EC = \sum E_i \times CF_i \times CC_i \times COF_i \times \frac{44}{12} \tag{3-5}$$

其中，EC 表示各类能源消费的碳排放总量；i 表示能源消费种类，包括煤炭、焦炭、汽油、煤油、柴油、燃料油和天然气等多种化石能源；E_i 表示各地区第 i 种能源的消费总量；CF_i、CC_i 和 COF_i 分别表示化石能源的发热值、碳排放因子和氧化因子；44/12 表示二氧化碳分子与碳分子重量的比值（Mi et al. 2015, 2016; Emrouznejad and Yang, 2016）。发热值、排放因子和氧化因子等数据来源于《IPCC 国家温室气体清单指南》（IPCC, 2006），如表 3 – 1 所示。

表 3-1 碳排放相关影响因子

能源种类（单位）	低位发热量（MJ/t，km^3）	碳排放因子（tc/TJ）	碳氧化率（%）	CO_2 排放系数（10^4t $10^8cu.m$）
原煤（10^4t）	20908	25.8	98	1.9383
焦炭（10^4t）	28435	29.5	98	3.0142
原油（10^4t）	41816	20	99	3.0358
汽油（10^4t）	43070	18.9	99	2.9549
柴油（10^4t）	42652	20.2	99	3.1275
燃料油（10^4t）	41816	21.1	99	3.2028
天然气（$10^8cu.m$）	38931	15.3	99.5	2.1731

注：TJ 为热量单位，为千兆焦耳；MJ 为兆焦耳；tc/TJ 表示单位热值含碳量；$10^8cu.m$ 表示亿立方米；10^4t 表示万吨。

资料来源：《IPCC 国家温室气体清单指南》。

另外，由于本研究使用的制造业相关行业的名称与序号的对应关系如表 3-2 所示：

表 3-2 本研究的制造业行业及代码

行业	行业代码
农副食品加工业	S6
食品制造业	S7
酒、饮料和精制茶制造业	S8
烟草制品业	S9
纺织业	S10
纺织服装、服饰业	S11
皮革、毛皮、羽毛及其制品和制鞋业	S12
木材加工和木、竹、藤、棕、草制品业	S13
家具制造业	S14
造纸和纸制品业	S15
印刷和记录媒介复制业	S16

续表

行业	行业代码
文教、工美、体育和娱乐用品制造业	S17
石油加工、炼焦和核燃料加工业	S18
化学原料和化学制品制造业	S19
医药制造业	S20
化学纤维制造业	S21
橡胶和塑料制品业	S22
非金属矿物制品业	S23
黑色金属冶炼和压延加工业	S24
有色金属冶炼和压延加工业	S25
金属制品业	S26
通用设备制造业	S27
专用设备制造业	S28
交通运输设备制造业	S29
电气机械和器材制造业	S30
计算机、通信和其他电子设备制造业	S31
仪器仪表制造业	S32

3.3 实证分析

3.3.1 能源效率时空特征

根据公式计算各行业的能源效率如表 3-3 所示，从中可以看出，

（1）除了烟草制品业，计算机、通信和其他电子设备制造业、仪器仪表制造业三个行业的能源效率达到 1 以外，其他行业的能源效率都普遍较低，从中可以看出在能源效率方面，行业差异大。比如造纸和纸制品业只有标杆行业的 6.5%，因此这些行业的效率水平有待进一步提高，同时行业异质性强，能源效率差异性大的另一政策含义是在制定相关减排措施时要统筹考虑行业异质性，否

则将会损失大多数行业的效率水平。比如通过市场机制来实现碳减排，碳市场的初始阶段不应该覆盖全部行业，而是选择能源需求高、碳排放量大的行业进行碳市场尝试，逐渐再扩大到其他行业。

表 3－3　　2000～2014 年制造业行业能源效率

序号	2000 年	2002 年	2004 年	2006 年	2008 年	2010 年	2012 年	2014 年	平均值
S6	0.663	0.521	0.177	0.174	0.109	0.167	0.078	0.038	0.233
S7	0.228	0.216	0.108	0.110	0.080	0.073	0.055	0.050	0.115
S8	0.588	0.342	0.130	0.125	0.079	0.076	0.059	0.296	0.215
S9	1.000	1.000	1.000	1.000	1.000	1.000	1.000	1.000	1.000
S10	0.954	0.862	0.432	0.232	0.520	0.350	0.060	0.062	0.400
S11	0.747	0.726	0.375	0.371	0.294	0.293	0.228	0.210	0.404
S12	0.823	0.862	0.509	0.382	0.336	0.369	0.299	0.285	0.495
S13	0.573	0.393	0.156	0.170	0.134	0.127	0.107	0.082	0.211
S14	1.000	1.000	1.000	1.000	0.714	0.708	1.000	0.629	0.895
S15	0.133	0.128	0.052	0.063	0.045	0.038	0.032	0.033	0.065
S16	0.717	0.834	0.721	0.905	0.666	0.758	0.752	0.470	0.760
S17	1.000	1.000	1.000	1.000	0.976	0.994	0.458	0.310	0.875
S18	1.000	0.984	0.758	0.310	0.446	0.276	0.077	0.014	0.487
S19	0.856	0.765	0.383	0.374	0.645	0.669	0.745	0.733	0.641
S20	0.332	0.313	0.167	0.163	0.123	0.124	0.136	0.066	0.182
S21	0.471	0.275	0.128	0.161	0.142	0.148	0.104	0.088	0.182
S22	0.442	0.436	0.183	0.176	0.152	0.133	0.100	0.091	0.209
S23	0.879	0.591	0.008	0.012	0.010	0.098	0.261	0.133	0.230
S24	0.747	0.809	1.000	1.000	1.000	1.000	1.000	1.000	0.937
S25	0.166	0.144	0.125	0.392	0.718	0.441	0.487	0.594	0.370
S26	1.000	0.767	0.460	0.293	0.384	0.263	0.207	0.124	0.422
S27	0.554	0.552	0.473	0.171	0.327	0.556	0.789	0.690	0.504
S28	0.355	0.375	0.231	0.281	0.264	0.370	0.475	0.234	0.322
S29	0.699	0.935	0.518	0.591	1.000	1.000	1.000	0.742	0.838
S30	1.000	1.000	1.000	0.793	0.819	0.670	0.683	0.606	0.816
S31	1.000	1.000	1.000	1.000	1.000	1.000	1.000	1.000	1.000
S32	1.000	1.000	1.000	1.000	1.000	1.000	1.000	1.000	1.000

（2）从各行业能源效率的变动趋势来看，有些行业能源效率逐步上升，比如黑色金属冶炼和压延加工业，可能由于国家的碳减排政策的限制，这些传统高污染高排放行业逐渐调整为相对能源效率高的行业。大多数行业的能源效率逐渐下降，或者经历先上升后下降的过程。由于用 DEA 方法测算的能源效率属于相对效率，因此能源效率的下降是相对下降。2014 年的能源效率数值上普遍比 2000 年要低，如图 3－1 所示，这表明经过十多年的发展，我国制造业各行业的能源效率差异在拉大，也就是那些不在前沿面的无效制造业行业距离最优的能源效率水平越来越远。这一现象比较符合实际，虽然行业之间有差异，但是资本和劳动力是流向效率高、利润高的行业，一些传统污染行业面临着国家的环境规制和国内外市场的双重打击，很多行业的利润率非常低甚至为负值。因此行业之间也面临结构调整与产业转移。

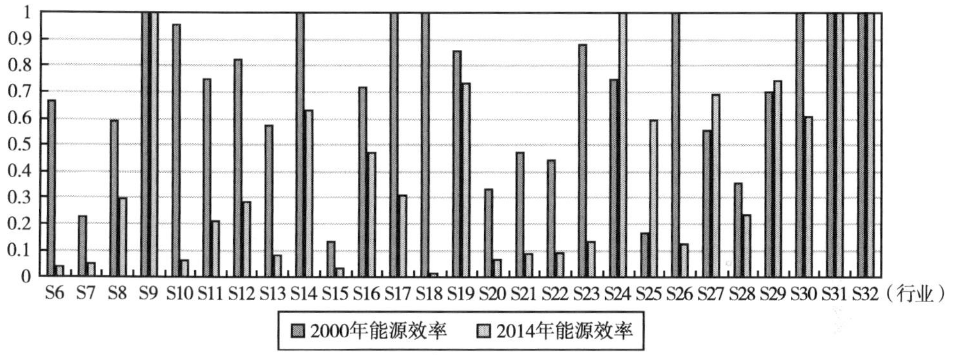

图 3－1　2000 年与 2014 年能源效率对比

3.3.2　碳减排潜力分析

根据公式 3－3 计算出碳减排的绝对值，如表 3－4 所示，可以看出碳减排潜力最大的行业为非金属矿物制品业、化学原料和化学制品制造业、黑色金属冶炼和压延加工业，2000～2014 年平均碳减排潜力为 42279.42、29182.37、21398.36 万吨碳排放。另外，石油加工、炼焦和核燃料加工业、有色金属冶炼和压延加工业、纺织业、农副食品加工业等行业的碳减排潜力也较大。而烟草制品业、计算机、通信和其他电子设备制造业、仪器仪表制造业已经达到了减排的极限，目前减排潜力为0。通过碳减排潜力的分析，可以看出传统重工业大多具有较高的减排潜力，而轻工业和新兴战略性产业的碳减排潜力较小。

表3-4　　2000~2014年制造业行业绝对碳减排潜力

序号	2000年	2002年	2004年	2006年	2008年	2010年	2012年	2014年	平均
S6	1610.05	1804.88	3111.13	3831.60	5003.10	5129.30	4912.07	4061.95	3726.20
S7	1109.39	925.42	1433.77	1959.40	2171.94	2341.26	2327.55	1937.92	1765.68
S8	895.06	810.73	1732.66	2177.08	2459.89	2435.70	2297.59	2082.07	1871.88
S9	0.00	0.00	0.00	0.00	0.00	0.00	0.00	0.00	0.00
S10	2183.09	2504.69	4019.41	4400.48	4387.11	4459.77	3627.41	2737.09	3640.20
S11	113.03	109.24	299.44	528.43	596.18	595.28	523.58	428.18	379.25
S12	40.07	35.85	80.36	321.66	302.97	261.47	270.61	219.98	175.54
S13	301.28	77.48	624.08	854.08	1004.09	1052.80	989.82	1021.93	719.00
S14	0.00	0.00	0.00	1.02	41.63	62.41	0.01	40.30	15.40
S15	2240.57	2439.51	3427.58	4035.66	4608.07	5118.12	4374.45	3127.46	3735.27
S16	0.00	0.00	0.00	14.29	52.58	47.77	22.82	88.12	21.44
S17	0.00	0.00	0.00	0.00	2.18	0.87	109.04	177.88	28.14
S18	0.00	2585.97	4747.31	5803.15	6715.39	7841.00	7777.21	7558.76	5380.05
S19	12939.84	15167.35	23832.53	30630.51	34320.36	35370.15	39031.00	40825.65	29182.37
S20	730.87	613.19	1065.69	1532.55	1813.87	1803.09	1945.43	1913.38	1399.42
S21	731.83	471.27	935.18	1102.95	935.01	880.05	1001.58	936.42	859.46
S22	767.93	688.58	1376.11	1929.16	2119.83	2118.52	1642.58	1428.98	1498.45
S23	18435.99	21424.95	37184.49	42187.75	48438.03	52650.72	56254.09	57639.27	42279.42
S24	30484.84	34702.85	0.00	53643.22	0.00	0.00	0.00	0.00	21398.36
S25	2177.84	2339.08	3438.00	4964.66	5825.77	5830.01	5655.67	5724.54	4542.95
S26	0.00	723.83	763.86	1172.37	1368.90	1261.46	1463.85	1208.10	1021.93
S27	1037.59	1177.04	1810.62	2838.55	3585.66	3690.14	3182.08	2640.65	2621.33
S28	709.99	454.32	741.43	976.13	1061.96	1329.65	846.18	872.15	863.38
S29	861.42	957.40	1024.95	1391.88	0.00	0.00	0.00	1334.53	778.05
S30	0.00	0.00	0.00	709.92	680.99	733.77	631.59	483.94	427.38
S31	0.00	0.00	0.00	0.00	0.00	0.00	0.00	0.00	0.00
S32	0.00	0.00	0.00	0.00	0.00	0.00	0.00	0.00	0.00
平均	2865.58	3333.84	3394.39	6185.43	4722.06	5000.49	5143.93	5129.23	4752.98

通过碳减排潜力的历年变化可以看出，中国制造业行业的碳减排潜力呈现上升趋势，从 2000 年的 2865.58 万吨上升到 2011 年的 9827.3 万吨，然后又到 2014 年的 5129.23 万吨，虽然出现一些波折，但是相比 2000 年，2014 年也增加了近一倍。所以，我国制造业的低碳化还有很多的减排潜力可挖。不断增加的碳减排潜力一方面来源于我国制造业规模的不断扩大带来的规模效应，另一方面来源于中国制造业越来越依靠能源动力的替代效应。再加上国家近年来鼓励支持战略性新兴产业，传统高耗能产业存在严重的产能过剩，因此行业之间的异质性加大，相对来讲传统高耗能产业就显得减排潜力更大。

通过对比 2000 年、2008 年与 2014 年的碳减排潜力相对值可以看出（如图 3－2 所示），大部分行业 2014 年的相对碳减排潜力比 2000 年和 2008 年有所提高，也存在一些行业在 2000 年是相对减排潜力较大，到 2014 年以后已经减少或者没有减排潜力，这说明这些行业经过这十几年的发展已经提高了碳排放绩效，相对其他行业采取了节能减排措施。

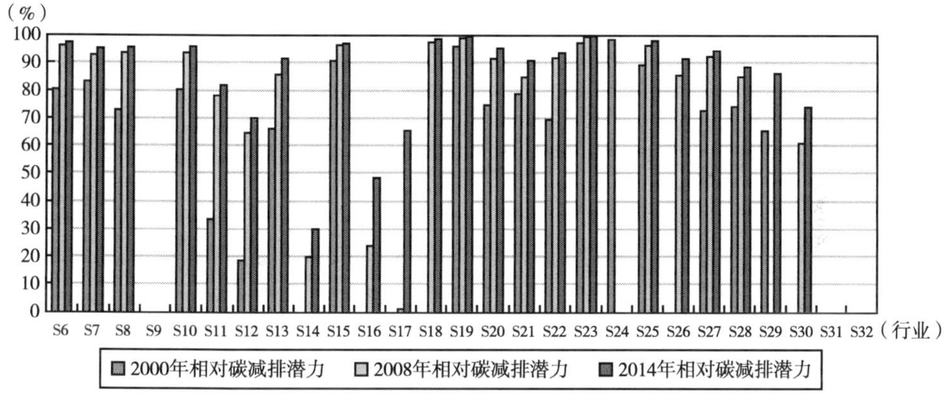

图 3－2　部分年份相对碳减排潜力

3.4 小　结

本章采用 RAM－SBM 模型，对制造业 27 个专业 2000 年的数据进行了能源测算效率的计算和碳减排的计算。从本章的实证研究上可以得出以下结论：

(1) 除了烟草制品业，计算机、通信和其他电子设备制造业、仪器仪表制造业三个行业的能源效率达到 1 以外，其他行业的能源效率都普遍较低。

(2) 从 2000 ~ 2014 年，经过十多年的发展，我国制造业各行业的能源效率差异在拉大，也就是那些不在前沿面的无效制造业行业距离最优的能源效率水平越来越远。

(3) 碳减排潜力最大的行业为非金属矿物制品业、化学原料和化学制品制造业、黑色金属冶炼和压延加工业，2000 ~ 2014 年平均碳减排潜力为 42279. 42、29182. 37、21398. 36 万吨碳排放。另外，石油加工、炼焦和核燃料加工业、有色金属冶炼和压延加工业、纺织业、农副食品加工业等行业的碳减排潜力也较大。而烟草制品业、计算机、通信和其他电子设备制造业、仪器仪表制造业已经达到了减排的极限，目前减排潜力为 0。通过碳减排潜力的分析，可以看出传统重工业大多具有较高的减排潜力，而轻工业和新兴战略性产业的碳减排潜力较小。

(4) 通过对比 2000 年、2008 年与 2014 年的碳减排潜力相对值可以看出，大部分行业 2014 年的相对碳减排潜力比 2000 年和 2008 年有所提高，以上对减排潜力的分析，可以为节能减排产业政策提供政策支持，对于减排潜力比较大的行业，企业经营者需要加大管理力度，优化管理方案，采取新的生产工艺等措施来减少碳排放，政府部门需要鼓励这些行业优先减排，而对于没有减排潜力的行业政府需要在经济发展与碳排放之间进行权衡 (trade - off)。对于碳减排潜力的研究另一个应用价值是为中国在设计碳市场中对于碳市场完善过程中纳入的行业排序提供参考价值。纳入的行业顺序的目标是为了实现更多的减排，同时还能兼顾经济效益，因此一个可行的覆盖行业排序方案是按照碳减排潜力进行划分，比如可以将 2014 年碳排放潜力最大的最优选择纳入碳排放交易体系。

4.

中国制造业能源生产率及驱动因素分析

4.1 引　言

效率和生产率是任何组织和机构都十分关心的问题。澳大利亚昆士兰大学成立了效率与生产率研究中心，该中心主任科埃利（Coelli）教授长期从事效率和生产率方面的研究，其专著《效率与生产率分析导论》（科埃利等，2008）成为研究效率和生产率问题的经典教书，国内学者李双杰（2010）等也分别出版了有关方面的专著。由此可见，效率和生产率问题受到了学者们的广泛关注。

效率和生产率是既有区别又有联系的两个不同概念。两者的联系是，两种指标均是对决策单元的生产状况的评价，并且通过不同决策单元到达前沿面的距离来反映这种运营管理能力的差异。两者的区别更多地体现在具体运用过程中，由于不同的评价主体和客体需要往往对效率和生产率分别进行界定，从而反映被评价单元的基本特征，通常两者的区别体现在以下方面。首先含义不同。效率反映企业生产状况与最佳生产组织情形（生产前沿面）的差距。可用技术效率（Technical Efficiency）来反映企业生产状况与对应的前沿企业的差距。技术效率在投入不变的情况下增加产出的能力或者在产出不变的情况下减少投入的能力。因此，如果生产单元是技术有效的，其将位于生产前沿面上。Farrell（1957）进一步将总体效率（Overall Efficiency）分解为技术效率（Technical Efficiency）

与配置效率（Allocative Efficiency）。分配效率指在投入要素价格或产出产品价格给定的情况下，在现有生产技术约束下，生产单元利用资源的能力。技术效率与分配效率共同构成总体效率，当生产单元的生产行为位于成本最小化或收入最大化边界时，则为总体有效。生产率是用来表示产出与投入的比率。由于生产率是全部投入要素的贡献，因此常称为全要素生产率（Total Factor Productivity, TFP）。全要素生产率是指各要素（如资本和劳动等）投入之外的技术进步和能力实现等导致的产出增加，是剔除要素投入贡献后所得到的残差，最早由索洛（Solow, 1957）提出，故也称为索洛残差。Farrell 将经济增长归为要素投入增长、技术进步和能力实现改善三部分，后两部分构成了全要素生产率。其次测算方式不同。效率的测算往往是基于多投入多产出的生产技术估算出来，常用的方法是基于非参数估计的 DEA 技术。而生产率的测算往往采用 TFP 指数，比如 Malmquist – Luenberger 指数（ML）以及由此派生出来的一些指数测量。最后，效率是静态指标，生产率是动态指标，衡量的是决策单元的效率随时间变动的改变。鲍克（2001）认为生产率的变动来源为技术变化（TC）、效率变化（EC）、规模效率变化（SEC）、产出混合效应（OME）或投入混合效应（IME）。

经济学家一直用经济效率来衡量一个区域或者经济体经济运行状态。以索罗为代表的经济学家揭示了经济效率提高的源泉来自于全要素生产率。Farrell 将经济增长归为要素投入增长、技术进步和能力实现改善三部分，后两部分构成了全要素生产率。效率的变动用生产率表示。由于生产率是全部投入要素的贡献，因此常称为全要素生产率（TFP）。全要素生产率是指各要素（如资本和劳动等）投入之外的技术进步和能力实现等导致的产出增加，是剔除要素投入贡献后所得到的索洛残差（Solow, 1957）。全要素生产率的变动 = 技术效率变化 × 规模效率变化 × 技术进步。

但传统的全要素增长率并没有考虑环境和资源对经济增长的约束，仅仅用“好”的产出减去投入的成本来表示。中国经济对环境的破坏让更多的学者意识到生产过程中如果不考虑环境污染等非期望产出往往会对经济效率的测算出现高估（Denison, 1979; Repetto, 1997）。而 Hailu 和 Veeman（2000）认为正是对于“好”产出和“坏”产出的不平衡处理扭曲了对经济绩效和社会福利水平变化的评价，使得在使用传统全要素生产率的测度方法测算生产率增长时出现偏差。因此，在评估区域经济的全要素生产率时，一些学者开始将资源环境考虑进去，提出环境全要素生产率或能源全要素生产率。

依据对生产前沿构建的不同，全要素生产率的测算一般分为参数方法和非参数方法。前者主要应用参数估计技术，比如随机前沿分析法（SFA）来测算经济增长中的全要素生产率，但是受到严格的理论假设和模型设定偏误等因素的影响而往往导致参数的估计量有偏或者无效（周五七，2014）。后者通过系统内部之间的比较而测算全要素生产率，其中非参数的数据包络分析（DEA）能够方便地拟合含有非期望产出的多投入多产出的生产活动，还可以避免模型设定偏误和随机干扰项不满足经典假定的尴尬，并且还可以对全要素生产率增长的动力来源做进一步的分析（Zhou，2008），因此在考虑非期望产出的全要素生产率中得到广泛的应用。目前，考虑非期望产出的 DEA 模型，已经应用于分析包括环境绩效评价、环境管制影响评价、污染物排放定额分配、污染物影子价格估计等环境系统评价问题（宋马林，2012）。

全要素能源效率的测算不仅考虑能源的投入，还考虑诸如资本、劳动等生产要素的投入对产出的综合影响，从而能够更加全面、科学地反映生产过程，因此逐渐成为国内外学者研究的热点。Zhang 等（2015）、Li 等（2012）、Wang 等（2013）测算了中国区域的全要素能源效率。Zhang 等（2014）运用序列松弛模型对韩国发电厂的能源效率进行测算。在工业环境效率方面，Zhao（2014）、Zhang 等（2015）、Watanabe 等（2007）、Shi 等（2010）、Goto 等（2014）分别运用不同的 DEA 技术对工业能源或环境效率进行研究和分析，另外在纺织产业（Carvalhoa，2015）、汽车产业（Hwang，2012）、水泥产业（Riccardi et al.，2012；Mandal，et al.，2010；Oggioni et al.，2011）、钢铁产业（Wei et al.，2007；He et al.，2013）、能源产业（Sarica et al.，2007；Zhang et al.，2014）、食品产业（Mohamad et al.，2010）全要素生产率也得到了广泛的运用。

在全要素能源效率的测算方面，数据包络分析（DEA）能够方便地拟合含有非期望产出的多投入多产出的生产活动，还可以避免模型设定偏误和随机干扰项不满足经典假定的尴尬，并且还可以对全要素生产率增长的动力来源做进一步的分析（Zhou，2008），因此在考虑非期望产出的全要素生产率中得到广泛的应用。DEA 能够在技术上实现对带有非期望产出（如 SO_2、CO_2 等污染物）的生产效率的度量，主要是基于 Chung 等（1997）提出的方向性距离函数（DDF），以及基于此的环境全要素生产率的度量—Malmquist - Luenberger 指数（ML）。ML 指数已经被广泛应用到考虑非期望产出的全要素生产率的测量（Watanabe and Tanaka，2007；Chen and Golley，2014；He et al.，2013；Zhang and Choi，2014；Zhou et al.，2014b，Li and Lin. 2015）。国内学者（李静等，2013；杨俊等，2009；吴军，2009；王维国等，2012；孙传旺，2010；刘瑞翔，2012；齐亚伟，2013）分别从不同的视角运用 ML 指数对带有非期望产出的全要素生产率进行了实证研究。但传统 ML 生产率指数可能线性无解和不具有循环性或传递性（circularity or transitivity）。

然而大部分文献中所用的 ML 生产率指数一般采用两个当期 ML 指数几何平均的形式，导致 ML 指数在测度跨期方向性距离函数（DDF）时，无论如何 t + 1 期的投入产出值在 t 期的技术下都是不可行的，因而面临着一个潜在的线性规划无解的问题。此外，以几何平均形式表示的 ML 指数均不具有循环性或传递性（circularity or transitivity），而且利用两个相邻 ML 指数测度生产率增长时，其经济意义的诠释应十分谨慎，否则有可能给政策制定者提供误导性的生产率增长措施。Oh（2010）将全局 Malmquist 生产率概念和方向性距离函数相结合构建了 ML 指数的替代方法 GML（Global Malmquist - Luenberger Productivity Index）指数，该方法不仅可以应付多输出和多输入，以及生产带来的环境污染非期望产出问题，而且避免了传统 ML 指数的线性规划无解的问题，同时也是可循环累加的。全局技术视角的生产率指数已经得到了理论上的发展（Lee et al.，2011；Wang et al.，2012；Tohidi et al.，2013）和广泛的应用。比如制造业（Färe et al.，2001），发电厂（Arabi et al.，2014），钢铁行业（He et al.，2013），公共部门（Yu et al.，2008）和国家之间的比较（Yörük and Zaim，2005；Kumar，2006）。在研究方法方面，DDF 已经从径向测度扩展到非径向测度，比如加权非经向 DDF（Zhou et al.，2012），松弛变量 DDF（Arabi et al.，2014，2015）。因此，ML 指数也得到了相应的扩展，比如 Arabi 等（2015）提出了 S - MLP 指数，并指出运用方向距离函数（DDF）测算非期望产出时 S－MLP 指数能够解决无可行解的问题。在 Zhou 等（2012）提出的加权非径向方向距离函数的基础上，Zhang 等（2015）运用非经向 Malmquist 指数来测算跨期的碳排放表现绩效。Ramli 和 Munisamy（2015）运用 RAM 模型对马来西亚制造业的碳排放效率进行了实证研究。

但是以上 GML 指数的构造可能难以满足 Tone（2001）提出的四个性质：单位不变性、单调性、转换不变性和参考集依赖性。比如 Arabi 等（2015）指出的 S－ML 指数存在忽视投入松弛问题、DDF 的目标函数与传统意识不同、变动范围可能超出［0，1］。Aparicio 等（2013）总结了这些方法的主要缺憾，（1）在测算前沿面变化，技术进步效率的无可行解问题；（2）运用方向距离函数模型时忽视松弛变量问题；（3）隐含在传统对期望和非期望产出关联假设的非一致性问题。为了更好地解决以上问题，Emrouznejad 和 Yang（2016）引入了 RAM－GML 指数，通过对目标函数的改进和松弛变量的调整来实现对传统 GML 指数进行改进。因此本书依据 Emrouznejad 和 Yang（2016）构造的 RAM－GML 指数来测算考虑 CO_2 的能源全要素生产率，研究能源全要素生产率的内部结构及变动规律。

4.2 研究方法及数据来源

4.2.1 RAM－GML 指数构建

（1）定义和概念

假定 $X=(x_1,x_2,\cdots,x_m)$ 和 $Y=(y_1,y_2,\cdots,y_s)$ 分别是 m 和 s 维相互独立的投入产出变量。若有一组 $t=1,\cdots,T$ 期，$j=1,\cdots,N$ 维的面板有效决策单元（DMUs）。那么每一个时期的生产可能集（PPS）定义为：

$$PPS^t=\{(X^t,Y^t)\mid X^t\text{能产出}Y^t\},t=1,\cdots,T. \tag{4-1}$$

我们进一步定义产出距离函数（例如，产出导向的径向距离）为：

$$D^k(X,Y)=\min\{\theta>0\mid X,Y/\theta\in PPS^s\},k=t,t+1. \tag{4-2}$$

（2）Malmquist 生产率指数（MPI）和全局 Malmquist 生产率指数（GMPI）

Malmquist 在 1953 年首次使用 MPI（Malmquist Productivity Index）这一重要的概念。此后作为非参数框架的内容被一些学者（Färe and Grosskopf，1992；Thrall，2000）进一步研究和发展。生产率已经被广泛应用在对经济繁荣、生活水平和经济竞争力的间接测量（Lall et al.，2002）。Cooper 等（2007）指出 MPI 是对 DMU 的全要素生产率（TFP）增长的一种指数测量，它能反映在多投入和多产出情形下两个不同时期由于技术前沿的进步或退化导致的效率进步或退化。

根据 Ray 和 Desli（1997）在 CRS 和 VRS 假定下对定义在PPS^k下的传统 MPI 分解如下：

$$\text{CRS 假定下：} MPI_c^t(X^t,Y^t,X^{t+1},Y^{t+1}) = \frac{D_c^k(X^{t+1},Y^{t+1})}{D_c^k(X^t,Y^t)}, k=t,t+1 \quad (4-3)$$

$$\text{VRS 假定下：} MPI_v^t(X^t,Y^t,X^{t+1},Y^{t+1}) = \frac{D_v^k(X^{t+1},Y^{t+1})}{D_v^k(X^t,Y^t)} \times \frac{SE^k(X^{t+1},Y^{t+1})}{SE^k(X^t,Y^t)},$$

$$k=t,t+1 \quad (4-4)$$

MPI 在上述假定下被定义为几何平均形式：

$$MPI_c(X^t,Y^t,X^{t+1},Y^{t+1}) = [MPI_c^t(X^t,Y^t,X^{t+1},Y^{t+1}) \times MPI_c^{t+1}(X^t,Y^t,X^{t+1},Y^{t+1})]^{1/2} \quad (4-5)$$

$$MPI_v(X^t,Y^t,X^{t+1},Y^{t+1}) = [MPI_v^t(X^t,Y^t,X^{t+1},Y^{t+1}) \times MPI_v^{t+1}(X^t,Y^t,X^{t+1},Y^{t+1}))^{1/2} \times (SE^t(X^{t+1},Y^{t+1})/SE^t(X^t,Y^t) \times SE^{t+1}(X^{t+1},Y^{t+1})/SE^{t+1}(X^t,Y^t)] \quad (4-6)$$

Pastor 和 Lovell（2005）认为传统 MPI 不满足循环性（Circularity）假设并且可能会遇到无解的情况。比如几何平均的 MPI 由于不满足圆形假设，邻近时期可能会产生生产率变动的不同测量结果。因此，他们引进了全局 MPI（GMPI）指数，其满足循环性假设并且只有唯一测量值。

首先将一个全局生产可能集定义为 $PPS^G = conv\{PPS^1, PPS^2, \cdots, PPS^T\}$，其中 $conv\{*\}$ 为一个凸集。在PPS^G上的全局 Malmquist 生产率指数被定义为：

$$GMPI^G(X^t,Y^t,X^{t+1},Y^{t+1}) = \frac{D^G(X^{t+1},Y^{t+1})}{D^G(X^t,Y^t)} \quad (4-7)$$

其中$D^G(X^k, Y^k) = \min\{\theta > 0 | X, Y/\theta \in PPS^G\}$.

(3) 方向距离函数 (DDF) 和 Malmquist - Luenberger 生产率指数 (ML)

首先，现在假定一种比较复杂的生产过程，利用一组投入变量 $X = (x_1, x_2, \cdots, x_m)$ 不仅得到一组期望的产出变量 $Y = (y_1, y_2, \cdots, y_s)$，还得到一组非期望产出变量 $B = (b_1, b_2, \cdots, b_h)$，考虑有 $j = 1, \cdots, N$ 个变量，$t = 1, \cdots, T$ 个时期的面板决策单元 DMUs，公式 (4 - 1) 的生产可能集可以扩展为以下定义：

$$PPS_D^t = \{(X^t, Y^t, B^t) | X^t\text{能生产}(Y^t, B^t)\}, t = 1, \cdots, T. \tag{4-8}$$

上述形式描述了在技术上所有可行的投入产出关系。为了对期望产出和非期望产出的混合产出的某些属性进行建模，模型 (4 - 5) 的技术可以分别表述为以下投入集合$I^t(Y^t, B^t)$ 或产出集合$P^t(X^t)$：

$$I^t(Y^t, B^t) = \{X^t : (X^t, Y^t, B^t) \in PPS_D^t\} \tag{4-9}$$

$$P^t(X^t) = \{(Y^t, B^t) : (X^t, Y^t, B^t) \in PPS_D^t\} \tag{4-10}$$

因此，我们易得公式 (4 - 11)：

$$X^t \in I^t(Y^t, B^t) \Leftrightarrow (Y^t, B^t) \in P^t(X^t) \Leftrightarrow (X^t, Y^t, B^t) \in PPS_D^t \tag{4-11}$$

Shephard 和 Färe (1974) 引入零关联生产假设 (the Null - Joint Production Assumption)，这意味着如果决策单元想生产一定数量的期望产出也将会伴随着一些非期望产出。因此可得

$$(Y^t, B^t) \in P^t(X^t); B^t = 0 \Rightarrow Y^t = 0 \tag{4-12}$$

其次，由于明确考虑到在传统的生产理论下处理非期望产出并不是“免费的午餐”，我们假定产出具有弱可处置性。这种产出的弱处置性形成了有关技术的合理假定：减少非期望产出需要对期望产出预先进行分配 (Färe, 1989)。这意味着在不减少期望产出的条件下仅仅减少非期望产出是不可能的。

最后，第三个假定是期望产出的强可处置性，也即不减少非期望产出而减少期望产出是可能的。

$$(Y^t, B^t) \in P^t(X^t) \text{ and } Y^{t'} \leqslant Y^t(Y^{t'}, B^t) \in P^t(X^t) \tag{4-13}$$

因此，产出的距离函数定义为：

$$\vec{D}_{DDF}^t(X^t, Y^t, B^t, g_Y, g_B) = \max\{\beta : (Y^t + \beta g_Y, B^t - \beta g_B) \in P^t(X^t)\} \tag{4-14}$$

其中g_Y和g_B分别表示期望产出和非期望产出的方向向量。方向向量 (g_Y, g_B)

表示在此方向上效率是可测的。$\overrightarrow{D}^t_{DDF}$的值表示观测值（$Y^t, B^t$）到生产前沿上的点（$Y^t + \beta g_Y, B^t - \beta g_B$）的距离。在生产可能集$PPS^t_D$上的 MLPI 指数定义为：

$$MLPI^k(X^t, Y^t, B^t, X^{t+1}, Y^{t+1}, B^{t+1}) = \frac{1 + \overrightarrow{D}^k_{DDF}(X^{t+1}, Y^{t+1}, B^{t+1}, g_Y, g_B)}{1 + \overrightarrow{D}^k_{DDF}(X^t, Y^t, B^t, g_Y, g_B)}, k = t, t+1 \tag{4-15}$$

然而，在大多数情况

$ML^t(X^t, Y^t, B^t, X^{t+1}, Y^{t+1}, B^{t+1})$和$MLPI^{t+1}(X^t, Y^t, B^t, X^{t+1}, Y^{t+1}, B^{t+1})$是不相等的。与方程（4-4）一样定义基于几何距离形式的 ML 指数为：

$$ML(X^t, Y^t, B^t, X^{t+1}, Y^{t+1}, B^{t+1}) = [MLPI^t(X^t, Y^t, B^t, X^{t+1}, Y^{t+1}, B^{t+1}) \times MLPI^{t+1}(X^t, Y^t, B^t, X^{t+1}, Y^{t+1}, B^{t+1})]^{1/2} \tag{4-16}$$

（4）全局 Malmquist - Luenberger 生产率指数（GML）

Oh（2010）提出满足循环性和具有可行解的 GML 指数。Tohidi（2012）扩展了一种新的全局成本 MPI，这个指数满足循环性和并给出了生产率改变的单一测量方法。在此本书简要介绍 GML 生产率指数。

首先我们定义带有非期望产出的全局生产可能集（Global PPS）为$PPS^G_D = conv\{PPS^1_D, PPS^2_D, \cdots, PPS^T_D\}$，其中 $conv\{*\}$ 为凸集。因此定义在全局生产可能集的 GML 生产率指数为

$$GML^G(X^t, Y^t, B^t, X^{t+1}, Y^{t+1}, B^{t+1}) = \frac{1 + \overrightarrow{D}^G_{DDF}(X^{t+1}, Y^{t+1}, B^{t+1}, g_Y, g_B)}{1 + \overrightarrow{D}^G_{DDF}(X^t, Y^t, B^t, g_Y, g_B)} \tag{4-17}$$

其中，$\overrightarrow{D}^G_{DDF}(X^k, Y^k, B^k, g_Y, g_B) = \max\{\beta : (X^k, Y^k + \beta g_Y, B^k - \beta g_B) \in PPS^G_D\}$，$k = t, t+1$.

鉴于 RAM 模型是 DDF 模型的标准化，为了对波动幅度比较大数据进行平滑处理，本书采用 RAM - DDF 模型来进行能源生产率的测算。

其次进一步假定方向向量（g_Y, g_B）=（Y^k, B^k），且在全局生产可能集（PPS^G_D）上的规模报酬不变（CRS），我们可得：

$$\max\left\{1 - \left[\varphi + \varepsilon\left(\sum_{m=1}^{M} R^x_m s^x_m + \sum_{n=1}^{N} R^e_n s^e_n + \sum_{i=1}^{I} R^y_i s^y_i + \sum_{j=1}^{J} R^b_j s^b_j\right)\right]\right\}$$

$$
s.t.\begin{cases}\sum_{k=1}^{K}\lambda_k x_{mk}+s_m^x=x_{mo},m=1,2,\cdots,M\\ \sum_{k=1}^{K}\lambda_k e_{nk}+s_n^e=e_{no},n=1,2,\cdots,N\\ \sum_{k=1}^{K}\lambda_k y_{ik}-s_i^y-\varphi y_{i0}=y_{io},i=1,2,\cdots,I\\ \sum_{k=1}^{K}\lambda_k b_{jk}+s_j^b+\varphi b_{j0}=b_{jo},j=1,2,\cdots,J\\ \sum_{k=1}^{K}\lambda_k=1,\lambda_k\geqslant 0,k=1,2,\cdots,K\\ s_m^x,s_n^e,s_i^y,s_j^b\geqslant 0\end{cases}\qquad(4-18)
$$

$$
\overrightarrow{D}_{DDF,c}^{G}(X^k,Y^k,B^k,g_Y,g_B)=\max\left\{1-\left[\varphi+\varepsilon\left(\sum_{m=1}^{M}R_m^x s_m^x+\sum_{n=1}^{N}R_n^e s_n^e+\sum_{i=1}^{I}R_i^y s_i^y+\sum_{j=1}^{J}R_j^b s_j^b\right)\right]\right\}
$$

在规模报酬可变情形下为：

$$
\max\left\{1-\left[\varphi+\varepsilon\left(\sum_{m=1}^{M}R_m^x s_m^x+\sum_{n=1}^{N}R_n^e s_n^e+\sum_{i=1}^{I}R_i^y s_i^y+\sum_{j=1}^{J}R_j^b s_j^b\right)\right]\right\}
$$

$$
s.t.\begin{cases}\sum_{k=1}^{K}\lambda_k x_{mk}+s_m^x=x_{mo},m=1,2,\cdots,M\\ \sum_{k=1}^{K}\lambda_k e_{nk}+s_n^e=e_{no},n=1,2,\cdots,N\\ \sum_{k=1}^{K}\lambda_k y_{ik}-s_i^y-\varphi y_{i0}=y_{io},i=1,2,\cdots,I\\ \sum_{k=1}^{K}\lambda_k b_{jk}+s_j^b+\varphi b_{j0}=b_{jo},j=1,2,\cdots,J\\ \lambda_k\geqslant 0,k=1,2,\cdots,K\\ s_m^x,s_n^e,s_i^y,s_j^b\geqslant 0\end{cases}\qquad(4-19)
$$

$$
\overrightarrow{D}_{DDF,c}^{G}(X^k,Y^k,B^k,g_Y,g_B)=\max\left\{1-\left[\varphi+\varepsilon\left(\sum_{m=1}^{M}R_m^x s_m^x+\sum_{n=1}^{N}R_n^e s_n^e+\sum_{i=1}^{I}R_i^y\right.\right.\right.
$$

$$s_i^y + \sum_{j=1}^{J} R_j^b s_j^b \Big) \Big] \Big\}$$

同公式（4－18）和式（4－19）一样，在不变规模报酬（CRS）和可变规模报酬（VRS）假定条件下 GML 指数可做如下分解：

在 CRS 假定下：

$$GML_c^G(X^t, Y^t, B^t, X^{t+1}, Y^{t+1}, B^{t+1}) = \frac{1+\overrightarrow{D}_{DDF,c}^{G}(X^{t+1},Y^{t+1},B^{t+1},g_Y,g_B)}{1+\overrightarrow{D}_{DDF,c}^{G}(X^t,Y^t,B^t,g_Y,g_B)} =$$

$$\frac{1+\overrightarrow{D}_{DDF,c}^{t}(X^t,Y^t,B^t,g_Y,g_B)}{1+\overrightarrow{D}_{DDF,c}^{t+1}(X^{t+1},Y^{t+1},B^{t+1},g_Y,g_B)} \times \left[\frac{\dfrac{[1+\overrightarrow{D}_{DDF,c}^{G}(X^{t+1},Y^{t+1},B^{t+1},g_Y,g_B)]}{[1+\overrightarrow{D}_{DDF,c}^{t}(X^t,Y^t,B^t,g_Y,g_B)]}}{\dfrac{[1+\overrightarrow{D}_{DDF,c}^{G}(X^t,Y^t,B^t,g_Y,g_B)]}{[1+\overrightarrow{D}_{DDF,c}^{t+1}(X^{t+1},Y^{t+1},B^{t+1},g_Y,g_B)]}}\right] = \frac{TE^{t+1}}{TE^t} \times$$

$$\left[\frac{BPG_{t+1}^{t,t+1}}{BPG_t^{t,t+1}}\right] = EC^{t,t+1} \times BPC^{t,t+1} \tag{4-20}$$

其中，TE^t and $EC^{t,t+1}$表示 t 时期的技术效率和 t 到 t+1 时期的综合效率进步率（Efficiency Change，EC）。$BPG_t^{t,t+1}$表示当期技术前沿与全局技术前沿之间的最佳实践差距（Best Practice Gap）。而$BPC^{t,t+1}$表示从 t 到 t+1 两个时期之间的最佳实践差距的改变，可用来测度在更多期望产出和更少非期望产出的方向上，当期技术前沿向全局技术前沿移动的紧密程度。$BPC^{t,t+1}>1$ 表示相对于 t 期的生产技术，t+1 期的生产技术更加接近全局生产技术，反映了技术进步。

在 VRS 假定下：

$$GML_v^G(X^t, Y^t, B^t, X^{t+1}, Y^{t+1}, B^{t+1}) = \frac{1+\overrightarrow{D}_{DDF,v}^{G}(X^{t+1},Y^{t+1},B^{t+1},g_Y,g_B)}{1+\overrightarrow{D}_{DDF,v}^{G}(X^t,Y^t,B^t,g_Y,g_B)} \times$$

$$\left(\frac{SE^{t+1}(X^{t+1},Y^{t+1},B^{t+1},g_Y,g_B)}{SE^t(X^t,Y^t,B^t,g_Y,g_B)}\right) = \frac{1+\overrightarrow{D}_{DDF,v}^{t}(X^t,Y^t,B^t,g_Y,g_B)}{1+\overrightarrow{D}_{DDF,v}^{t+1}(X^{t+1},Y^{t+1},B^{t+1},g_Y,g_B)} \times$$

$$\left[\frac{[1+\overrightarrow{D}_{DDF,v}^{G}(X^{t+1},Y^{t+1},B^{t+1},g_Y,g_B)]/[1+\overrightarrow{D}_{DDF,v}^{t}(X^t,Y^t,B^t,g_Y,g_B)]}{[1+\overrightarrow{D}_{DDF,v}^{G}(X^t,Y^t,B^t,g_Y,g_B)]/[1+\overrightarrow{D}_{DDF,v}^{t+1}(X^{t+1},Y^{t+1},B^{t+1},g_Y,g_B)]}\right] \times$$

$$\left(\frac{SE^{t+1}(X^{t+1},Y^{t+1},B^{t+1},g_Y,g_B)}{SE^t(X^t,Y^t,B^t,g_Y,g_B)}\right) = \frac{PTE^{t+1}}{PTE^t} \times \left[\frac{BPG_{t+1}^{t,t+1}}{BPG_t^{t,t+1}}\right] \times$$

$$\left(\frac{SE^{t+1}(X^{t+1},Y^{t+1},B^{t+1},g_Y,g_B)}{SE^{t}(X^{t},Y^{t},B^{t},g_Y,g_B)}\right) = PEC^{t,t+1} \times BPC^{t,t+1} \times SCH^{t,t+1} \qquad (4-21)$$

其中，PTE^t and $PEC^{t,t+1}$表示时期 t 的纯技术效率和从时期 t 到 t+1 时期纯技术效率进步率。$BPG_t^{t,t+1}$表示当期技术前沿与全局技术前沿之间的最佳实践差距（Best Practice Gap），$BPC^{t,t+1}$表示最佳实践距离从 t 到 t+1 时期的改变。SE^t表示在全局基准时期 t 的规模效率。SE^t表示为

$$SE^t(X^t,Y^t) = [1+\overrightarrow{D}^G_{DDF,v}(X^t,Y^t,B^t,g_Y,g_B)]/[1+\overrightarrow{D}^G_{DDF,c}(X^t,Y^t,B^t,g_Y,g_B)] \qquad (4-22)$$

变量$SCH^{t,t+1}$是在全局基准下两个时期对应的两个不同生产边界的规模效率之比。注意这里不同假定下的 BPC 是不同的，一个代表了 CRS 假定下前沿面的变化；一个代表了 VRS 假定下前沿面的变化。

4.2.2 数据来源

与第 3 章相同，本书研究的投入要素有三种：劳动人数、资本投入、能源投入。劳动人数选择各个制造业全部从业人员年平均数，资本选择各个制造业总资产投入，能源投入选择各个制造行业的能源消耗量。产出要素有两种，工业增加值和碳排放量。数据处理方式和数据来源同第 3 章，此处不再赘述。

4.3 实证分析

按照式（4-18）~式（4-22），计算 2000~2014 年的 GML 指数及其构成，从中可以看出：

（1）从能源全要素生产率来看（GML），如表 4-1 所示，大多数行业的 GML 均值并未实现太大改善。黑色金属冶炼和压延加工业平均提高 3.5%，金属制品业提高 1.4%，文教、工美体育等行业提高 2.2%，电气机械和器材制造业

提高0.4%。其中一些行业甚至出现下降趋势，比如烟草制品业下降1.5%，计算机、通信和电子设备行业下降3.9%，仪器仪表制造业下降2.2%。从历年变化来看，计算机行业的能源生产率呈现波动状态，比如2000~2001年GML增长0.3%，2005~2006增长4.07%，其后均呈现GML指数小于1的情形。这说明目前我国计算机行业缺乏有效的技术创新。

表4-1　　制造业分行业能源全要素生产率

序号	2002年	2004年	2006年	2008年	2010年	2012年	2014年	平均值
S6	0.999	1.007	0.999	1.000	0.999	0.995	0.993	1.000
S7	0.999	1.002	1.000	0.999	0.998	0.997	0.992	0.999
S8	0.999	1.009	0.999	1.001	0.997	0.994	0.992	1.000
S9	1.025	1.154	0.990	1.022	0.886	0.922	0.976	0.985
S10	0.998	1.003	0.997	0.993	1.001	0.990	0.984	1.006
S11	0.997	1.010	0.996	0.994	0.997	0.995	0.984	0.996
S12	1.001	1.008	1.021	0.980	0.979	1.024	0.978	0.999
S13	1.002	1.005	0.999	0.996	0.998	0.992	0.998	1.004
S14	1.002	0.949	1.023	0.997	0.993	0.982	0.972	0.992
S15	0.999	1.002	0.999	1.000	0.998	0.996	0.992	0.998
S16	0.997	0.985	1.010	0.997	0.990	0.978	1.006	0.993
S17	1.024	1.002	1.018	0.988	0.991	1.077	0.999	1.022
S18	0.997	1.005	1.003	0.999	0.999	0.999	0.999	1.004
S19	1.000	1.000	1.000	1.000	1.000	0.999	0.999	1.000
S20	1.000	1.005	0.998	0.999	0.998	0.993	0.992	0.997
S21	0.998	1.004	0.996	0.994	1.004	0.997	0.990	1.001
S22	0.993	1.006	1.004	0.997	0.997	0.988	0.986	0.997
S23	1.000	1.001	1.000	1.000	1.000	0.999	1.000	1.000
S24	1.000	0.501	1.000	1.000	1.000	1.000	1.000	1.035
S25	1.001	0.999	0.999	0.996	1.001	0.993	0.996	0.998
S26	1.103	0.992	1.007	0.998	0.993	1.010	0.970	1.014

续表

序号	2002 年	2004 年	2006 年	2008 年	2010 年	2012 年	2014 年	平均值
S27	0.999	1.002	1.002	0.999	0.991	0.966	0.989	0.997
S28	0.994	0.992	0.996	0.992	0.998	0.958	0.990	0.990
S29	0.992	1.005	0.994	0.989	0.982	0.987	0.953	0.985
S30	1.156	1.021	1.021	0.978	1.000	0.948	0.936	1.004
S31	0.982	0.955	1.041	0.960	0.972	0.932	0.958	0.961
S32	1.019	0.920	0.989	0.987	0.985	0.945	0.923	0.978

（2）从历年变化来看，如图 4－1 所示，大多数行业全要素生产率在 2000～2005 年增长最快，而到 2010～2014 年则出现了下降趋势。如图 4－1 所示，黑色金属冶炼和压延加工业在 2000～2005 年 GML 年均增长 10% 左右，此后保持在稳定状态。电气机械和器材制造业在 2000～2005 年 GML 指数年均增长 5%，2005～2010 年几乎保持不变，到 2010～2014 年则年均下降 4%。

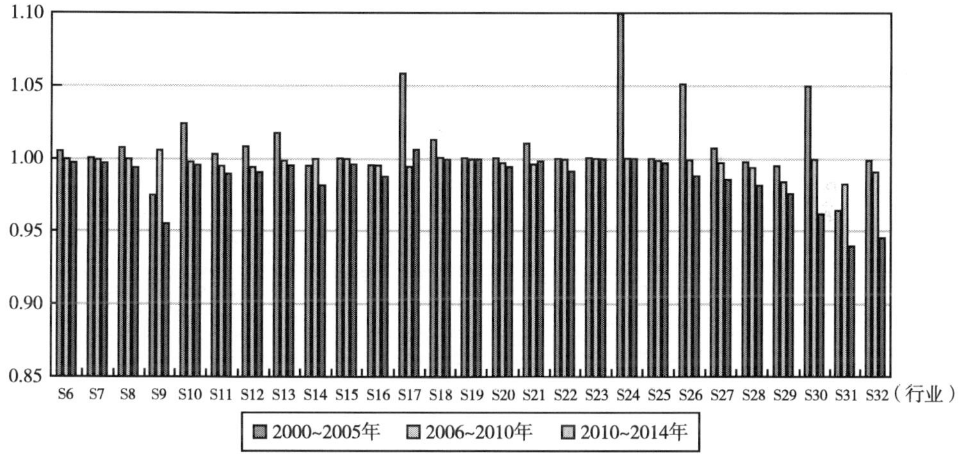

图 4－1　分阶段能源全要素生产率

（3）从行业分类来看，如图 4－2 所示，全要素生产率驱动因素差异较大，农副食品加工业、食品制造业和纺织业、石油加工行业主要依靠纯技术效率的拉动，技术进步率较低，而化学原料与化学制品制造业的规模效率进步率较高，但是纯技术效率较低。

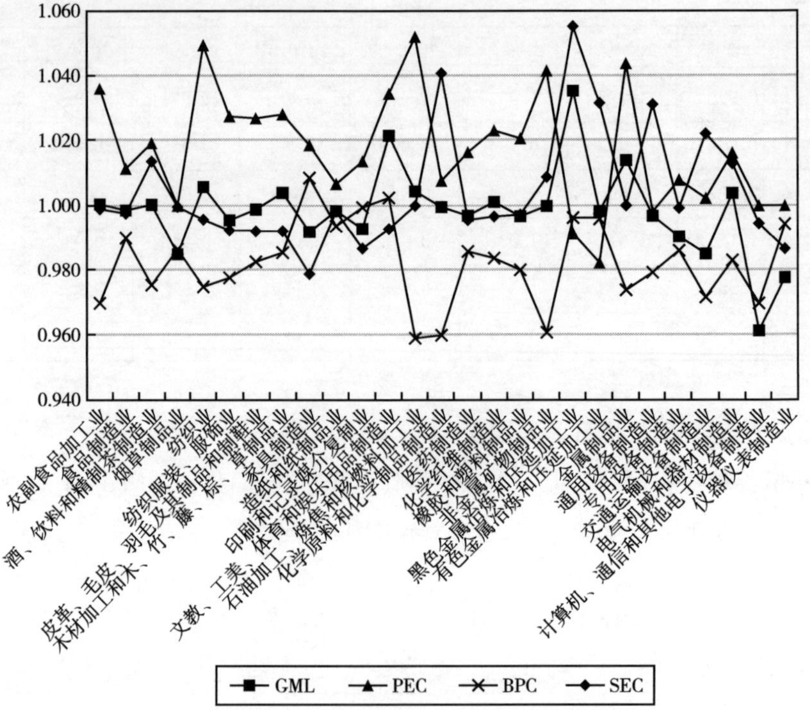

图 4-2 各行业能源全要素生产率及其驱动因素

（4）从 GML 指数及其分解的历年平均变化来看，2007 年以前，GML 指数变化较大，经历了先下降后上升又下降的过程，到 2007 年以后相对比较平稳，尤其是 2009 年以后，GML 指数呈现下降趋势，到 2014 年下降了 2013 年的 1.7%。这表明近年来我国制造业在内忧外患，缺乏竞争力的情况下，生产经营状态逐渐恶化，制造业行业面临着产业结构升级、调整和优化的挑战。规模效率变化率变化较小，2011 年以来规模效率变化率都大于 1，说明中国制造业调整面临的规模效率越来越高，原来依靠大规模产业扩展的经营方式得到有效的改善，制造业开始进入精细化依靠科技进步的新常态。纯技术效率进步率和技术进步率的波动较大，而且表现出互补的作用，比如 2004 年技术进步率增长了 6.8%，而纯技术效率则下降近 8%，2014 年技术进步率增长了 4.6%，纯技术进步率下降了 6.5%。这种相对立的现象可能的原因是当企业依靠技术进步取得额外技术溢价的时候，可能会忽视放松内部的管理效率，将精力集中于技术创新或者绿色技术改造。

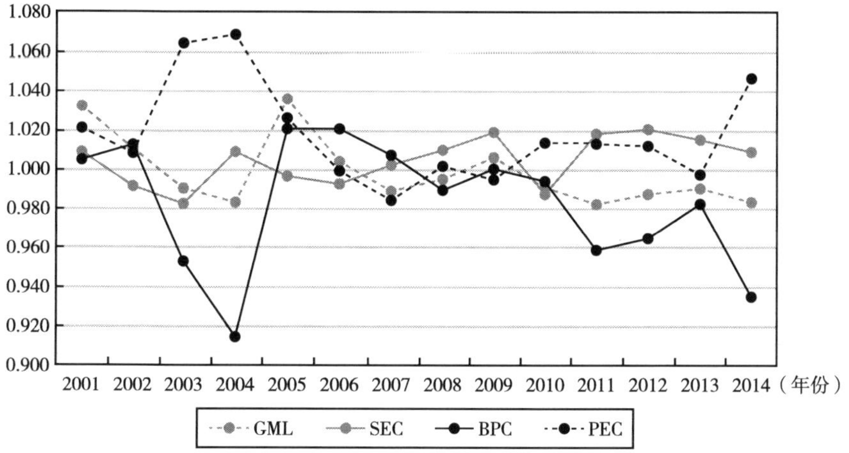

图 4－3　历年能源全要素生产率及其驱动因素

4.4 小　结

通过本书的能源全要素生产率及其指数分解研究，可以看出大部分的制造业的全要素生产率并没有实现增长，甚至出现倒退现象。引起能源全要素生产率的驱动因素主要有纯技术效率，这表明我国的制造业的技术管理水平在不断得到提升，但是技术进步的效果并不明显。这表明我国的减排方式依然是通过加强管理来实现，而不是通过节能改造技术。目前国内对于碳排放的监管并不严格，碳税的征收更是在近期难以实施，碳市场仅在尝试阶段，而且纳入碳市场监管的行业仅限于几点试点省份的几个高能耗行业，由于市场减排机制还未完全建立，因此企业通过改造节能减排技术来进行主动减排的积极性并不高，有的地区甚至出现了远远低于碳排放的影子价格的情况。根据波特假说，一个企业的减排积极性主要依靠严格的环境监管机制，来倒逼企业实施绿色技术创新。目前，鉴于我国经济与环境发展的两难境地，如果严格执行环境规制，可能导致经济产出的严重损失甚至损害落后地区的经济福利水平。因此我国制造业行业的能源全要素生产率较低，并且技术创新不足具有深刻的阶段性和时代性。需要在未来产业规划时，通过适当的产业政策来向高效率、低排放的行业倾斜，逐步实现产业结构的优化，高耗能产业的低碳化。

5. 中国制造业能源拥挤效应研究

5.1 引　言

随着国内外形势的发展，中国制造业存在质量效益差，生产率不高，缺乏竞争力等问题。一方面，是2010年以后以往外向型为主的“世界制造”不断受到西方国家反倾销的挑战，对外出口贸易受到了重创。另一方面国内长期的高储蓄、低消费难以拉动中国制造业多年经营的庞大体量，因此产能过剩成为中国制造业难以避免的时代特征。据估计，传统高耗能产业中大部分产业已经出现严重过剩，比如钢铁产业和煤炭产业已经出现入不敷出的处境，工人收入难以得到保证。即使在亏损的情况下，一部分企业仍然需要继续开工来维持最低的成本亏损。像这种随着要素投入的增加，产出效应保持不变甚至出现下降的状况被称之为“拥挤效应”。本章重点考察能源要素对产出的拥挤效应，即所谓能源拥挤效应，对于测定中国制造业分行业的产出效应和能源绩效，提高制造业的能源效率具有重要的理论和实际价值。

经过文献的梳理和归纳，国内外有关要素拥挤效应的研究进展主要包括拥挤效应理论与内涵、要素拥挤测算模型和要素拥挤效应实证研究。国内外有关要素拥挤效应的研究进展如表5－1所示。

表 5-1　　国内外有关能源拥挤效应研究的归纳与总结

研究主题		代表性文献
拥挤效应理论	经济学视角	Allen（1947）；Borts 和 Mishan（1962）；Mcfadden（1978）
	管理学视角	Brockett（1998）；Färe 等（1985，1994）；Cooper 和 Huang（2002）；Zhu（2003）；Cooper 等（1996，2000，2002）；Sueyoshi 等（2003，2009）
拥挤效应测算模型	FGL 模型	Färe 等（1985，1994）
	CTT 模型	Cooper 等（1996，2000，2002）；Noura 等（2010）
	WY-TS 模型	Wei 和 Yan（2004）；Tone 和 Sahoo（2004）
	其他模型	Khodabakhshi 等（2009）；Khoveyni 等（2013，2015）
实证研究	区域、产业等方面实证	Marques 和 Simões（2010）；Simões 和 Marques（2011）；Brockett 等（1998）；Flegg 等（2009）；Cooper 等（2001a）；唐根年（2010）；沈能等（2014）；许强等（2011）；汪彩君和唐根年（2011）；孙巍（2003，2004）
包含非期望产出的拥挤效应	考虑污染物，比如 SO_2 等	Wu 等（2016）；Sueyoshi 和 Goto（2016）；Sueyoshi 和 Wang（2014）；Sueyoshi 和 Yuan（2016）；方磊（2015）；吴洁等（2013）；陈磊等（2016）；Hajihosseini 等（2015）
	考虑碳排放	吴芳等（2014，2015，2016）；周德群等（2017）

1. 能源拥挤效应理论与内涵

在古典微观经济学的厂商理论中，等产量线“脊线”之外的“非经济区”（Uneconomic Regions）部分，即“拥挤”现象存在的区域。在完全信息和绝对理性的假定下，厂商会根据利润最大化原则选择生产资料成本最小的组合也即在“经济区”进行生产安排，不可能进入“非经济区”。Allen（1947）断定“经济区”的范围是不完整的，研究“非经济区”很有意义。Bort 和 Mishan（1962）证明了要素拥挤效应的存在性。Mcfadden（1978）创造性地将等产量线后弯的现象定义为拥挤（Congestion），表示由于资源要素配置不当引起的处置能力降低的现象。由于缺乏有效的要素拥挤效应的识别模型，20 世纪 80 年代之前拥挤效应往往缺乏关注。自 1980 年 Färe 和 Svensson（1980）开创性地在数据包络分析（Data Envelopment Analysis，DEA）的框架下对要素拥挤进行研究，要素拥挤效应理论和实证才得到了广泛研究。如果生产要素投入过多可能会导致生产要素过剩或闲置的现状，这种现象在经济学中称为“拥挤”（Brockett，1998；Cooper et al.，2000）。拥挤被 Cooper 解释为产出无效的一种表现形式（Cooper，et al.，2001a）。Cooper 等（2002）进一步将无效分解为技术无效和拥挤无效。拥挤效应研究在 2000 年左右无论在理论上还是测算方法上都有了新的发展突破（Cooper et al.，2001b，2001c，2001d；Flegg and Allen，2009；Kawamura and Rashidi，2010；Marques and Simões，2010；Noura et al.，2010；Sueyoshi and Goto，2012a，2012b，2012c）。用规模报酬（Return to Scale，RTS）可以清晰地识别出要素拥挤（Sueyoshi and Sekitani，2009）。如图 5－1 所示的规模报酬与拥挤效应的关系，决策单元 A、B、C 所处区域为规模报酬递增，即斜率 k＞1；决策单元 D、E、F 为规模报酬不变的最优规模区域，斜率为 k＝1；决策单元 G、H 为规模报酬递减，斜率 0＜k＜1；决策单元 I 的斜率 k＝0，此时无法确定规模报酬状态；而决策单元 J、K 由于规模报酬递减到负值，即 k＜0，则表明此时 J、K 处于拥挤阶段。

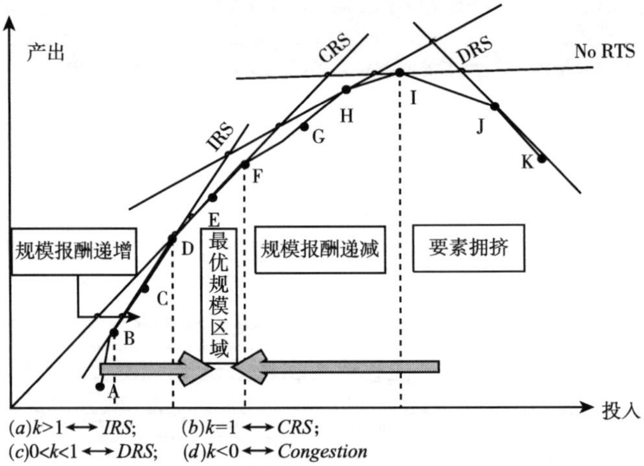

图 5－1　RTS 与要素拥挤

资料来源：Sueyoshi 和 Sekitani（2009）。

2. 拥挤测算模型

要素拥挤效应的测算模型主要分为三类。①FGL 模型。Färe 等（1985，1994）运用径向模型（Radical Model）计算拥挤效应，将拥挤效应表示为观察量与预期量的比率。②CTT 模型。Cooper 等（1996）基于松弛变量的方法，提出的两阶段模型，通过比较观察值和预期量之间的差异来测量拥挤效应。Cooper 等（2002）和 Noura 等（2010）对 Cooper 类模型进行了改进。③WY - TS 模型。与前两类模型主要关注要素投入视角不同，Wei 和 Yan（2004）、Tone 和 Sahoo（2004）用产出的视角来测算拥挤效应。

以上模型作为拥挤效应的基础模型被广泛应用或改进。但是以上拥挤模型只考虑要素投入和期望产出之间的关系，而没有将污染物排放考虑进内（Sueyoshi and Goto，2012b），在投入指标的选择上也往往忽视能源要素。事实上，能源作为一种生产要素早已达成共识，而研究能源拥挤效应有助于提高能源效率。随着节能减排问题严峻性和复杂性，能源拥挤效应理论与识别才逐渐引起学者关注（Wu et al.，2016；Zhou et al.，2017）。根据 Cooper 等（2001e）的思想，Zhou 等（2017）将能源拥挤定义为"在现有的生产技术水平下，保持劳动、资本和能源适当的投入比例，减少能源要素投入，期望的经济产出（如利润、工业增加值，等）没有恶化"。由此可见能源拥挤效应是能源资源的闲置浪费或者生产无效率。

3. *在实证方面研究*

随着要素拥挤效应理论的完善和成熟，学者们对拥挤效应的实证进行了广泛研究。Cooper 等（2001d）利用中国工业 1981 ~ 1997 年数据测算了纺织和汽车制造业的拥挤效应。Marques 和 Simões（2010）、Simoes 和 Marques（2011）识别了全球机场和葡萄牙医院服务中的拥挤效应。Wu 等（2013）对中国区域工业的拥挤效应进行了测算。Chen 等（2016）运用拥挤模型检验了中国不同发展目标的作用效果。但是能源拥挤方面的实证研究较少，目前主要有 Wu 等（2016）运用 Färe 类模型对中国工业的能源拥挤效应进行了测算和分析，但是其没有考虑能源消费带来的污染问题。为了考虑能源消费带来的碳排放效应，Zhou 等（2017）将 CO_2 作为非期望产出运用 Cooper 类模型测算了 OECD 国家层面的能源拥挤和混合能源效率，结果表明发展中国家存在化石能源拥挤效应。

国内针对拥挤效应的研究较少，贺小莉和王洪武（2009）、王金祥和王卓

(2007) 对要素拥挤的测度方法进行了理论综述。孙巍 (2004) 揭示出要素拥挤状态的普遍存在性，且认为要素拥挤状态的变化是导致转轨时期中国工业生产效率与生产率增长水平波动的主要原因之一。对于生产要素拥挤的原因，一些学者 (唐根年，2010；沈能等，2014；许强等，2011；汪彩君和唐根年，2011) 均认为产业集聚规模扩大的门槛效应是导致生产要素拥挤的主要原因。另外，也有学者认为资产的专用性是产生要素拥挤进而形成企业不良资产的重要原因 (孙巍，2003)。

5.2 研究方法及数据来源

5.2.1 自然处置和管理处置

对非期望产出和期望产出的结合是 DEA 环境技术的关键。在众多处理技术当中，非期望产出的弱的处置性假设是影响最为广泛的技术 (Färe et al. 1989)。如果定义 $X=(x_1,x_2,\cdots,x_m)$ 是投入变量，$Y=(y_1,y_2,\cdots,y_m)$ 是期望产出，而 $B=(b_1,b_2,\cdots,b_h)$ 是非期望产出，假定生产可能集 (Production Possibility Set, PPS) 是凸技术。弱可处置性是指对于所有 $0\leqslant\theta\leqslant 1$，$Y\in PPS(X)\Rightarrow\theta Y\in PPS(X)$。这一假定意味着产出可以按照同一比例进行收缩 (Färe and Grosskopf, 2004)。强可处置性指的是 $Y'\leqslant Y\in PPS(X)\Rightarrow Y'\in PPPS(X)$，其中 Y' 是另一产出变量。根据这一定义，Färe 等 (1989) 对于弱可处置和强可处置的生产可能集为：

弱可处置假定：

$$PPS^W(X)=\left\{(Y,B):Y\leqslant\sum_{j=1}^{n}Y_j\lambda_j,B=\sum_{j=1}^{n}B_j\lambda_j,X\geqslant\sum_{j=1}^{n}X_j\lambda_j,\sum_{j=1}^{n}\lambda_j=1_j,\right.$$

$$\left.\lambda_j\geqslant 0,j=1,\cdots,n\right\}\quad(5-1)$$

强可处置假定：

$$PPS^{S}(X)=\left\{(Y,B):Y\leqslant\sum_{j=1}^{n}Y_j\lambda_j,B\leqslant\sum_{j=1}^{n}B_j\lambda_j,X\geqslant\sum_{j=1}^{n}X_j\lambda_j,\sum_{j=1}^{n}\lambda_j=1_j,\lambda_j\geqslant 0,j=1,\cdots,n\right\}\quad(5-2)$$

以上非期望产出的弱可处置性假定应用被广大学者接受，但是 Kousmane（2005）认为弱可处置性假定暗含着所有公司具有相同的缩减因子，与实际情况有所不符。而 Sueyoshi 和 Goto（2012）则认为弱可处置性假定没有将环境技术创新考虑在内。在弱可处置性和强可处置假定的基础上，Sueyoshi 和 Goto（2012）提出了新的理念：自然处置（Natural Disposability）和管理处置（Managerial Disposability）。

自然处置强调以提高运营效率为首要任务，而环境污染并没有受到严格的规制。非期望产出减少的原因是能源投入的减少，而非生产技术的改进。因此自然处置是一种无约束的生产情形。

而管理处置强调以提高环境效率为首要任务。在严格的环境规制条件下，决策单元选择通过环境技术创新或者利用更加清洁的能源来进行生产，这种生产技术体现了技术进步对于生态环境的改善。也即随着能源投入的增加，污染物没有增加，反而出现下降的情形。

自然处置和管理的处置的生产可能集分别为：

$$P_V^{N}(X)=\left\{(Y,B):Y\leqslant\sum_{j=1}^{n}Y_j\lambda_j,B\geqslant\sum_{j=1}^{n}B_j\lambda_j,X\geqslant\sum_{j=1}^{n}X_j\lambda_j,\sum_{j=1}^{n}\lambda_j=1,\lambda_j\geqslant 0,j=1,\cdots,n\right\}\quad(5-3)$$

$$P_V^{M}(X)=\left\{(Y,B):Y\leqslant\sum_{j=1}^{n}Y_j\lambda_j,B\geqslant\sum_{j=1}^{n}B_j\lambda_j,X\leqslant\sum_{j=1}^{n}X_j\lambda_j,\sum_{j=1}^{n}\lambda_j=1,\lambda_j\geqslant 0,j=1,\cdots,n\right\}\quad(5-4)$$

5.2.2 能源期望拥挤和非期望拥挤

由公式（5－4）可知，自然处置和管理处置的生产可能集处于正常的经济区，而不能直接反映生产可能集弯曲的拥挤区域。如图 5－2 所示，

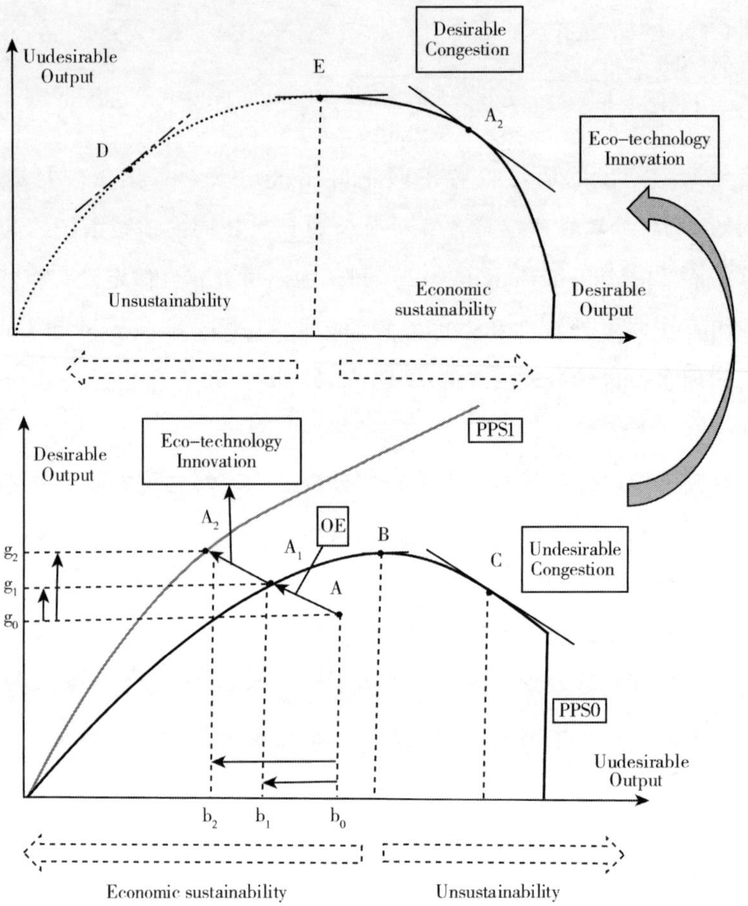

图 5-2　自然处置和管理处置下非期望拥挤与期望拥挤

在图 5-2 中，B 点左边的区域是传统的生产可能集，即投入增加将会导致产出也随之增加。对于无效决策单元 A，通过提高管理效率达到生产前沿面 A1，此时 A1 点的生产技术是完全有效的。但是经济活动中存在这种现象：出于对未来经济前景的乐观、企业的策略性行为（窖藏理论）或者为了达到政府依靠投资来刺激总需求（如 2008 年 4 万亿元投资），在地方政府财政软约束的鼓动下，企业经营者往往具有扩大规模的投资冲动，规模一旦扩大到一定程度，产品生产过剩，而市场需求疲软，导致企业受益下滑，再增加投入，将会导致企业受益下降。此时表明生产技术产生了拥挤效应，也即生产技术跨越 B 点而达到拥挤区域，即 C 点处于拥挤区域。很显然，公式（5-3）中非期望产出 Y 的不等式约束决定的生产可能集不可能覆盖 C 点生产技术，因此需要将公式（5－3）中非期望产出的约束条件改为等式约束，即在自然处置下非期望拥挤的生产可能集应为：

$$PPS_{UC}^{N}(X) = \left\{(Y,B):Y \leqslant \sum_{j=1}^{n} Y_j \lambda_j, B = \sum_{j=1}^{n} B_j \lambda_j, X \geqslant \sum_{j=1}^{n} X_j \lambda_j, \sum_{j=1}^{n} \lambda_j = 1, \lambda_j \geqslant 0, j = 1,\cdots,n\right\} \quad (5-5)$$

在严格的环境规制情形下，企业的污染排放受到物质处罚，因此在短期内加大企业的经营成本，有部分企业选择通过生态技术创新来提高企业的能源环境效率。波特假说认为严格的环境规制有利于企业的技术创新，而在中国也得到了实证。如果按照波特假说，企业通过绿色技术创新提高能源效率，从而实现生产可能集从 PPS0 移动到 PPS1，此时效率达到前沿面的 A1 点在环境严格规制下，通过生态技术创新到达 A2 点。此时随着能源投入的增加，碳排放没有增加，反而下降。在图 5－2 中，A2 点在最高点 E 的右边，这个区域是能源的期望拥挤区域。而在 E 点的左边，是没有发生期望拥挤区域。在能源期望拥挤区域，生产可能集是向下弯曲，而公式 5－4 由于不等式约束，无法包括区域 EA2，因此需要将公式 5－4 中不等式约束变为等式约束。

通过以上分析可知，如果要检测能源非期望拥挤的发生，生产可能集应该为：

$$PPS_{DC}^{M}(X) = \left\{(Y,B):Y = \sum_{j=1}^{n} Y_j \lambda_j, B \geqslant \sum_{j=1}^{n} B_j \lambda_j, X \leqslant \sum_{j=1}^{n} X_j \lambda_j, \sum_{j=1}^{n} \lambda_j = 1, \lambda_j \geqslant 0, j = 1,\cdots,n\right\} \quad (5-6)$$

相关概念和公式总结如表 5－2 所示。

表 5－2　　各类假设的相关总结

假设类型	主要思想	公式
强可处置	• 投入增加，产出可以增加任意数量。	$PPS^{S}(X) = \left\{(Y,B):Y \leqslant \sum_{j=1}^{n} Y_j \lambda_j, B \leqslant \sum_{j=1}^{n} B_j \lambda_j, X \geqslant \sum_{j=1}^{n} X_j \lambda_j, \sum_{j=1}^{n} \lambda_j = 1_j, \lambda_j \geqslant 0, j = 1,\cdots,n\right\}$

续表

假设类型	主要思想	公式
弱可处置	• 非期望产出减少，期望产出也将减少，即减排要付出代价。	$PPS^{W}(X)=\left\{(Y,B):Y\leqslant\sum_{j=1}^{n}Y_j\lambda_j,B=\sum_{j=1}^{n}B_j\lambda_j,X\geqslant\sum_{j=1}^{n}X_j\lambda_j,\sum_{j=1}^{n}\lambda_j=1_j,\lambda_j\geqslant0,j=1,\cdots,n\right\}$
自然处置	• 期望产出增加是首要选择 • 投入增加，产出也会增加，同时非期望产出也将增加 • 如果要减少碳排放，必须要减少能源投入	$PPS_{V}^{N}(X)=\left\{(Y,B):Y\leqslant\sum_{j=1}^{n}Y_j\lambda_j,B\geqslant\sum_{j=1}^{n}B_j\lambda_j,X\geqslant\sum_{j=1}^{n}X_j\lambda_j,\sum_{j=1}^{n}\lambda_j=1_j,\lambda_j\geqslant0,j=1,\cdots,n\right\}$
管理处置	• 期望产出增加和非期望产出减少同样重要 • 能源要素减少，期望产出增加，同时非期望产出减少 • 预示着生态技术创新	$PPS_{V}^{M}(X)=\left\{(Y,B):Y\leqslant\sum_{j=1}^{n}Y_j\lambda_j,B\geqslant\sum_{j=1}^{n}B_j\lambda_j,X\leqslant\sum_{j=1}^{n}X_j\lambda_j,\sum_{j=1}^{n}\lambda_j=1_j,\lambda_j\geqslant0,j=1,\cdots,n\right\}$
非期望拥挤	• 要素投入增加，期望产出保持不变或者下降 • 技术无效的一种表现形式	$PPS_{UC}^{N}(X)=\left\{(Y,B):Y\leqslant\sum_{j=1}^{n}Y_j\lambda_j,B=\sum_{j=1}^{n}B_j\lambda_j,X\geqslant\sum_{j=1}^{n}X_j\lambda_j,\sum_{j=1}^{n}\lambda_j=1_j,\lambda_j\geqslant0,j=1,\cdots,n\right\}$
期望拥挤	• 要素投入增加，非期望产出将会减少，同时不影响期望产出 • 预示着生态技术创新	$PPS_{DC}^{M}(X)=\left\{(Y,B):Y=\sum_{j=1}^{n}Y_j\lambda_j,B\geqslant\sum_{j=1}^{n}B_j\lambda_j,X\leqslant\sum_{j=1}^{n}X_j\lambda_j,\sum_{j=1}^{n}\lambda_j=1_j,\lambda_j\geqslant0,j=1,\cdots,n\right\}$

根据以上分析，我们知道如何运用自然处置和管理来检测能源期望拥挤和能源非期望拥挤。而 Sueyoshi（2016）、Zhou 等（2017）的能源拥挤的测算方法简要概述如下：

假定有 K 个 DMUs，M 个非能源投入，N 个能源投入，I 个期望产出，J 个非期望产出。那么 $X_K=(x_{1k},x_{2k},\cdots,x_{Mk})^T$，$E_K=(e_{1k},e_{2k},\cdots,e_{Nk})^T$，$Y_K=$

$(y_{1k}, y_{2k}, \cdots, y_{Ik})^T$，$B_K = (b_{1k}, b_{2k}, \cdots, b_{Jk})^T$。DEA 模型用来测算能源拥挤如下：

$$\max \varphi + \varepsilon\left(\sum_{m=1}^{M} R_m^x s_m^x + \sum_{n=1}^{N} R_n^e s_n^e + \sum_{i=1}^{I} R_i^y s_i^y + \sum_{j=1}^{J} R_j^b s_j^b\right)$$

$$\text{s.t.}\begin{cases}\sum_{k=1}^{K} \lambda_k x_{mk} + s_m^x = x_{mo}, m = 1,2,\cdots,M \\ \sum_{k=1}^{K} \lambda_k e_{nk} + s_n^e = e_{no}, n = 1,2,\cdots,N \\ \sum_{k=1}^{K} \lambda_k y_{ik} - s_i^y - \varphi y_{i0} = y_{io}, i = 1,2,\cdots,I \\ \sum_{k=1}^{K} \lambda_k b_{jk} + s_j^b + \varphi b_{j0} = b_{jo}, j = 1,2,\cdots,J \\ \sum_{k=1}^{K} \lambda_k = 1, \lambda_k \geqslant 0, k = 1,2,\cdots,K \\ s_m^x, s_n^e, s_i^y, s_j^b \geqslant 0\end{cases} \tag{5-7}$$

其中s_m^x，s_n^e，s_i^y，s_j^b是非能源投入、能源投入、期望产出、非期望产出的松弛变量。衡量了实际水平与理想水平之间的差异。变量 φ 表明了被评价 DMU 的无效率程度。ε 是阿基米德无穷小，一般取 0.0001。系数λ_k表示变量之间的线性组合，其中 $\sum_{k=1}^{K} \lambda_k = 1$ 表示该为可变规模报酬（Variant Returns to Scale，VRS）模型。

5.2.3 自然处置下非期望拥挤测算模型

根据自然处置的假定，式（5－7）显然没有满足，因此需要变换为：

$$\max \varphi + \varepsilon\left(\sum_{m=1}^{M} R_m^x s_m^x + \sum_{n=1}^{N} R_n^e s_n^e + \sum_{i=1}^{I} R_i^y s_i^y\right)$$

$$
\text{s. t.}\begin{cases}\sum_{k=1}^{K}\lambda_k x_{mk} + s_m^x = x_{mo}, m = 1,2,\cdots,M \\ \sum_{k=1}^{K}\lambda_k e_{nk} + s_n^e = e_{no}, n = 1,2,\cdots,N \\ \sum_{k=1}^{K}\lambda_k y_{ik} - s_i^y - \varphi y_{i0} = y_{io}, i = 1,2,\cdots,I \\ \sum_{k=1}^{K}\lambda_k b_{jk} + \varphi b_{j0} = b_{jo}, j = 1,2,\cdots,J \\ \sum_{k=1}^{K}\lambda_k = 1, \lambda_k \geqslant 0, k = 1,2,\cdots,K \\ s_m^x, s_n^e, s_i^y \geqslant 0 \end{cases} \tag{5-8}
$$

相比较模型（5-7），模型（5-8）减少了非期望产出的松弛，从而保证了自然处置中的非期望产出的等式约束。

模型（5-8）的对偶变换为：

$$
\min \sum_{i=1}^{m} v_i x_{ik} - \sum_{r=1}^{s} u_r y_{rk} + \sum_{f=1}^{h} w_f b_{fk} + \sigma
$$

$$
\text{s. t.}\begin{cases}\sum_{i=1}^{m} v_i x_{ik} - \sum_{r=1}^{s} u_r y_{rk} + \sum_{f=1}^{h} w_f b_{fk} + \sigma \geqslant 0, j = 1,2,\cdots,n \\ \sum_{r=1}^{s} u_r y_{rk} + \sum_{f=1}^{h} w_f b_{fk} = 1, i = 1,2,\cdots,m \\ v_i \geqslant \varepsilon_s R_i^x, u_r \geqslant \varepsilon_s R_r^y, r = 1,2,\cdots s, f = 1,2,\cdots,h \end{cases} \tag{5-9}
$$

按照 Sueyoshi 等（2016）求解模型（5-9）解得w_f^*，则根据 Sueyoshi 的判断，可得非期望拥挤的判定规则如下：

（1）如果对于所有的 f，均有$w_f^* > 0$，则被评价单位为无拥挤效应；

（2）如果存在至少一个 f，有$w_f^* = 0$，则被评价单位为弱拥挤效应；

（3）如果存在至少一个 f，有$w_f^* < 0$，则被评价单位为强拥挤效应；

以上步骤仅能实现对能源拥挤效应的识别，并不能测算能源效应程度的大小。如果实现对能源拥挤程度的度量，需要借助 Cooper 类模型的思路，通过松弛变量来实现能源拥挤的测算。

在求解模型（5-8）的基础上，根据 Brockett 等（1998）和 Cooper 等

（2001）模型，拥挤模型可以表达为：

$$\max \sum_{n=1}^{N} \zeta_n$$

$$\text{s.t.}\begin{cases}\sum_{k=1}^{K} \lambda_k x_{mk} - s_m^x = x_{mo} - s_m^{x*}, m = 1,2,\cdots,M \\ \sum_{k=1}^{K} \lambda_k e_{nk} - \zeta_n = e_{no} - s_n^{e*}, n = 1,2,\cdots,N \\ \sum_{k=1}^{K} \lambda_k y_{ik} = (1+\varphi^*) y_{io} + s_i^{y*}, i = 1,2,\cdots,I \\ \sum_{k=1}^{K} \lambda_k b_{jk} = (1-\varphi^*) b_{io}, j = 1,2,\cdots,J \\ \sum_{k=1}^{K} \lambda_k = 1, \lambda_k \geqslant 0, k = 1,2,\cdots,K \\ s_m^x \geqslant 0, \zeta_n \leqslant s_n^{e*}\end{cases} \tag{5-10}$$

因此能源非期望拥挤公式为：

$$UEC = s_n^{e*} - \zeta_n^* \tag{5-11}$$

其中s_n^{e*}为模型（5－8）中测算的能源最优松弛量。ζ_n^*是模型（5－10）中依靠技术效率能够改进的部分。也即能源无效被分为技术无效和拥挤无效。因此能源拥挤能够表达为总无效程度减去技术无效部分。

5.2.4 管理处置下的能源期望拥挤模型

在 Zhou（2017）模型中，仅有非期望拥挤模型，本章将拥挤模型扩展为期望拥挤模型来检测我国制造业的各行业的期望拥挤状况。也即识别哪些行业发生了生态技术创新。首先构建统一效率模型：

按照管理处置的生产技术，根据公式（5－6），模型（5－7）必须舍弃期望产出的松弛变量，将其变成等式约束。因此模型（5－7）修改为：

$$\max \varphi + \varepsilon\left(\sum_{m=1}^{M} R_m^x s_m^x + \sum_{n=1}^{N} R_n^e s_n^e + \sum_{j=1}^{J} R_j^b s_j^b\right)$$

$$
\text{s.t.}\begin{cases}
\sum_{k=1}^{K}\lambda_k x_{mk} - s_m^x = x_{mo}, m = 1,2,\cdots,M \\
\sum_{k=1}^{K}\lambda_k e_{nk} - s_n^e = e_{no}, n = 1,2,\cdots,N \\
\sum_{k=1}^{K}\lambda_k y_{ik} - \varphi\, y_{i0} = y_{io}, i = 1,2,\cdots,I \\
\sum_{k=1}^{K}\lambda_k b_{jk} + s_j^b + \varphi\, b_{j0} = b_{io}, j = 1,2,\cdots,J \\
\sum_{k=1}^{K}\lambda_k = 1, \lambda_k \geqslant 0, k = 1,2,\cdots,K \\
s_m^x, s_n^e, s_j^b \geqslant 0
\end{cases} \tag{5-12}
$$

模型（5-12）的对偶变换为：

$$
\min -\sum_{i=1}^{m} v_i\, x_{ik} - \sum_{r=1}^{s} u_r\, y_{rk} + \sum_{f=1}^{h} w_f\, b_{fk} + \sigma
$$

$$
\text{s.t.}\begin{cases}
-\sum_{i=1}^{m} v_i\, x_{ik} - \sum_{r=1}^{s} u_r\, y_{rk} + \sum_{f=1}^{h} w_f\, b_{fk} + \sigma \geqslant 0, j = 1,2,\cdots,n \\
\sum_{r=1}^{s} u_r\, y_{rk} + \sum_{f=1}^{h} w_f\, b_{fk} = 1, i = 1,2,\cdots,m \\
v_i \geqslant \varepsilon_s R_i^x, w_f \geqslant \varepsilon_s R_r^y, r = 1,2,\cdots s, f = 1,2,\cdots,h
\end{cases} \tag{5-13}
$$

其次求解模型（5-13）解得u_r^*，则根据 Sueyoshi（2016）的判断，可得非期望拥挤的判定规则如下：

（1）如果对于所有的 r，均有$u_r^* > 0$，则被评价单位为无拥挤效应；

（2）如果存在至少一个 r，有$u_r^* = 0$，则被评价单位为弱拥挤效应；

（3）如果存在至少一个 r，有$u_r^* < 0$，则被评价单位为强拥挤效应；

同理，以上步骤仅能实现对能源拥挤效应的识别，并不能测算能源效应程度的大小。如果实现对能源拥挤程度的度量，需要借助 Cooper 类模型的思路，通过松弛变量来实现能源拥挤的测算。

在求解模型（5-12）的基础上，根据 Brockett 等（1998）和 Cooper 等（2001）模型，拥挤模型可以表达为：

$$\max \sum_{n=1}^{N} \zeta_n$$

$$\text{s. t.} \begin{cases} \sum_{k=1}^{K} \lambda_k x_{mk} - s_m^x = x_{mo} - s_m^{x*}, m = 1,2,\cdots,M \\ \sum_{k=1}^{K} \lambda_k e_{nk} - \zeta_n = e_{no} - s_n^{e*}, n = 1,2,\cdots,N \\ \sum_{k=1}^{K} \lambda_k y_{ik} = (1+\varphi^*) y_{io} + s_i^{y*}, i = 1,2,\cdots,I \\ \sum_{k=1}^{K} \lambda_k b_{jk} = (1-\varphi^*) b_{io}, j = 1,2,\cdots,J \\ \sum_{k=1}^{K} \lambda_k = 1, \lambda_k \geqslant 0, k = 1,2,\cdots,K \\ s_m^x \geqslant 0, \zeta_n \leqslant s_n^{e*} \end{cases} \tag{5-14}$$

因此能源非期望拥挤公式为：

$$UEC = s_n^{e*} - \zeta_n^* \tag{5-15}$$

其中s_n^{e*}为模型（5－12）中测算的能源最优松弛量。ζ_n^*是模型（5－14）中依靠技术效率能够改进的部分。也即能源无效被分为技术无效和拥挤无效。因此能源拥挤能够表达为总无效程度减去技术无效部分。

5.2.5 模型算例

为了检验以上构建的能源非期望拥挤和能源期望拥挤模型的合理性，特举简单的算例说明，如表 5－3 所示，分别记 DMU1－DMU7 为劳动、资本、和非期望产出数值相同，而能源投入和期望产出不同，从而利用以上模型来研究能源与期望产出的拥挤效应。结果如图 5－3 所示，可以看出 DMU5\DMU6\DMU7 出现了非期望拥挤，拥挤数量分别为 10、20、30 个单位。而且也可以看出，三个决策单元能源总的松弛为 20、30、40，其中依靠技术改进了 10、10、10，因此能源拥挤量为 20－10＝10、30－10＝20、40－10＝30 个单位。而 DMU4 虽然能源总松弛为 10，但是技术效率改进为 10，因此不存在能源非期望拥挤。其他 DMU1－

DMU3 并未发生能源非期望拥挤。

为了检验能源期望拥挤模型，设定 DMU8 - DMU14，其中劳动、资本、和期望产出数值相同，而能源投入和非期望产出不同，从而利用以上模型来研究能源与非期望产出的拥挤效应。结果如图 5 - 4 所示，可以看出 DMU12\DMU13\DMU14 出现了期望拥挤，拥挤数量分别为 10、20、30 个单位。而且也可以看出，三个决策单元能源总的松弛分别为 20、30、40，其中依靠技术效率分别实现了 10、10、10 单位的改进，因此能源期望拥挤量分别为 20 - 10 = 10、30 - 10 = 20、40 - 10 = 30 个单位。也即这些能源投入相比其他能源实现了低排放利用。

以上例子实际上仅是理想化的投入和产出数据，现实中决策单元的各种变量基本不会一样，因此变量之间的内在联系更加复杂，但是通过简单的数值举例可以看清楚能源期望拥挤和能源非期望拥挤模型的内在结构和建模构建的合理性。

表 5 - 3　　能源期望拥挤和能源非期望拥挤的例子

变量	DMU1	DMU2	DMU3	DMU4	DMU5	DMU6	DMU7
L	10	10	10	10	10	10	10
K	10	10	10	10	10	10	10
E	20	30	40	50	60	70	80
Y(N)	40	50	60	60	40	30	20
B(N)	10	10	10	10	10	10	10
s_n^{e*}	0	0	0	10	20	30	40
ζ_n^*	0	0	0	10	10	10	10
DEC	0	0	0	0	10	20	30
变量	DMU8	DMU9	DMU10	DMU11	DMU12	DMU13	DMU14
L	10	10	10	10	10	10	10
K	10	10	10	10	10	10	10
E	20	30	40	50	60	70	80
Y(M)	40	50	60	50	40	30	20
B(M)	60	50	40	50	60	70	80
s_n^{e*}	0	0	0	10	20	30	40
ζ_n^*	0	0	0	10	10	10	10
DEC	0	0	0	0	10	20	30

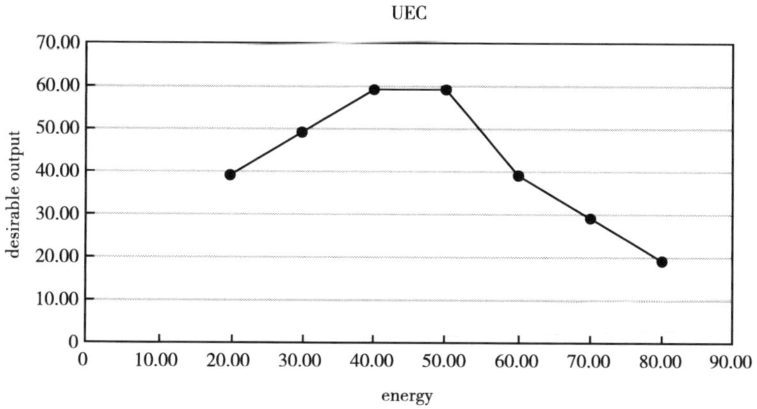

图 5－3　能源非期望拥挤例子的图示

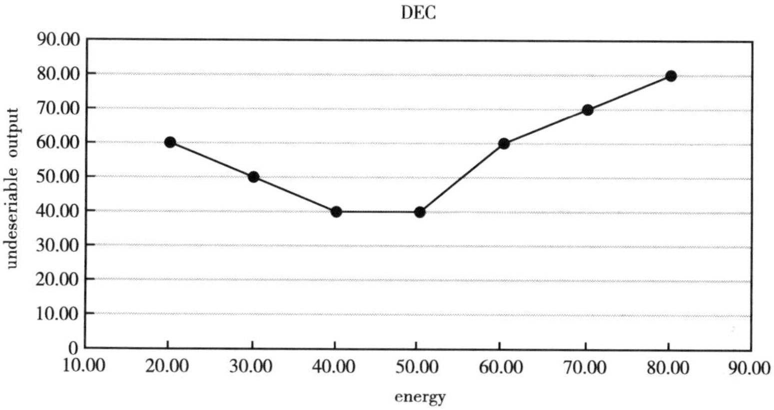

图 5－4　能源期望拥挤例子的图示

5.2.6　指标与数据

指标与数据说明详见本书 3.2.2 节。本章重点分析 2000 年、2008 年和 2014 年中国制造业的能源拥挤状况。由于年份选择较少，为了保证尽可能多的行业覆盖，相比较 3.2.2 节而言，本章增加了工艺品和其他制造业这一行业。

5.3 实证分析

5.3.1 制造业的能源非期望拥挤

1. 2014 年制造业的静态比较分析

根据公式（5－8）至公式（5－10），计算2014年的制造业28行业的能源拥挤和能源效率值。如表5－4所示，可以得出3点结论：

（1）大约有78%的行业发生了能源非期望拥挤效应。这些行业有农副食品加工业、食品制造业、酒饮料和精制茶制造业、纺织业、非金属矿物制品业、化学原料和化学制品制造业、石油加工、炼焦和核燃料加工业等。而没有发生能源拥挤的行业为烟草制品业、黑色金属冶炼和压延加工业、通用设备制造业、交通运输设备制造业、计算机、通信和其他电子设备制造业、仪器仪表制造业六大行业。这表明大部分行业已经由于产能过剩和技术效率低下而出现了能源拥挤效应。而且由于能源拥挤造成的能源浪费大约为63700万吨标准煤。

（2）用理想值除以实际值表示能源效率可以得到，大部分的行业的能源效率较低，比如石油加工、炼焦和核燃料加工业只有标杆行业的1.8%，造纸和纸制品业达到标杆行业的10%，这些行业不多是传统的能源密集型行业。而能源效率达到有效前沿面的有烟草制品业、黑色金属冶炼和压延加工业、计算机、通信和其他电子设备制造业、仪器仪表制造业，其中烟草制品业是我国的优势行业，黑色金属冶炼和压延加工业虽然能源投入较大，但是由于工业总产值较大，因此能源效率也达到最优前沿。除此之外，电气机械和器材制造业、交通运输设备制造业、专用设备制造业、通用设备制造业等先进制造业的能源效率较高，另外皮革、毛皮、羽毛及其制品和制鞋业、家具制造业、纺织服装、服饰业等传统轻工业的能源效率较高。主要原因是这些行业属于劳动密集型行业，能源投入量小，因此能源效率较高。

表 5 – 4　　2014 年制造业细分行业的能源拥挤

行业序号	能源总松弛	技术无效	UEC
S6	2136.452	0.000	2136.452
S7	908.661	0.041	908.621
S8	666.527	150.967	515.560
S9	0.000	0.000	0.000
S10	3083.797	0.000	3083.796
S11	136.837	0.001	136.836
S12	87.116	0.000	87.116
S13	719.901	0.000	719.901
S14	28.810	0.000	28.810
S15	2378.866	1.237	2377.629
S16	94.423	5.620	88.803
S17	90.610	0.000	90.610
S18	12708.995	0.074	12708.921
S19	14572.349	4468.833	10103.516
S20	1058.961	0.006	1058.955
S21	908.639	104.655	803.984
S22	1633.954	0.001	1633.953
S23	21633.269	0.054	21633.215
S24	0.000	0.000	0.000
S25	6612.455	4348.011	2264.444
S26	1707.744	0.002	1707.742
S27	539.753	539.753	0.000
S28	528.903	0.000	528.903
S29	766.404	766.404	0.000
S30	300.346	0.015	300.331
S31	0.000	0.000	0.000
S32	0.000	0.000	0.000
S33	986.275	202.987	783.287

（3）从能源无效率的构成来源来看，如图 5 – 5 所示，28 个行业可以分为三类，第一类为依靠消除拥挤来改进能源效率，比如农副食品加工业能源无效率的

主要原因是拥挤无效率，因此自身的能源效率为0.235，拥挤可以改进的效率为0.765，这一类有15个行业。这一类大多是传统制造业；第二类依靠技术效率提升来改进能源效率，这一类有通用设备制造业、交通运输设备制造业两个行业。这一类属于先进制造业；第三类为依靠消除拥挤与提高技术效率并进，这一类行业有酒、饮料和精制茶制造业、印刷和记录媒介复制业、化学原料和化学制品制造业、化学纤维制造业、有色金属冶炼和压延加工业和其他制造业。这一类属于传统的化工产业和能源密集型产业。

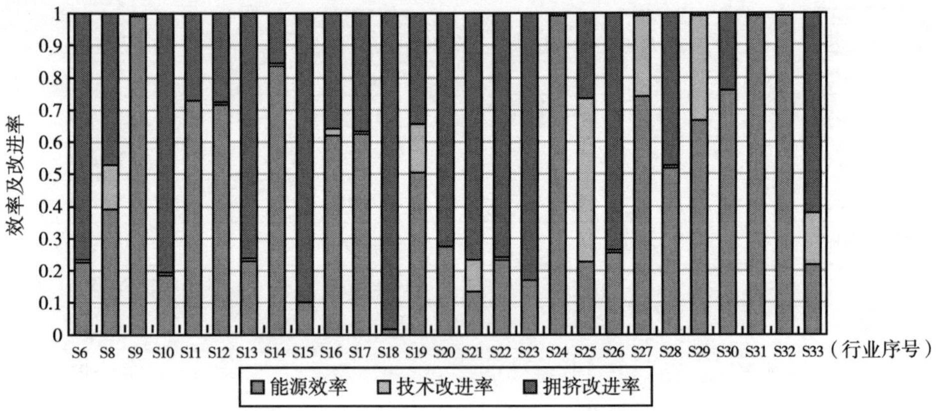

图5-5 能源无效及其改进构成

2. 制造业的动态比较分析

通过2000年、2008年以及2014年的能源拥挤的发生量来看，如图5-6所示，2000年能源拥挤发生量和发生频率都较少，而2008年逐渐增多，到2014年大部分行业都发生了能源拥挤效应。28个制造业中，2000年能源拥挤数量为7143万吨标准煤，2008年达到19492万吨标煤，2014年高达63701万吨标准煤，说明我国的能源拥挤效应越来越大，主要原因是近年来随着国内外市场的疲软，依靠投资和外贸拉动的经济增长方式受到了国内外的挑战，再加上我国处于经济结构转型的调整时期，我国传统产业的产能过剩，存在产品的大量积压，因此导致大量的资源浪费。有些行业，比如食品制造业在2000年和2008年均没有发生能源拥挤，但是2014年却发生能源拥挤，而另一些行业比如交通运输设备制造业在2000年发生了能源拥挤，但到了2014年能源拥挤已经消除，这说明近年来交通运输设备制造业在能源利用和市场表现方面都取得了较大进步。但是大部分行业一直处于能源拥挤状态，这部分行业大多属于传统制造业行业。比如医药制造业、化学原料和化学制品制造业、有色金属冶炼和压延加工业。

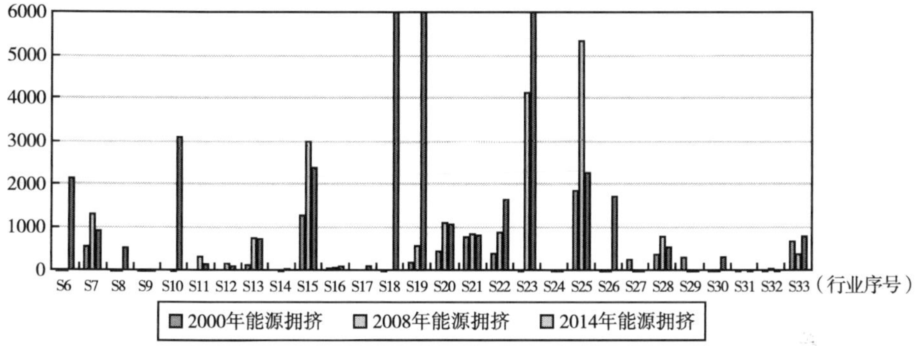

图 5－6　不同年份的能源拥挤数量

注：为了图形显示方便，s18，s19，s23 的数值被压缩。

5.3.2　制造业能源非期望拥挤

根据公式（5－12）至公式（5－15）可得，在管理处置下的能源非期望拥挤，计算结果如表 5－5 所示。可以得到 2 点启示：

（1）2014 年有近 50% 的行业（13 个行业）发生期望拥挤，也即随着期望产出的增加，非期望产出没有增加反而下降。这表明在我国严格的环境规制下环境绩效有所上升。期望拥挤数量最多的行业是石油加工、炼焦和核燃料加工业、有色金属冶炼和压延加工业、纺织业和金属制品业。这些行业大多数属于高耗能高排放重工业行业，因此在国家的发展规划中属于环境监管的重点对象，比如在 2012 年启动的碳市场试点区域的交易中，就将石化、钢铁、有色等 8 大行业纳入控排行业。而也有一些行业还实行低碳技术更新，比如农副食品加工业、食品制造业、烟草制造业、家具制造业、造纸和纸制品业等大多数轻工业。

（2）通过不同时间的对比分析，首先可以看到大部分重工业在 2000 年没有发生期望拥挤，比如设备制造业，有色金属冶炼和压延加工业，到 2014 年发生了期望拥挤，说明大多数重工业由于国家的环境管制，逐步淘汰高污染设备，从而转变为低碳设备。比如合同能源管理。其次可以看到一些轻工业从2000年到2014年均没有发生期望拥挤。而另一部分轻工业，比如酒、饮料和精制茶制造业、木材加工制品业、医药制造业四大行业在2008年曾发生了能源期望拥挤，但是2014年期望拥挤又消除了。最后从整体上看，我国从2000年到2014年期望拥挤无论在发生的行业次数上，还是在期望拥挤的数量上都有了一定的改善。因此目前我国的低碳技术正在逐步扩散到各个行业。

表5-5　　能源期望拥挤及低碳技术识别

行业	2000年		2008年		2014年	
	DEC	低碳技术	DEC	低碳技术	DEC	低碳技术
农副食品加工业	0	无	648	有	0	无
食品制造业	0	无	0	无	0	无
酒、饮料和精制茶制造业	0	无	108	有	0	无
烟草制品业	0	无	0	无	0	无
纺织业	0	无	883	有	1325	有
纺织服装、服饰业	0	无	0	无	41	有
皮革、毛皮、羽毛及其制品和制鞋业	0	无	13	有	32	有
木材加工制品业	0	无	134	有	0	无
家具制造业	0	无	0	无	0	无
造纸和纸制品业	0	无	0	无	0	无
印刷和记录媒介复制业	0	无	0	无	0	无
文教、工美、体育和娱乐用品制造业	0	无	0	无	0	无
石油加工、炼焦和核燃料加工业	1855	有	4270	有	6208	有
化学原料和化学制品制造业	0	无	0	无	0	无
医药制造业	0	无	276	有	0	无
化学纤维制造业	254	有	0	无	0	无
橡胶和塑料制品业	0	无	279	有	811	有
非金属矿物制品业	0	无	0	无	0	无

续表

行业	2000 年		2008 年		2014 年	
	DEC	低碳技术	DEC	低碳技术	DEC	低碳技术
黑色金属冶炼和压延加工业	0	无	0	无	7	弱
有色金属冶炼和压延加工业	0	无	1756	有	3472	有
金属制品业	0	无	279	有	1157	有
通用设备制造业	2	弱	0	无	0	无
专用设备制造业	0	无	0	无	250	有
交通运输设备制造业	0	无	0	无	938	有
电气机械和器材制造业	0	无	194	有	820	有
计算机、通信和其他电子设备制造业	62	有	194	有	938	有
仪器仪表制造业	6	弱	5	弱	0	无
其他制造业	106	有	35	有	1030	有

注：当期望拥挤的数量在 10 万吨以下，低碳技术的创新并不明显，因此将其定义为弱低碳技术创新。

5.4 小结

本章依据自然处置和管理处置理念将能源拥挤分为能源期望拥挤和能源非期望拥挤，从而有效地将不同类型的拥挤进行了甄别和区分。并对我国制造业 28 个细分行业进行了能源的期望拥挤和非期望拥挤进行了实证分析，不仅能够解析出能源无效率的结构效应，还能对行业的低碳技术创新进行有效判别。测算结果对于促进我国的制造业细分行业的节能减排和技术创新具有理论支撑和政策价值。本章的结论和建议归纳如下：

（1）大约有 78% 的行业发生了能源非期望拥挤效应。这些行业既有轻工业，也包括重工业，而没有发生能源拥挤的行业仅有 6 大行业。这表明除了大部分行业已经由于产能过剩和技术效率低下而出现能源拥挤效应，而且由于能源拥挤造成的能源浪费大约为 63700 万吨标准煤。因此各个行业应该加强管理，提高运营效率。同时对于出现能源非期望拥挤的行业要实行严格的环境管制，减少能源浪费。

（2）从能源无效率的构成来源看，28个行业可以分为三类。第一类为依靠消除拥挤来改进能源效率，比如农副食品加工业能源无效率的主要原因是拥挤无效率，因此自身的能源效率为0.235，拥挤可以改进的效率为0.765，这一类有15个行业。这一类大多是传统制造业。第二类依靠技术效率提升来改进能源效率，这一类有通用设备制造业、交通运输设备制造业两个行业。这一类属于先进制造业。第三类为依靠消除拥挤与提高技术效率并进，这一类行业有酒、饮料和精制茶制造业、印刷和记录媒介复制业、化学原料和化学制品制造业、化学纤维制造业、有色金属冶炼和压延加工业和其他制造业。这一类属于传统的化工产业和能源密集型产业。

（3）通过2000年、2008年以及2014年的能源拥挤的发生量来看，2000年能源拥挤发生量和发生频率都较少，而2008年逐渐增多，到2014年大部分行业都发生了能源拥挤效应。说明我国的能源拥挤效应越来越大，主要原因是近年来随着国内外市场的疲软，依靠投资和外贸拉动的经济增长方式受到了国内外的挑战，再加上我国处于经济结构转型的调整时期，我国传统产业的产能过剩，存在产品的大量积压，因此导致大量的资源浪费。

（4）最后从整体上看，我国从2000年到2014年期望拥挤无论在发生的行业次数上，还是在期望拥挤的数量上都有了一定的改善。因此目前我国的低碳技术正在逐步扩散到各个行业。2014年有近50%的行业（13个行业）发生期望拥挤，也即随着期望产出的增加，非期望产出没有增加反而下降。这表明在我国严格的环境规制下环境绩效有所上升。期望拥挤数量最多的行业是石油加工、炼焦和核燃料加工业、有色金属冶炼和压延加工业、纺织业和金属制品业。这些行业大多数属于高耗能高排放重工业行业，因此在国家的发展规划中属于环境监管的重点对象。而也有一些行业还实行低碳技术更新，比如农副食品加工业、食品制造业、烟草制造业、家具制造业、造纸和纸制品业等大多数轻工业。通过不同时间的对比分析，首先可以看到大部分重工业2000年没有发生期望拥挤，比如设备制造业，有色金属冶炼和压延加工业，但是到2014年却发生了期望拥挤，说明大多数重工业由于国家的环境管制，逐步淘汰高污染设备，从而转变为低碳设备。其次可以看到一些轻工业从2000年到2014年均没有发生期望拥挤。

6.

中国火电行业分区域能源效率及减排潜力研究

6.1

引　言

由于中国工业化和城市化的快速发展，中国的电力需求持续增长。电力资源的大量使用是中国经济提高和居民生活改善的一种标志。然而中国火电企业大多依靠能源效率不高的煤炭作为主要原材料，其排放的大量 CO_2 对气候变化带来巨大的压力，据估计，2013 年中国火电行业产生的碳排放占到全部碳排放的 50%（IEA，2014）。随着中国参与全球气候治理并提出自己的能源结构优化和碳减排承诺，大量的火电企业将面临新节能减排约束的挑战。因此研究火电行业的能源效率和碳减排潜力具有重要的实践价值。

6.2

研究方法及数据来源

6.2.1　RAM 模型及碳减排潜力模型

本章继续采用 RAM 模型来测算火电行业的能源效率，为了更加全面地反映火电行业的规模效益状况，本章分别在规模报酬不变和规模报酬可变两种假设下研究火电行业的能源效率。由于在 DEA 技术中，对规模收益不同的假定决定了前沿面的形状，在不变规模收益的假定下，DEA 前沿面是射线，在可变规模收益的假定下，DEA 的前沿面是凸性曲线。一般生产技术要经历规模收益递增、规模收益不变和规模收益递减的过程，但是我们往往无法直接判断某一行业到底处在什么阶段。因此，有必要将两种不变规模收益和可变规模收益同时考虑。

假定有 K 个 DMUs,，M 个非能源投入，N 个能源投入，I 个期望产出，J 个非期望产出。那么 $X_K=(x_{1k},x_{2k},\cdots,x_{Mk})^T$，$E_K=(e_{1k},e_{2k},\cdots,e_{Nk})^T$，$Y_K=(y_{1k},y_{2k},\cdots,y_{Ik})^T$，$B_K=(b_{1k},b_{2k},\cdots,b_{Jk})^T$。

则规模报酬可变假定下，RAM 模型表示如下：

$$\max \varphi+\varepsilon\left(\sum_{m=1}^{M} R_m^x s_m^x+\sum_{n=1}^{N} R_n^e s_n^e+\sum_{i=1}^{I} R_i^y s_i^y+\sum_{j=1}^{J} R_j^b s_j^b\right)$$

$$\text{s.t.}\begin{cases}\sum_{k=1}^{K}\lambda_k x_{mk}+s_m^x=x_{mo},m=1,2,\cdots,M\\ \sum_{k=1}^{K}\lambda_k e_{nk}+s_n^e=e_{no},n=1,2,\cdots,N\\ \sum_{k=1}^{K}\lambda_k y_{ik}-s_i^y-\varphi y_{i0}=y_{io},i=1,2,\cdots,I\\ \sum_{k=1}^{K}\lambda_k b_{jk}+s_j^b+\varphi b_{j0}=b_{jo},j=1,2,\cdots,J\\ \sum_{k=1}^{K}\lambda_k=1,\lambda_k\geqslant 0,k=1,2,\cdots,K\\ s_m^x,s_n^e,s_i^y,s_j^b\geqslant 0\end{cases}\qquad(6-1)$$

变量的说明详见第 3.2.1 节。

如果假定行业的规模报酬不变，也即投入和产出按照一定比例增长。则 RAM 模型为：

$$\max\varphi+\varepsilon\left(\sum_{m=1}^{M} R_m^x s_m^x+\sum_{n=1}^{N} R_n^e s_n^e+\sum_{i=1}^{I} R_i^y s_i^y+\sum_{j=1}^{J} R_j^b s_j^b\right)$$

$$
\text{s.t.}\begin{cases}\sum_{k=1}^{K}\lambda_k x_{mk}+s_m^x=x_{mo},m=1,2,\cdots,M\\ \sum_{k=1}^{K}\lambda_k e_{nk}+s_n^e=e_{no},n=1,2,\cdots,N\\ \sum_{k=1}^{K}\lambda_k y_{ik}-s_i^y-\varphi y_{i0}=y_{io},i=1,2,\cdots,I\\ \sum_{k=1}^{K}\lambda_k b_{jk}+s_j^b+\varphi b_{j0}=b_{jo},j=1,2,\cdots,J\\ \lambda_k\geqslant 0,k=1,2,\cdots,K\\ s_m^x,s_n^e,s_i^y,s_j^b\geqslant 0\end{cases} \tag{6-2}
$$

两个模型的区别在于是否施加 $\sum_{k=1}^{K}\lambda_k=1$ 的约束条件。如果加上此条件，在单投入单产出的简单模型中该模型的前沿面是凸性曲线，如果去掉该条件，在单投入单产出的简单模型中该模型的前沿面是一条射线。

因此能源效率的测算公式为：

$$
\theta^*=1-\left[\varphi^*+\varepsilon\left(\sum_{m=1}^{M}R_m^x s_m^{x*}+\sum_{n=1}^{N}R_n^e s_n^{e*}+\sum_{i=1}^{I}R_i^b s_i^{b*}+\sum_{i=1}^{I}R_i^y s_i^{y*}\right)\right] \tag{6-3}
$$

如果（i）$\theta^*=1$ 及（ii）$s_m^x,s_n^e,s_i^y=0$，则 DMU 达到有效前沿面。

碳减排潜力表示为碳排放理想值与实际值的差。据此定义绝对碳减排潜力：

$$
APC=s_j^b \tag{6-4}
$$

相对碳减排潜力为：$RPC=\left(1-\frac{b_{jo}-\varphi b_{j0}}{b_{jo}}\right)\times 100\%$ (6-5)

6.2.2 数据来源

本章主要选择 2004～2013 年中国 30 个省级行政区的火电行业，其中西藏、香港地区、澳门地区、台湾地区等地由于数据原因没有纳入样本范围。为了构建能源拥挤模型，参考以往能源效率选择的相关指标。投入指标选择劳动力、火电装机容量和能源消费，产出指标为营业额和碳排放。其中营业额为期望产出，碳排放为非期望产出。具体指标来源如下：

（1）劳动力。劳动力代表一个地区或者行业的劳动投入状况，一般用本行业的就业人员数来表示，但是由于中国统计年鉴并没有直接公布火电行业就业人数，因此参考一些学者的方法（如 Bai，2009；Wang et al.，2010；Wang et al.，2016），将《中国工业经济年鉴》中公布的电力热力供应业从业人数作为电力行业劳动力的替代变量。

（2）火电装机容量。火电装机容量代表火电企业的固定资产投资，这一指标来源自《中国电力统计年鉴》。

（3）能源消费。中国的火电厂主要能源消费是煤炭，《中国能源统计年鉴》给出发电标准煤耗，因此火电企业的能源消费量由发电标准煤耗乘以发电量计算而得。

（4）营业额。中国的相关统计年鉴并不公布火电企业的营业额数据，但是公布电力行业的发电量数据。国家发改委会公布各地区的上网电价，因此火电企业的营业额可以用上网电价乘以发电量来表示。为了保证可比性，上网电价运用 CPI 转化为 2010 年实际可比价格。

（5）碳排放量。二氧化碳排放总量可以根据各种能源消耗产生的二氧化碳排放估计量加总得到，具体公式如下：

$$EC = \sum E_i \times CF_i \times CC_i \times COF_i \times \frac{44}{12} \tag{6-6}$$

其中，EC 表示各类能源消费的碳排放总量；i 表示能源消费种类，包括能源统计年鉴公布的各种能源品种；E_i 表示各地区第 i 种能源的消费总量；CF_i、CC_i 和 COF_i 分别表示化石能源的发热值、碳排放因子和氧化因子；44/12 表示二氧化碳分子与碳分子重量的比值（Mi et al. 2015，2016）。发热值、排放因子和氧化因子等数据来源于《IPCC 国家温室气体清单指南》（IPCC，2006）。

6.3

实证分析

6.3.1 能源效率分析

如果将火电厂发电量作为期望产出，非期望产出为碳排放，测算出能源效率的结果如表6－1和表6－2所示：

表6－1　　　　各地区火电厂能源效率（可变规模报酬）

能源效率	2004年	2005年	2006年	2007年	2008年	2009年	2010年	2011年	2012年	2013年	平均值
北京	1.000	1.000	1.000	1.000	1.000	1.000	1.000	1.000	1.000	1.000	1.000
天津	1.000	1.000	1.000	1.000	0.964	0.957	1.000	1.000	0.993	0.969	0.988
河北	1.000	1.000	1.000	1.000	0.936	1.000	1.000	0.984	0.984	0.973	0.988
山西	0.930	1.000	0.990	0.967	0.967	0.947	1.000	1.000	1.000	1.000	0.980
内蒙古	0.984	1.000	0.971	0.949	0.944	0.938	0.863	0.888	0.931	0.926	0.939
辽宁	0.966	0.957	0.971	0.977	0.946	0.935	0.969	0.840	0.945	0.944	0.945
吉林	0.921	0.886	0.998	0.941	0.920	0.939	0.839	0.860	0.906	0.904	0.912
黑龙江	0.854	0.873	0.876	0.872	0.862	0.874	0.907	0.843	0.858	0.873	0.869
上海	1.000	1.000	1.000	1.000	1.000	1.000	1.000	1.000	1.000	1.000	1.000
江苏	1.000	1.000	1.000	1.000	1.000	1.000	1.000	1.000	1.000	1.000	1.000
浙江	0.977	0.971	1.000	1.000	1.000	1.000	1.000	1.000	1.000	1.000	0.995
安徽	0.961	0.958	0.959	0.955	0.960	0.992	0.973	1.000	0.977	0.980	0.971
福建	0.986	0.987	0.986	0.996	0.981	0.998	0.982	1.000	0.982	0.969	0.987
江西	0.915	0.897	0.888	0.901	0.878	0.893	0.844	0.933	0.907	0.916	0.897
山东	0.997	0.973	0.950	0.954	0.983	1.000	1.000	0.928	0.948	0.976	0.971
河南	0.815	0.911	0.944	0.943	0.971	0.981	0.941	0.935	0.977	0.974	0.939
湖北	0.941	0.935	0.939	0.960	0.918	0.928	0.857	0.908	0.922	0.939	0.925
湖南	0.916	0.933	0.903	0.901	0.899	0.931	0.894	0.973	0.900	0.910	0.916
广东	1.000	1.000	0.998	0.987	0.979	0.987	1.000	1.000	0.999	0.994	0.994
广西	0.870	0.904	0.892	0.902	0.927	0.931	0.921	0.882	0.904	0.922	0.906

续表

能源效率	2004 年	2005 年	2006 年	2007 年	2008 年	2009 年	2010 年	2011 年	2012 年	2013 年	平均值
海南	1.000	1.000	1.000	1.000	1.000	1.000	1.000	1.000	1.000	1.000	1.000
重庆	0.862	0.883	0.881	0.894	0.874	0.925	0.944	1.000	0.828	0.880	0.897
四川	0.786	0.755	0.785	0.798	0.820	0.846	0.873	0.841	0.862	0.847	0.821
贵州	0.963	0.930	0.973	0.951	0.933	1.000	0.945	0.908	0.925	0.981	0.951
云南	0.896	0.855	0.901	0.915	0.872	1.000	0.953	0.925	0.837	0.828	0.898
陕西	0.903	0.911	0.926	0.917	0.928	0.932	0.915	0.950	0.981	0.941	0.930
甘肃	1.000	0.953	0.939	0.942	0.917	0.904	0.910	0.925	0.886	0.877	0.925
青海	1.000	1.000	1.000	1.000	1.000	1.000	1.000	1.000	1.000	1.000	1.000
宁夏	0.976	0.946	1.000	1.000	0.982	0.947	0.883	1.000	1.000	1.000	0.973
新疆	0.837	0.872	0.677	0.864	0.867	0.820	0.892	0.871	0.853	0.906	0.846
平均值	0.942	0.943	0.945	0.950	0.941	0.954	0.943	0.947	0.943	0.948	0.946

（1）从我国火电厂的能源效率的 2004～2013 年的平均值来看，北京、上海的能源效率值最高，达到了最优前沿水平。四川的能源效率最低，仅达到最优前沿面的76.9%，其次为新疆的火电厂能源效率达到最优前沿面的84%，云南、湖北、湖南、江西等地区的火电厂能源效率都相对较低，而天津、河北、山西、内蒙古、山东、江苏、浙江等地区的火电厂能源效率均较高。分析其分布规律，发现大部分北方省份和部分发达省份的火电厂能源效率较高，西部地区相对能源效率较高。可能的原因是西部一些地区清洁能源发电相对占比较大，所以火电厂的电力供给相对较小，因此火电厂的能源效率较高。而北方地区尤其煤电资源比较丰富的地区能源效率较高，因为这些地区的电力主要依靠热电厂的供给，新能源发电的比例较少。

表 6－2　　　　各地区火电厂能源效率（规模报酬不变）

能源效率	2004 年	2005 年	2006 年	2007 年	2008 年	2009 年	2010 年	2011 年	2012 年	2013 年	平均值
北京	1.000	1.000	1.000	1.000	1.000	1.000	1.000	1.000	1.000	1.000	1.000
天津	1.000	1.000	1.000	1.000	0.960	0.952	1.000	1.000	0.990	0.967	0.987
河北	0.971	0.929	0.958	0.985	0.914	0.979	0.997	0.947	0.968	0.973	0.962
山西	0.897	0.913	0.945	0.965	0.962	0.942	0.949	0.937	1.000	1.000	0.951

续表

能源效率	2004 年	2005 年	2006 年	2007 年	2008 年	2009 年	2010 年	2011 年	2012 年	2013 年	平均值
内蒙古	0.958	1.000	0.935	0.934	0.937	0.923	0.843	0.850	0.924	0.918	0.922
辽宁	0.940	0.902	0.920	0.970	0.938	0.893	0.949	0.840	0.931	0.905	0.919
吉林	0.914	0.882	0.993	0.940	0.890	0.876	0.788	0.833	0.859	0.846	0.882
黑龙江	0.834	0.851	0.828	0.843	0.836	0.820	0.877	0.834	0.833	0.817	0.837
上海	1.000	1.000	1.000	1.000	1.000	1.000	1.000	1.000	1.000	1.000	1.000
江苏	0.937	0.979	0.961	1.000	1.000	1.000	1.000	1.000	1.000	1.000	0.988
浙江	0.952	0.952	0.963	0.987	1.000	0.988	1.000	0.995	0.989	1.000	0.983
安徽	0.944	0.947	0.928	0.942	0.959	0.992	0.972	1.000	0.976	0.979	0.964
福建	0.976	0.975	0.979	0.982	0.978	0.985	0.982	1.000	0.970	0.965	0.979
江西	0.915	0.882	0.851	0.891	0.849	0.856	0.822	0.932	0.884	0.911	0.879
山东	0.952	0.941	0.910	0.936	0.930	0.971	0.981	0.901	0.923	0.950	0.940
河南	0.778	0.866	0.869	0.911	0.947	0.945	0.899	0.906	0.939	0.937	0.900
湖北	0.918	0.916	0.894	0.932	0.885	0.869	0.843	0.907	0.872	0.912	0.895
湖南	0.907	0.932	0.876	0.887	0.875	0.893	0.877	0.969	0.866	0.847	0.893
广东	0.958	0.963	0.953	0.976	0.954	0.953	1.000	1.000	0.955	0.950	0.966
广西	0.861	0.895	0.864	0.891	0.903	0.892	0.899	0.882	0.885	0.922	0.889
海南	0.973	1.000	1.000	1.000	0.987	0.974	0.991	0.917	0.987	0.994	0.982
重庆	0.858	0.879	0.877	0.892	0.866	0.924	0.937	0.993	0.823	0.878	0.893
四川	0.774	0.729	0.715	0.737	0.754	0.749	0.843	0.839	0.818	0.728	0.769
贵州	0.948	0.919	0.939	0.950	0.932	1.000	0.916	0.907	0.911	0.966	0.939
云南	0.894	0.847	0.860	0.912	0.858	1.000	0.930	0.890	0.807	0.789	0.879
陕西	0.891	0.895	0.878	0.884	0.922	0.914	0.904	0.949	0.977	0.940	0.915
甘肃	0.991	0.948	0.939	0.942	0.897	0.870	0.909	0.917	0.884	0.876	0.917
青海	1.000	0.782	0.817	0.911	1.000	0.973	0.969	0.955	0.937	0.980	0.932
宁夏	0.976	0.946	1.000	1.000	0.961	0.943	0.881	1.000	1.000	1.000	0.971
新疆	0.835	0.854	0.673	0.864	0.864	0.811	0.892	0.865	0.834	0.904	0.840
平均值	0.925	0.917	0.911	0.935	0.925	0.930	0.928	0.932	0.925	0.928	0.926

（2）从历年平均值的变化来看，我国火电厂能源效率整体上比较平稳，呈现略微先上升后下降的变化趋势。这表明我国的火电厂由于政府政策的限制再加上环境规制的趋严，火电产业的经营面临着强大的压力。

(3) 如果将火电厂营业额作为期望产出（营业额等于发电量乘以上网电价），对比分析营业额与发电量为产出的能源效率可以看出比较有意思的现象，如图6-1所示，以营业额为期望产出的能源效率平均值明显小于以发电量为期望产出的平均值，有的区域差异还很大，比如内蒙古以发电量为期望产出的能源效率为0.922，当以营业额为期望产出时，下降为0.573，在云南、青海、宁夏和新疆也出现同样的情形。这说明这些地区的电力受到电网输送能力的限制。在国家大力发展清洁能源的形势下，大部分发电企业的上网电价受到政策管控，再加上一些地区的火电厂规模盲目扩张，导致发电量过剩，因此营业额收入较小，电力企业亏损严重。据中电联《2016年上半年全国电力供需形势分析预测报告》指出，2016年上半年我国新增发电装机容量达到历年同期新高，截至2016年6月底我国6000千瓦及以上电厂发电装机容量15.2亿千瓦、同比增长11.3%，已超过全社会用电量增速8.6个百分点，局部地区装机过快增长、产能过剩压力进一步加剧。另据统计数据显示，全国火电设备平均利用小时数近年来连年下降，2016年仅为4200小时，创下1969年以来的新低。这些电力规模扩张引起的产能过剩，成为导致以营业额为期望产出的下降。

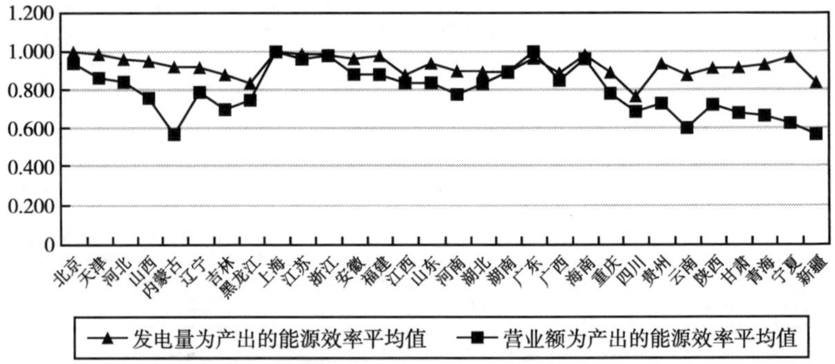

图6-1 不同产出测算的能源效率平均值

6.3.2 能源全要素生产率分析

如果按照营业额作为期望产出的能源要素生产率，根据公式计算火电厂能源全要素生产率的结果如表 6－3 所示，大多数能源全要素生产率平均值均小于 1，仅有天津、福建出现小幅度增加。从历年变化来看，2005 年各地区能源全要素生产率平均增长 0.6%，2010 年平均增长 0.9%，其余年份的能源全要素生产率均表现为下降状态。

表 6－3　　火电厂能源全要素生产率（期望产出为利润）

地区	2005 年	2006 年	2007 年	2008 年	2009 年	2010 年	2011 年	2012 年	2013 年	平均值
北京	0.981	0.981	0.993	0.978	0.976	1.003	0.990	0.983	0.993	0.986
天津	1.015	1.001	0.991	1.008	0.992	1.011	1.001	0.992	0.998	1.001
河北	0.999	0.988	0.996	1.000	0.978	1.038	0.997	0.975	0.988	0.995
山西	0.991	0.985	0.979	0.998	0.977	1.010	0.987	0.964	0.992	0.987
内蒙古	1.029	0.970	0.990	1.018	0.979	1.006	1.032	0.988	0.966	0.998
辽宁	0.998	0.988	0.980	1.001	0.999	1.031	1.005	0.974	1.026	1.000
吉林	1.024	0.978	0.995	1.030	0.973	0.979	1.010	0.985	1.003	0.997
黑龙江	1.001	1.002	0.982	0.995	0.993	0.999	1.010	0.988	0.954	0.992
上海	0.994	1.005	1.002	0.983	0.988	1.028	0.966	1.000	1.025	0.999
江苏	0.998	0.987	0.987	0.989	0.983	1.010	1.002	0.987	0.983	0.992
浙江	1.008	0.991	0.994	0.985	0.987	1.003	0.985	1.003	0.994	0.994
安徽	1.006	0.996	0.994	0.990	0.988	0.998	0.969	1.017	1.006	0.996
福建	1.010	0.998	1.001	0.999	0.973	1.014	1.215	0.822	1.006	1.004
江西	1.021	0.980	0.977	1.006	0.972	1.028	0.942	0.973	1.009	0.990
山东	1.007	0.969	0.988	0.993	0.979	1.024	0.985	0.980	0.982	0.990
河南	0.963	0.972	0.991	0.978	0.973	1.020	0.991	0.974	0.995	0.984
湖北	0.990	0.987	1.000	0.972	0.960	1.044	0.954	0.983	0.985	0.986
湖南	0.977	1.025	0.983	0.989	0.966	1.033	0.930	1.024	1.000	0.992
广东	1.009	0.989	0.988	0.998	0.976	1.006	0.994	1.000	1.003	0.996
广西	0.964	0.984	0.974	0.966	0.970	1.022	1.004	0.976	0.994	0.984
海南	0.989	0.988	0.994	0.989	0.985	1.013	1.011	0.974	0.997	0.993
重庆	0.988	0.996	1.011	0.975	0.969	1.010	0.997	0.985	1.001	0.992
四川	1.006	0.995	0.976	0.991	0.952	0.949	0.999	0.959	1.032	0.984
贵州	1.007	0.969	0.994	0.990	0.985	1.006	0.972	0.957	0.976	0.984
云南	1.008	0.979	0.989	0.991	0.955	1.023	1.007	0.994	0.981	0.992

续表

地区	2005 年	2006 年	2007 年	2008 年	2009 年	2010 年	2011 年	2012 年	2013 年	平均值
陕西	1.035	0.983	0.988	0.965	0.992	1.001	0.944	0.972	1.026	0.989
甘肃	1.012	0.995	0.996	0.999	0.987	0.995	0.994	0.997	0.990	0.996
青海	1.127	0.979	0.954	0.988	0.982	0.978	1.004	0.997	0.989	1.000
宁夏	1.020	0.980	1.004	1.012	0.993	1.001	1.002	0.978	0.998	0.999
新疆	0.996	1.094	0.904	0.989	1.024	0.975	0.999	1.013	0.994	0.999
平均值	1.006	0.991	0.986	0.992	0.980	1.009	0.997	0.981	0.996	0.993

如果将发电量作为期望产出，如表 6－4 所示，可以看到有一部分地区如天津、辽宁、吉林、上海、福建、湖南、云南、甘肃、青海等地区的能源全要素生产率平均值增长大于 1，这些地区的生产经营效率得到了改善，而另外一些地区北京、山西、内蒙古、广西等省份的能源全要素生产率则出现了下降趋势。从历年变化来看，2005 年的能源要素生产率提高最大，各地区平均增长 3%，其次为 2012 年能源全要素生产率平均增长 1.6%。

表 6－4　　火电厂能源全要素生产率（期望产出为发电量）

地区	2005 年	2006 年	2007 年	2008 年	2009 年	2010 年	2011 年	2012 年	2013 年	平均值
北京	0.974	0.990	1.030	0.986	0.996	0.998	1.004	0.970	0.999	0.994
天津	1.005	1.020	0.991	1.048	1.000	0.975	0.962	1.024	0.994	1.002
河北	1.018	1.000	0.978	1.045	0.989	0.998	0.974	1.004	0.984	0.999
山西	0.988	0.993	0.983	1.020	1.000	1.003	0.978	0.978	0.987	0.992
内蒙古	1.005	0.999	0.987	0.995	0.999	1.008	0.961	0.983	0.983	0.991
辽宁	1.018	1.001	0.966	1.029	1.039	1.002	0.983	0.984	1.002	1.003
吉林	1.012	0.979	0.996	1.041	1.034	1.031	0.942	1.004	0.991	1.003
黑龙江	0.997	1.012	1.016	0.984	1.022	0.977	0.980	1.031	0.973	0.999
上海	1.004	1.006	1.013	0.986	1.002	1.019	0.968	1.000	1.021	1.002
江苏	0.994	0.973	0.971	1.002	1.012	0.996	0.985	1.002	0.994	0.992
浙江	1.004	0.985	0.989	0.991	0.996	0.990	0.977	1.017	0.987	0.993
安徽	1.040	1.005	0.989	0.993	0.988	0.987	0.964	1.026	0.982	0.997
福建	1.064	0.990	0.976	1.015	0.980	0.999	0.960	1.041	0.993	1.002
江西	1.037	1.059	0.933	1.050	0.973	1.031	0.915	1.038	0.952	0.999

续表

地区	2005 年	2006 年	2007 年	2008 年	2009 年	2010 年	2011 年	2012 年	2013 年	平均值
山东	1.025	0.963	0.974	1.003	0.997	1.005	0.993	0.999	0.973	0.992
河南	0.991	0.988	0.978	0.978	0.998	1.008	0.962	1.012	0.981	0.989
湖北	1.032	0.980	0.993	1.020	0.978	1.019	0.940	1.025	0.959	0.994
湖南	1.048	1.029	0.979	0.991	0.976	1.019	0.917	1.076	0.984	1.002
广东	1.020	0.996	0.974	1.019	0.987	0.979	0.975	1.031	1.002	0.998
广西	0.947	1.056	0.970	0.987	0.987	1.005	0.990	1.002	0.946	0.988
海南	0.988	0.976	0.988	0.989	0.995	1.000	1.016	0.976	0.975	0.989
重庆	1.036	0.985	0.980	0.997	0.980	0.990	0.930	1.120	0.947	0.996
四川	1.065	1.022	0.994	1.008	0.961	0.948	0.991	0.999	1.017	1.000
贵州	1.068	0.942	1.000	1.010	0.992	1.032	0.971	1.005	0.952	0.997
云南	1.149	0.957	0.911	1.071	0.913	1.064	0.945	1.073	0.994	1.009
陕西	1.061	1.012	0.997	0.962	0.998	0.986	0.948	0.992	1.004	0.996
甘肃	1.031	1.028	0.986	1.031	1.008	0.981	0.969	1.042	0.985	1.007
青海	1.221	0.964	0.907	0.967	1.037	0.987	0.979	1.017	0.963	1.005
宁夏	1.055	0.950	0.978	1.042	1.038	0.997	0.914	1.014	0.986	0.997
新疆	0.993	1.164	0.870	0.988	1.023	0.967	0.989	1.010	0.964	0.996
平均值	1.030	1.001	0.977	1.008	0.997	1.000	0.966	1.016	0.982	0.997

从全要素生产率的历年变化及其驱动分解来看（如图 6-2 所示），能源全要素生产率呈现波动状态，其中纯技术进步率和规模效率进步率变动较为平稳，而技术进步率变动较大，主要原因在于企业内部的运营管理和规模投资一般比较稳定，而技术进步具有跳跃性。比如新技术的应用，一旦市场条件成熟投入应用，生产效率可以得到很快的改善，因此技术进步率具有较大变动。从分阶段来看，2004~2007 年为全要素生产率及其构成的下降阶段，但是 2004~2005、2005~2006 年的全要素生产率均大于 1，这说明这两年火电厂的绿色技术得到了有效改善。到 2007~2011 年，全要素生产率先上升后下降的过程，尤其是 2010 年全要素生产率下降了 3.7%，下降的主要原因是技术进步率的变动，也即前沿面相对上一年的后退趋势。此后 2011~2012 年，曾有小幅度的上升，比上一年进步了 1.6%，但是到 2012~2013 年又出现下降。

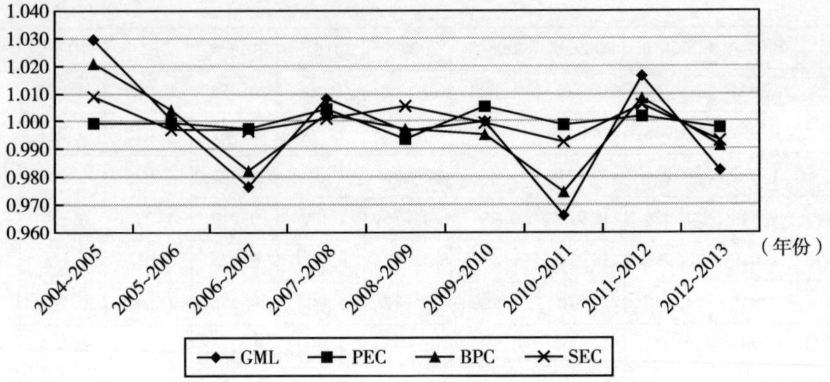

图 6-2　全要素生产率及其驱动因素分解

6.3.3　减排潜力分析

从表 6-5 中可以看出，一些地区比如内蒙古的碳减排潜力最大，尤其是 2012 年达到 10475.329 万吨碳排放，东三省的碳减排潜力也很大，除此之外，河南、云南的碳减排潜力也较大。东三省由于是传统重工业基地，因此能源消耗量大，而且随着近年来东北产业向外地转移或者没落，东北地区经济也因此出现相对下滑，人口流失严重，因此这些地区的减排潜力开始变大。而另外一些地区比如北京、上海、江苏、浙江、广东、海南、青海、宁夏、贵州、新疆等地区在 2013 年的碳减排潜力几乎为 0。

表 6-5　　火电行业绝对碳减排潜力

地区	2004 年	2005 年	2006 年	2007 年	2008 年	2009 年	2010 年	2011 年	2012 年	2013 年
北京	0.000	0.000	0.000	0.000	0.000	0.000	0.000	0.000	0.000	0.000
天津	0.000	0.000	0.000	0.000	243.331	288.824	0.000	0.000	42.308	251.582
河北	0.000	0.000	0.000	0.000	142.410	0.000	0.000	3018.669	2345.987	2750.893
山西	0.000	0.000	84.601	0.000	570.314	83.560	0.000	0.000	0.000	0.000
内蒙古	2511.723	0.000	3197.754	3323.429	5612.938	4676.968	761.677	7092.440	10475.329	5477.376
辽宁	842.720	274.919	616.227	322.467	655.761	774.386	1323.874	0.000	1916.753	3447.137

续表

地区	2004 年	2005 年	2006 年	2007 年	2008 年	2009 年	2010 年	2011 年	2012 年	2013 年
吉林	994.779	781.343	1347.909	960.862	1884.181	1650.932	0.000	893.669	1840.931	2088.029
黑龙江	238.947	250.744	604.064	27.349	123.319	192.320	0.000	0.000	637.070	0.000
上海	0.000	0.000	0.000	0.000	0.000	0.000	0.000	0.000	0.000	0.000
江苏	0.000	0.000	0.000	0.000	0.000	0.000	0.000	0.000	0.000	0.000
浙江	4.692	0.000	0.000	0.000	0.000	0.000	0.000	0.000	0.000	0.000
安徽	353.737	0.000	353.123	0.000	37.224	816.576	0.000	0.000	495.774	413.666
福建	41.077	0.000	0.000	0.000	83.106	14.751	0.000	0.000	655.125	482.813
江西	634.574	133.107	198.222	146.670	132.645	108.159	0.000	0.000	0.000	218.603
山东	2116.856	1358.368	0.000	295.169	1940.928	0.000	0.000	0.000	730.496	0.000
河南	0.000	852.869	1099.001	1252.883	2040.656	1770.671	0.000	1555.185	2730.252	2624.418
湖北	886.289	0.000	932.708	1154.036	309.873	0.000	0.000	0.000	294.566	104.940
湖南	436.451	0.000	146.276	0.000	0.000	0.000	0.000	580.139	0.000	348.880
广东	0.000	0.000	42.303	0.000	36.862	0.000	0.000	0.000	0.000	0.000
广西	209.209	0.000	57.317	0.000	0.000	0.000	0.000	0.000	93.432	78.743
海南	0.000	0.000	0.000	0.000	0.000	0.000	0.000	0.000	0.000	0.000
重庆	0.000	0.000	0.000	213.080	88.821	0.000	0.000	0.000	0.000	72.985
四川	578.460	13.975	988.078	545.380	827.818	605.183	0.000	0.000	0.000	776.549
贵州	717.058	0.000	363.004	674.137	562.230	0.000	0.000	0.000	0.000	0.000
云南	716.714	0.000	1186.195	1399.916	1046.966	0.000	1733.591	2130.769	1432.295	1186.384
陕西	330.816	0.000	821.046	552.792	372.763	639.716	0.000	0.000	0.000	16.941
甘肃	0.000	0.000	0.000	0.000	0.000	0.000	0.000	0.000	519.121	63.044
青海	0.000	0.000	0.000	0.000	0.000	0.000	0.000	0.000	0.000	0.000
宁夏	328.284	5.866	0.000	0.000	748.961	776.755	0.000	0.000	0.000	0.000
新疆	0.000	0.000	0.000	0.000	0.000	0.000	0.000	0.000	0.000	0.000

从碳减排潜力的相对值来看，大部分地区如内蒙古、湖北，2004 年的碳减排潜力大于 2013 年的碳减排潜力，这表明有些地区的火电行业碳排放相对减少，而有些地区比如吉林、辽宁，2004 年的碳减排潜力小于 2013 年的碳减排潜力，甚至有的地区比如河北、河南，2004 年无减排潜力，而到 2013 年碳减排潜力增加。这表明这些地区的火电行业相对来讲能源效率出现了倒退。

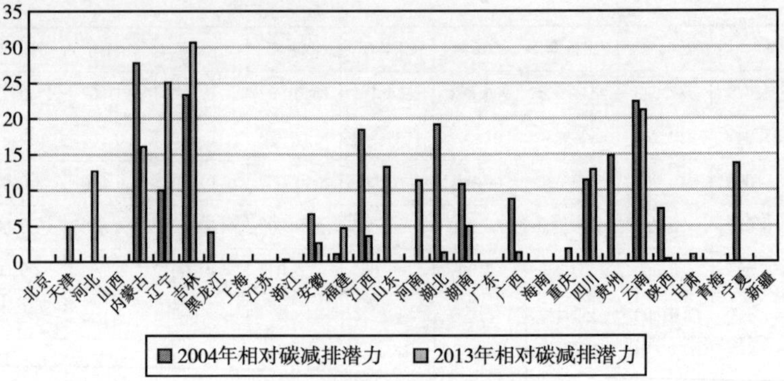

图 6－3　火电行业相对减排潜力

对于这些减排潜力为 0 的地区如果要继续减排将会造成经济损失，即所谓的减排机会成本。而对于具有一定减排潜力的地区可以通过加强管理水平、改进节能低碳技术来实现碳排放的下降。因此国家在制定碳减排责任的时候，要将全国分为无减排潜力区域，和有减排潜力区域，对这两个地区实行相互协调的减排机制。一种可能的减排机制是为无减排潜力的区域提供资金和技术支持来帮助提升能源效率低减排潜力大的区域。

6.4 小　　结

本章通过对火电行业的能源效率和碳减排潜力的研究得出如下结论：

（1）大部分北方省份和部分发达省份的火电厂能源效率较高，西部地区相对能源效率较高。可能的原因是西部一些地区清洁能源发电相对占比较大，所以火电厂的电力供给相对较小，因此火电厂的能源效率较高。而北方地区尤其煤电资源比较丰富的地区能源效率较高，因为这些地区的电力主要依靠热电厂的供给，新能源发电的比例较少。

（2）从历年平均值的变化来看，我国火电厂能源效率整体上比较平稳，呈现略微先上升后下降的变化趋势。这表明我国的火电厂由于政府政策的限制再加上环境规制的趋严，火电产业的经营面临着强大的压力。

（3）以营业额为期望产出的能源效率平均值明显小于以发电量为期望产出的平均值，这说明这些地区的电力受到电网输送能力的限制。在国家大力发展清洁能源的形势下，大部分发电企业的上网电价受到政策管控，再加上一些地区的火电厂规模盲目扩张，导致发电量过剩，因此营业额收入较小，电力企业亏损严重。

（4）从全要素生产率的历年变化及其驱动分解来看，能源全要素生产率呈现波动状态，其中纯技术进步率和规模效率进步率变动较为平稳，而技术进步率变动较大，主要原因在于企业内部的运营管理和规模投资一般比较稳定，而技术进步具有跳跃性。

（5）一些地区比如内蒙古的碳减排潜力最大，尤其是在 2012 年，达到了 10475.329 万吨碳排放，东三省的碳减排潜力也很大，此外，河南、云南的碳减排潜力也较大。东三省由于是传统重工业基地，因此能源消耗量大，而且随着近年来东北产业向外地转移或者没落，东北地区经济也因此出现相对下滑，人口流失严重，因此这些地区的减排潜力开始变大。而另外一些地区比如北京、上海、江苏、浙江、广东、海南、青海、宁夏、贵州、新疆等地区在 2013 年的碳减排潜力几乎为 0。对于这些减排潜力为 0 的地区如果要继续减排将会造成经济损失，即所谓的减排机会成本。而对于具有一定减排潜力的地区可以通过加强管理水平、改进节能低碳技术来实现碳排放的下降。因此，国家在制定碳减排责任的时候，要将全国分为无减排潜力区域和有减排潜力区域，对这两个地区实行相互协调的减排机制。一种可能的减排机制是为无减排潜力的区域提供资金和技术支持来帮助提升能源效率低减排潜力大的区域。

7.

中国火电行业分区域能源拥挤效应研究

7.1 引　言

火力发电是目前中国电力市场的主要供电来源，为保证中国经济发展和人民生活起到了重要的作用。即使火力发电备受人们诟病，但是与其他清洁新能源的不稳定、存在安全隐患、技术不成熟等缺点相比，火力发电具有安全可靠、成本低的优势，依然是中国地方政府保持电力供给稳定的可靠选择。2015 年中央政府将火电企业装机容量的审批权下放给地方政府，地方政府积极主动批准了大量的火电发电项目。仅 2015 年 1 月，地方政府就审批了 28 个火电项目（Green Peace，2016）。虽然火力发电产生了大量的碳排放和环境污染物，中国的火电装机容量长期以来占世界第一，甚至有些地区比如新疆的装机容量甚至大于美国。这些大规模的火电发电行业造成了严重的产能过剩，据估计，为了应对已经审批获建的火电项目上中国将会浪费 9000 亿元资金。

与中国火电行业不断规模扩张不同的是，中国火电企业的产能利用率（实际利用量比最大利用量）在 2015 年降到历史新低，仅为 49.4%。这种规模的扩张带来产能的过剩现象让人不得不怀疑，中国的火电行业是否存在能源拥挤效应。

正如本章前面所述，提高能源效率是减少碳排放的重要途径，事实上能源效率的提高有很多方面，比如生产技术、能源种类等都会对能源效率产生影响。而且这方面的研究已经很多，本章认为能源拥挤是影响能源效率的重要因素。所谓能源拥挤是指随着能源要素的增加，决策单元的产出水平并没有增加，反而保持不变或者出现下降的现象（Zhou et al.，2017）。有关拥挤效应的文献综述详见第7.1节。据笔者查阅相关文献，有关火电厂能源拥挤的研究较少。而火电厂是典型的高耗能高排放行业，化石能源的消耗不仅能够产生人们希望的电力，还有难以控制地产生碳排放。因此，能源拥挤根据决策单元的产出不同，可以分为期望能源拥挤和非期望能源拥挤。两种拥挤具有本质的区别，能源期望拥挤是相对非期望产出即碳排放而言，提高能源投入，碳排放能够下降。这种生产情形是人们期望的拥挤效应。而对于能源非期望拥挤指的是传统拥挤效应，即随着能源要素的投入，期望产出即发电量却呈现下降现象。对于决策者而言能源非期望拥挤是一种资源的无谓浪费，可以通过调整技术效率和规模效率来改进，而能源期望拥挤意味着生产技术的提高或者能源品种的改良，预示着决策单位进行了生态技术创新。为了实现对两种拥挤效应理论和模型的构建，Sueyoshi 和 Goto（2016）引入自然处置和管理处置的理论来分别建立期望拥挤模型和非期望拥挤模型，但是该模型仅可以识别出那些决策单元发生期望拥挤和非期望拥挤，而且也没有将研究视角放在能源上。Zhou 等（2017）虽然建立能源拥挤模型，但是没有将能源拥挤区分为能源期望拥挤和能源非期望拥挤。本研究在以上研究的基础上，将引入自然处置和管理处置的理论，分别构建能源期望拥挤模型和能源非期望拥挤模型。并将 Cooper 类拥挤效应的方法融合到两种模型当中，从而能够实现定量测算能源拥挤的程度。

7.2 研究方法及数据来源

本章使用的能源期望拥挤和能源非期望拥挤研究方法详见本书第 5 章“中国制造行业能源拥挤效应研究”中 5.2.1 至 5.2.5 节有关方法的介绍部分，在此不再赘述。

本章主要选择 2004 ~2013 年中国 30 个地区的火电行业，其中西藏、香港地区、澳门地区、台湾地区等由于数据原因没有纳入样本范围。为了构建能源拥挤模型，参考以往能源效率选择的相关指标。投入指标选择劳动力、火电装机容量和能源消费，产出指标为营业额和碳排放。其中营业额为期望产出，碳排放为非期望产出。

数据来源详见本书第 6 章“中国火电行业分区域能源效率及减排潜力研究”6.2.2 节中的数据来源部分，在此不再赘述。

7.3 实证分析

7.3.1 能源拥挤的跨区域对比分析

1. 能源非期望拥挤

本节重点分析 2013 年中国 30 个地区的火电行业能源拥挤状况，如表 7 - 1 所示，正如上文所述能源无效可以分为技术无效和拥挤无效，表 7 - 1 展示了按照公式 5 - 11 测算的在自然处置下能源非期望拥挤的结果。从中可以看出，一些地区确实发生了能源非期望拥挤，比如内蒙古、黑龙江、山东、贵州、云南、陕西、甘肃、宁夏。这些地区除山东外，大多位于中国的中西部地理或者气候资源相对具有特色的偏远地区。这些地区发生能源非期望拥挤的可能原因是这些地区的清洁能源发电的比例相对较高，对火电厂的效益产生的挤出效应。如表 7 - 1 所示，内蒙古的风电占到 10% 以上，贵州的用电量有 25% 来自水力发电而宁夏具有 10% 的水电和 4% 的风电。另外由于这些地区相对比较落后而且民族关系较为复杂，火电厂的大规模扩张带来的污染可能激化当地民族的矛盾。例如，内蒙古的大型燃煤发电项目就在鄂尔多斯盆地和锡林盆地，这可能会引起内蒙古牧民失去栖息地的抗议。同时，新疆和宁夏也是少数民族的聚集地。因此，这些地区新的装机容量不应鼓励，要合理控制火电规模，提高火电能源效率。

同时，正如上文提到能源效率低下的原因可以被分解为技术无效和拥挤无效。按照能源无效率的来源可以将无效地区分为三种类型。第一类为技术无效区域，这些地区包括天津、安徽、福建、河南、湖北、重庆。第二类为能源拥挤无效区域，包括黑龙江、山东、贵州、云南，应降低燃煤企业的产业规模。第三类为混合无效区域，包括陕西、内蒙古、甘肃、宁夏、新疆等。对于第一类区域，管理者应该加强运营管理效率，提升企业的管理水平。对于第二类区域，管理者应该合理控制火电企业投资规模，从而提升规模效率水平，对于第三类区域，管理者不仅要提高内部的运营管理绩效，还要合理控制火电厂规模，节约能源浪费。

表 7－1　　自然处置下的能源非期望拥挤

地区	s_n^{e*}	ζ_n^*	UEC	水电比例（%）	风电比例（%）	火电比例（%）
北京	0.00	0.00	0.00	1	1	98
天津	80.75	80.75	0.00	0	1	99
河北	0.00	0.00	0.00	0	6	93
山西	0.00	0.00	0.00	2	2	96
内蒙古	1693.30	6.26	1687.00	1	10	89
辽宁	0.00	0.00	0.00	5	6	84
吉林	0.00	0.00	0.00	16	7	76
黑龙江	176.82	0.00	176.82	3	8	88
上海	0.00	0.00	0.00	0	1	99
江苏	0.00	0.00	0.00	0	1	95
浙江	0.00	0.00	0.00	6	0	81
安徽	86.91	86.91	0.00	2	0	98
福建	41.89	41.89	0.00	22	2	72
江西	0.00	0.00	0.00	14	1	85
山东	544.33	0.00	544.33	0	2	97
河南	91.62	91.62	0.00	4	0	96
湖北	61.97	61.97	0.00	53	0	47

续表

地区	s_n^{e*}	ζ_n^*	UEC	水电比例（%）	风电比例（%）	火电比例（%）
湖南	0.00	0.00	0.00	34	0	66
广东	0.00	0.00	0.00	8	1	78
广西	0.00	0.00	0.00	38	0	62
海南	0.00	0.00	0.00	10	3	87
重庆	47.72	47.72	0.00	30	0	70
四川	0.00	0.00	0.00	77	0	23
贵州	618.43	0.00	618.43	25	1	74
云南	31.82	0.00	31.82	76	2	22
陕西	365.75	198.58	167.16	6	1	94
甘肃	393.95	89.10	304.85	30	10	59
青海	0.00	0.00	0.00	72	0	23
宁夏	974.34	235.69	738.65	2	5	92
新疆	1635.10	131.25	1503.80	10	4	85

2. 能源期望拥挤

在分析能源期望拥挤的时候，要时刻清晰认识到能源期望拥挤是企业碳减排处置能力的提升，期望拥挤的数量衡量了该决策单元具有更好的处理污染的能力。如表 7－2 所示为 2013 年中国 30 个地区的火电行业的能源期望拥挤，从中可以看出一些地区如河北、内蒙古、吉林、安徽、福建、河南、陕西、甘肃等已经存在生态技术创新的可能性，达到了令人满意的碳排放处理能力。而更多的地区并未发生能源期望拥挤。

从中我们也可以看出造成能源期望拥挤的因素中，有一些是运营管理的贡献，有一部分是生态技术创新的贡献，比如内蒙古投入相对碳排放而言总的无效数量为 1181 万吨，其中管理改善带动了 88 万吨，而 10.93 百万吨是由生态技术创新（即明确的煤炭技术或更高的能效设备）驱动的。因此，通过定量化的期望拥挤测算，可以帮助企业管理者提高精准的管理水平。

表 7－2　　管理处置下的能源期望拥挤

地区	s_n^{e*}	ζ_n^*	DEC
北京	0.00	0.00	0.00
天津	0.00	0.00	0.00
河北	270.17	93.24	176.93
山西	0.00	0.00	0.00
内蒙古	1180.85	88.00	1092.85
辽宁	0.00	0.00	0.00
吉林	266.16	93.50	172.66
黑龙江	0.00	0.00	0.00
上海	22.73	45.45	0.00
江苏	0.00	0.00	0.00
浙江	0.00	0.00	0.00
安徽	99.49	0.00	99.49
福建	224.53	93.26	131.27
江西	0.00	0.00	0.00
山东	0.00	0.00	0.00
河南	836.90	0.00	836.90
湖北	0.00	0.00	0.00
湖南	0.00	0.00	0.00
广东	0.00	0.00	0.00
广西	0.00	0.00	0.00
海南	0.00	0.00	0.00
重庆	0.00	0.00	0.00
四川	0.00	0.00	0.00
贵州	0.00	0.00	0.00
云南	0.00	0.00	0.00
陕西	284.96	93.32	191.64
甘肃	117.20	93.19	24.01
青海	0.00	0.00	0.00
宁夏	0.00	0.00	0.00
新疆	93.16	93.19	0.00

7.3.2 能源拥挤的跨时间对比分析

在本节中主要通过分析2004~2013年的面板数据来测量中国的能源拥挤。如图7-1所示，通过对比2004~2013年三大区域（东部、中部和西部地区）的非期望拥挤的变化可以发现一些有趣的现象。中部地区能源非期望拥挤量逐年下降。这意味着近年来由于严格的环保法规，过度投资的燃煤装机容量逐渐受到控制。特别是在2011年，中部地区没有发生非期望拥挤。其次，除2011年以外，东部地区均没有发生能源非期望拥挤，表明这些地区的能源消费得到充分利用。但是2006年以来，西部地区的能源非期望拥挤保持在最高水平。甚至在2011年，中西部地区几乎没有发生非期望拥挤的情况下，东部地区依然具有较高的能源拥挤数量。

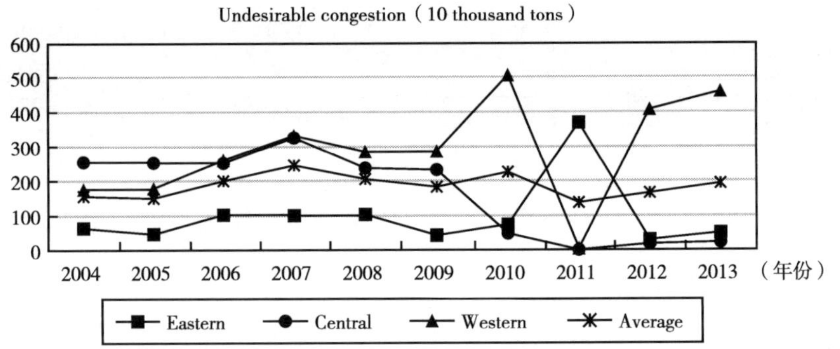

图7-1　2004~2013年火电行业非期望拥挤

注：东部地区包括北京、天津、河北、辽宁、上海、江苏、浙江、福建、山东、广东、海南。中部地区包括山西、吉林、黑龙江、安徽、河南、湖北、湖南。西部地区包括内蒙古、广西、重庆、四川、贵州、云南、陕西、甘肃、青海、宁夏、新疆。

从能源期望拥挤的变化轨迹来看，如图7-2所示，从2004~2013年，三大区域的能源拥挤量表现出几乎相同的变化。一种可能的原因是期望拥挤的动力是生态技术创新，具有显著的溢出效应特征，由于电力部门在中国的垄断特征（不同地区的大多数燃煤企业都属于同一电力公司），因此各地区火电企业表现出类似的生产技术。

此外，中国火电行业的期望拥挤量在逐年增加。这意味着越来越多的地区通过技术创新来减少碳排放。另外，2011 年三大地区的期望拥挤量都达到了最高水平，与此同时，非期望拥挤的情况刚好相反，中西部地区在 2011 年的非期望拥挤量几乎等于零。这种现象说明了我们生态技术或环境法规方面存在转折点。事实上，“十一五”计划（2006～2010 年）提出的国家目标表明，到 2005 年年底，单位国内生产总值（能源强度）的能源消耗将在 2010 年底下降 20%。第十二个五年计划（2011～2015），中国政府进一步确定碳排放强度（即单位国内生产总值能源消耗）降低 17% 的目标，并在 2015 年前将能耗降低 16%。燃煤电厂在最严峻环保法规出台后调整了发展战略。这也在一定程度上促进了火电企业的清洁化、低碳化生产。

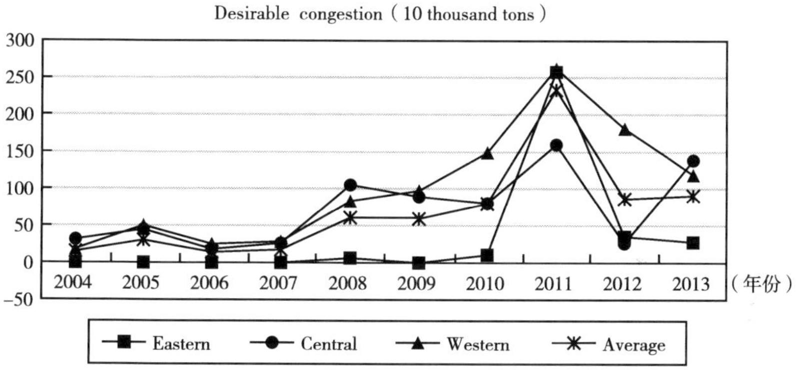

图 7－2　2004～2013 年中国火电厂的能源期望拥挤

如果对比 2004 年、2013 年的能源期望拥挤数量和能源非期望拥挤数量，如图 7－3、图 7－4 所示，可以看出 2004 年期望拥挤数量和发生的频率均远远低于非期望拥挤数量和发生的频率，但是到 2013 年两种拥挤发生的频率几乎相等，仅在数量上有些差异。这些表明，虽然火电行业的生态技术得到了一定程度的提高，但是要想实现电力的清洁化生产还有很远的路要走。

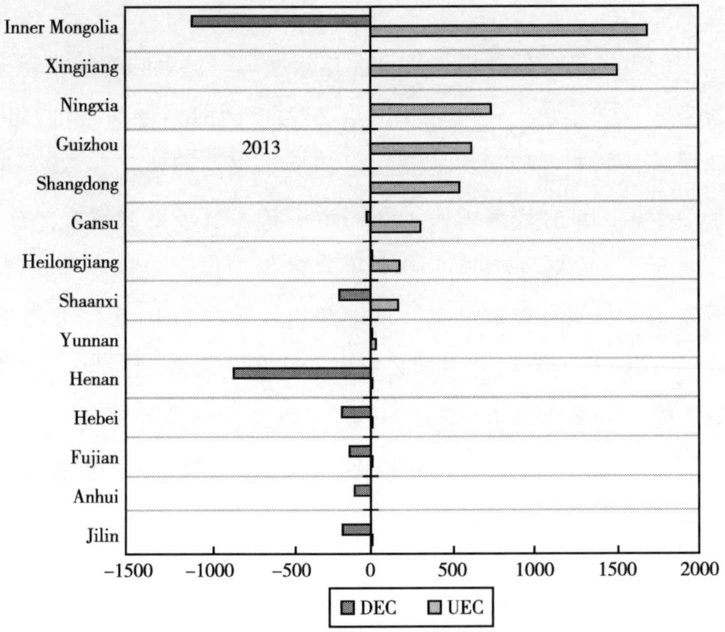

图 7-3　2013 年中国火电行业能源期望拥挤和能源非期望拥挤

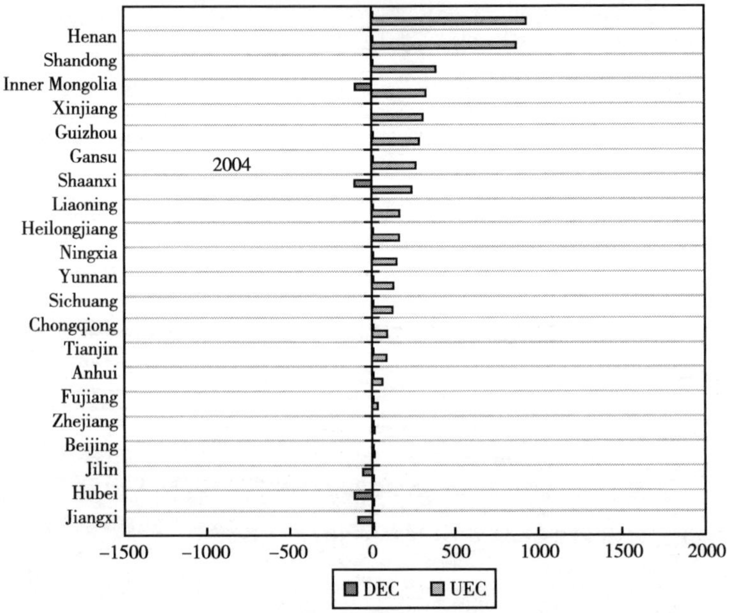

图 7-4　2004 年中国火电行业能源期望拥挤和能源非期望拥挤

7.4 小 结

2017 年 5 月，国家能源局下发了“2020 年煤电规划建设风险预警”通知，旨在预防和解决燃煤电力产能过剩，促进有序发展。报告主要提出燃煤电力装机容量充足指标和资源约束指标作为燃煤电力规划风险预警指标体系的约束指标。所以燃煤工业的能源拥堵数量可以作为未来评价火电行业或者企业的重要风险预警指标之一。本章通过建立自然处置的能源非期望拥挤和管理处置下的能源期望拥挤模型，来对我国火电行业进行定量的测算和分析，主要结论如下：

（1）一些地区的火电行业确实存在非能源拥挤，而且这些地区大多数是在欠发达地区或边界地区。能源非期望拥挤是对资源的一种无谓浪费，因此，发生能源非期望拥挤的地区不应再鼓励扩大装机容量规模，而对这些地区的火电企业进行能源和环境监测，促进节能减排技术的创新。

（2）中国火电行业的发生能源期望的地区并不多，主要包括河北、内蒙古、吉林、安徽、福建、河南、陕西、甘肃等地区，能源期望拥挤的发生表明这些地区具有生态技术创新的潜力。相比之下，大部分地区并没有发生期望的能源拥挤。尽管如此，中国火电行业的能源期望拥挤数量在逐年增加，这意味着越来越多的地区通过技术创新来减少碳排放。

（3）另一个有趣的现象是，从 2004 ~ 2013 年，三大区域的能源期望拥挤趋势几乎相同，这表明生态技术具有很强的溢出效应。生态技术总是在一些先进地区突破，并迅速溢出到其他地区。因此中国政府要实现生态技术的创新，就要重点支持有条件的地区进行重点技术攻关。

总之，对于相关利益主体分析能源期望拥挤和能源非期望拥挤具有重要的指导价值，具体来说，对于燃煤电厂管理者，可以帮助他们确定非期望拥挤的来源，并制定碳减排战略，以提高运营效率。对于有关政府部门可以有助于发现哪个地区应该控制或减少燃煤电厂的投资规模，哪些地区有潜力发展先进的生态技术，达到国家节能减排的总体目标。另外，也可以将能源非期望拥挤指标作为风险预测系统的重要参考。

8.

中国区域能源全要素生产率及其收敛性研究

8.1 引　言

众所周知，传统化石能源是全球碳排放增加的重要来源。中国作为世界上最大的能源消费和碳排放发展中国家（Hu and Lee，2008；Li，2010；Wang and Watson，2010；Wang et al.，2012），资源环境已经成为制约国民经济质量提升的重要因素。为控制温室气体、实现经济的可持续发展，2009 年以来中国政府提出未来中国温室气体排放行动目标，即到 2020 年中国单位国内生产总值二氧化碳排放比 2005 年下降 40% ~45%，并将其作为约束性指标纳入国民经济和社会发展的长期规划中。

为实现这一目标，中国政府自 2006 年起实施了节能减排和碳排放控制若干规定。“十一五”（2006 ~2010 年）提出了与 2005 年相比，到 2010 年年底将单位国内生产总值能耗（能源消耗强度）降低 20% 的国家目标，并将该能源消耗强度降低目标逐级分配到各级政府，不同省份的减少幅度在 16% ~22%。“十二五”（2011 ~2015 年）规划，中国政府在 2015 年年底进一步确定了与 2010 年年底相比降低碳排放强度 17% 的目标，与 2015 年年底相比降低了 16% 的能源消耗目标。这些国家目标也是在中国各省区域层面，按照省级经济发展规定的强制性节能减排和碳排放减排制度进行的分类分配。

但是这一目标的实施并不容易。一方面，中国的经济增长在很大程度上取决于能源消耗。例如，2015 年中国一次能源消耗量达到 43 亿吨标准煤，增幅约占世界总增量的 34%。此外，中国的能源强度是世界平均水平的 2.5 倍。另一方面，中国的经济发展和能源效率在各个地区之间有很大差异。如图 8 - 1 所示，山东在 2014 年消耗的能源最多（36511 万吨标准煤），是海南省消耗最少能源（1820 万吨标准煤）的 20 倍。此外，区域能源强度也有很大差异。具体来说，宁夏的能源强度最高（每万元人民币 2.65 元），北京的能源强度最低（每万元人民币 GDP 为 0.47）。相信区域不断扩大的差距将对中国的经济效益和区域平等产生负面影响。因此，如何提高能源效率和减少区域差异是中国节能减排的关键问题。

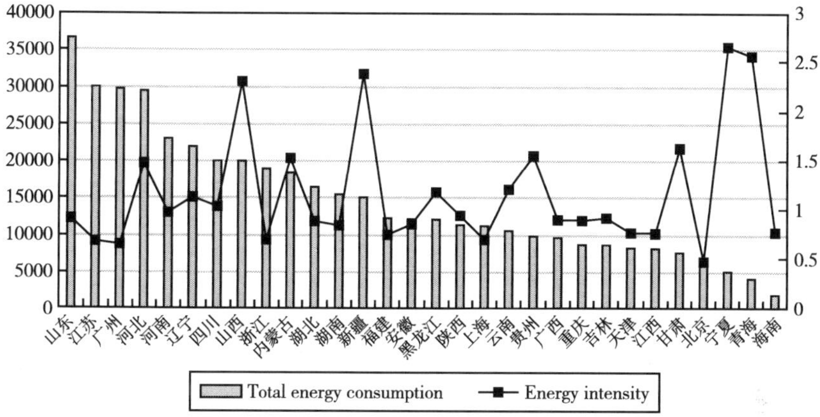

图 8 - 1　中国区域 2014 年能源消费和能源强度

尽管有大量文献集中于研究中国的能源效率或能源生产率（e. g. Han et al., 2015; Hernández - Sancho et al., 2011; Khoshnevisan et al., 2013; Liu and Wang, 2015; Zha et al., 2016），尽管区域能源效率收敛性对于能源政策制定者来说相当重要（Herreriasa et al., 2017），但是对区域的收敛性研究并不充足。在以往研究中，王锋和冯根福（2013）通过构建双导向、非径向、同权重的能源与环境 DEA 窗口模型，评估了 2000 ~2010 年中国各省区在横截面和时间序列上都可比较的能源与环境效率，结果表明，辽宁、上海、福建、云南在这一时期的能源与环境效率比较高，而青海、山西、内蒙古、新疆和宁夏的能源与环境效率比较低。齐绍洲、罗威（2007）用面板数据模型测算了我国 30 个省份 1995 ~

2002 年的数据，发现西部与东部地区的能源消费强度差异随人均 GDP 的收敛也会收敛，但是西部不同省份在经济增长过程中的能源使用效率收敛特征存在差异。但是以上研究均未涉及能源生产率与区域收敛性的关系。事实上，一些学者（Miller and Upadhya，2002；Easterly and Levine，2001）认为，全要素生产率（TFP）的趋同是推动欠发达地区赶上发达地区的主要力量。然而，追赶效应的影响是双面的。一方面，与发达地区相比，由于生产技术相对较差，欠发达地区的技术重置成本较低（Lin and Zhang，2006），这是贫困地区赶上富人的内在动力。另一方面，西部地区的环境污染成本远低于其他地区，因此吸引了许多能源密集型或污染密集型产业从东向西移动（Kaneko et al.，2010），即所谓的梯度转移理论，这必将对西部地区能源效率产生负面影响。因此，我国的当前能源政策是否造成区域发展的不公平，落后地区是否存在追赶效应，这些问题需要进行深入研究。

本文依据 Emrouznejad 和 Yang（2016）构造的 RAM－GML 指数来测算考虑 CO_2 的能源全要素生产率，研究能源全要素生产率的内部结构及变动规律，重点揭示能源生产率与区域收敛性的内在关系。

8.2 研究方法及数据来源

2000 年以来中国工业化和城镇化进入快速发展的阶段，也是碳排放和能源环境问题最为突出的时期，因此研究这一时期的碳排放的能源全要素生产率更具有典型性和时代性。因此本文选择的样本期为 2000～2014 年中国 30 个省份的面板数据（由于西藏数据缺失，暂不考虑在内）。参考 Wang 等（2013a，2013b），Yang 和 Wang（2013），Zhang 和 Choi（2013b）能源效率指标选取方法，本章选取的投入产出指标包括三个投入和两个产出，其中投入指标主要有劳动力、资本存量和能源消费。产出指标包括地区 GDP 和碳排放量。但是本章与大多数研究不同的是，碳排放指标不仅包含了能源消费产生的碳排放，还考虑了水泥生产过程产生的碳排放。

（1）能源消费总量，单位万吨标准煤，其中 2001～2002 年部分缺失数据采用两期平均值代替。

（2）劳动力，采用各地区劳动就业人数表示，具体计算公式为：城镇单位就业人员数 + 私营与个体人员数之和。

（3）资本存量，采用单豪杰（2008）的估计方法，选择折旧率为 0.1096，公式按照永续盘古法：$K_t = K_{t-1} \times (1 - 0.1096) + M_t$，其中 K_t 为第 t 年的资本存量，M_t 为第 t 年的实际固定资本形成总额（其中重庆和四川按照 GDP 份额测算的）。

（4）地区 GDP，利用 GDP 平减指数将其转化为 2005 年为基期的实际 GDP。

（5）碳排放估算方法详见 3.2.2 节

相关数据来自历年《中国统计年鉴》《中国能源统计年鉴》《中国环境统计年鉴》《中国劳动统计年鉴》、国研网数据库。

8.3 实证分析

8.3.1 GML 指数及其分解

将 GML 指数及其分解指数按照 2000～2004 年、2005～2009 年、2010～2014 年三个时间段划分如表 8－2 所示（分别对应“十五”“十一五”“十二五”国民经济发展计划）。本章测算的 GML 指数及其分解指数结果均按照本书第 4 章公式（4－21）和（4－22）计算得到。

2000～2004 年，GML 指数轻微下降，从 0.9998 下降到 0.9899，这反映了能源全要素生产率在此期间没有得到有效改善。此阶段正是经济的扩张时期，依靠要素大量投入的快速工业化、城市化阶段，很少考虑对环境的负面影响。PEC 呈现上升趋势，从 0.9934 上升到 1.0060，这说明区域的运营管理能力达到有效提升。BPC 从 1.0086 下降到 0.9842，这表明此阶段并未出现在期望产出增加碳排放减少的方向上生产技术前沿面的前移。SCH 出现提高但是增速有轻微的下降。

此阶段由于旺盛的经济需求带来的工业规模收益的增加从而导致规模效率的提升。

2005～2009年，GML指数从2005年的0.9923上升到2008年的1.0020，但是2008～2009年却下降到0.9932，主要原因为2008年的世界性金融危机，造成经济增速下降。PEC从2005年的1.0076下降到2009年的1.0001，BPC则从0.9851上升到0.9951。SCH从1下降到0.9981。此阶段前期主要是环保意识增强，国家的环境规制政策不断加强，导致能源全要素生产率提高，2008年以后主要受全球经济危机的影响，而导致经济下滑。

2010～2014年，GML指数呈现轻微波动，最高点出现在2012～2013年，数值为0.998，但是到2013～2014年却下降到0.996。PEC出现下降，从1.0030到0.9983。BPC则从0.9952上升到1.0051。SCH从0.999略微下降到0.9979。此阶段是经济发展模式转型期，碳减排作为约束性指标写入国民经济发展规划，各地区争相开展低碳经济建设，探索实现经济与环境协调发展的新路径。

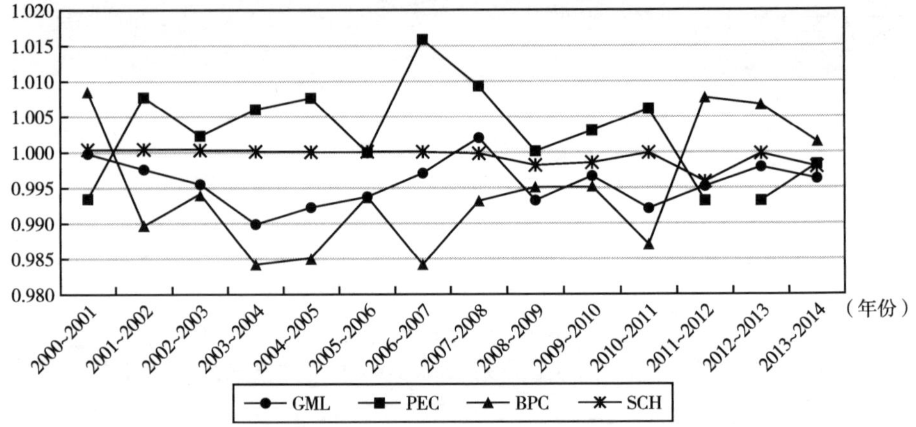

图8－2　GML指数平均变化及其分解

从整体上看我国的GML指数在2001～2014年出现轻微波动，平均下降0.4个百分点。能源全要素生产率的提高是综合的长期过程，目前中国的经济粗放型发展模式还未实现根本性转变。这与李斌等（2013）的绿色全要素生产率测算结果基本一致，而李兰冰（2015）的研究也表明能源效率并未出现"追赶效应"。GML指数最高点出现在2011～2012年，增长率是0.7%，2013～2014年的增长率下降了0.64%。最高点之所以会出现在2011～2012年，主要原因是“十二五”期间国家将减少碳排放密度、降低非化石能源比重作为强制性指标，要求各地区将目标进行分解。因此各地区纷纷开展以低碳、转型为发展目标的新一轮生产计划。2013～2014年的能源全要素生产率之所以会下降，主要原因可能是受国内外市场需求疲软，宏观经济恶化等因素影响。PEC呈现先上升再下降的趋势，BPC则出现先下降再上升的趋势。而SCH则出现持续下降趋势。这说明全局技术的生产前沿面逐渐前移，技术进步（BPC）在推动能源全要素生产率中发挥重要作用。规模效率（SCH）的下降说明依靠要素和能源大量投入的粗放型增长方式已经产生规模不经济。

从三大区域的划分来看，如图8－3所示，东部地区的GML最高，其次为西部地区，中部的GML最低。GML指数呈现了区域上的两端高中间低的特征。东部和中部地区的纯技术进步率较高，但是东部的规模效率进步率较低而中部的技术进步率较低。西部地区的技术进步率比较低。这说明东部和中部的管理能力较强，而西部作为经济相对落后地区，更容易出现“后发优势”实现“追赶效应”。

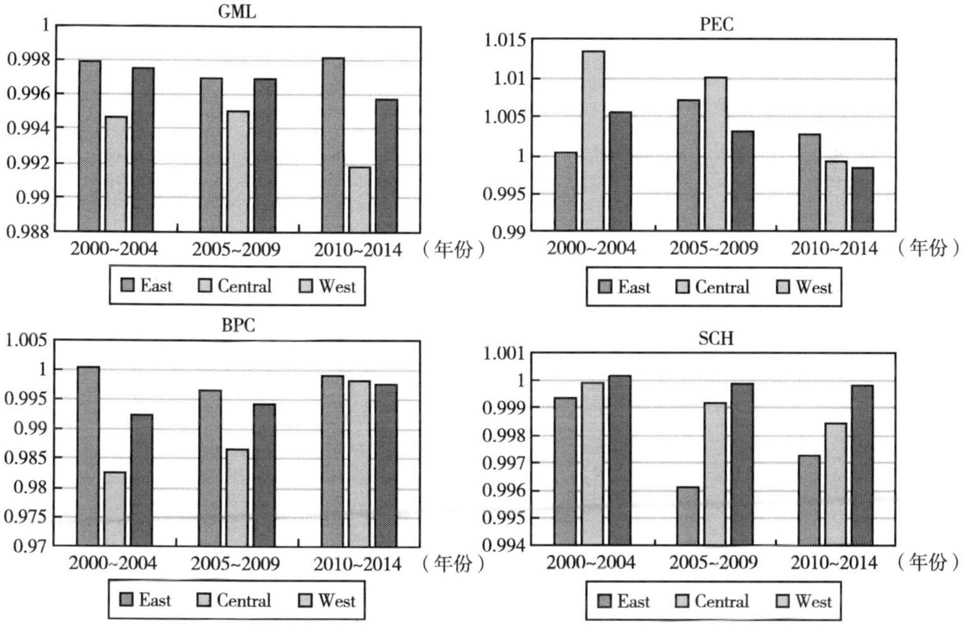

图8－3　中国区域GML指数及其分解

8.3.2 收敛性分析

一些学者研究表明落后地区的经济发展追赶发达地区的趋势来源于全要素生产率的收敛（Miller and Upadhya，2002；Easterly and Levine，2001），但是考虑碳排放的能源全要素生产率的综合影响更加复杂（Zhou et al.，2010）。一方面，落后地区技术整体水平较低，技术变迁和生产率提高的成本比发达地区要小（林毅夫和张鹏飞，2006），因此全要素生产率的增长率可能会出现追赶效应。另一方面，中国资源分布具有明显的地域特点，西部的资源禀赋程度要好于东部，同时落后地区的环境污染成本要小于发达地区（Kaneko et al.，2010），使高耗能高污染行业往往集中于经济较落后的地区，这又可能对全要素生产率的改进产生制约作用。因此，考虑碳排放的能源全要素生产率在区域层面和时间层面到底是否存在收敛机制是对有关区域政策的公平性的反映。

收敛问题被概括为三种假说收敛。收敛被解释为不同地区间人均收入的离差随时间的推移而趋于减小的过程，它是对产出存量水平的描述；收敛则是指初始经济水平低的地区比经济水平高的地区具有更高的人均增长率，因而经过一段时间的发展，落后地区就会赶上发达地区，达到以同样速度稳定发展的收敛状态。收敛又包含条件收敛与绝对收敛两种情况，条件收敛指当控制了一系列其他影响因素后，不同地区间呈现收敛现象，而绝对收敛指即使不控制这些条件因素，地区间也呈现出收敛的现象。收敛是收敛的必要条件，即要想使不同地区间人均收入水平最终趋于相同，必须保证落后地区有着比先进地区更快的收入增长率。

经济增长的收敛性一般也可分为两类：绝对收敛和条件收敛。绝对收敛指每个经济体的收入都会达到相同的稳态增长速度和增长水平。而条件收敛表示每个经济体都在朝各自的稳态水平趋近，这个稳态水平依赖于经济体自身的特征，意味着所有经济体的稳态水平是不同的，因此经济体的收入差距会持久存在。条件收敛和绝对收敛都属于绝对收敛的概念，相对收敛则测度条件收敛。对于收敛我们借助标准差进行测度，而收敛可以采用收敛回归模型深入剖析考察区域的收敛特性。

1. 绝对收敛

如图 8－4 所示，2001～2004 年 GML 的值出现先下降再上升的趋势，到 2004 年达到局部最大值。2005～2009 年相对比较平稳，在 2008 年达到局部最大值，2010～2014 年前 4 年出现稳步上升趋势，最高值出现在 2013 年，但是 2014 年却又急剧下降。从整体上看，将值与时间做回归得到系数为 0.0008，并且通过了系数的显著性检验，这说明我国各区域的全要素生产率差异有轻微扩大的趋势。

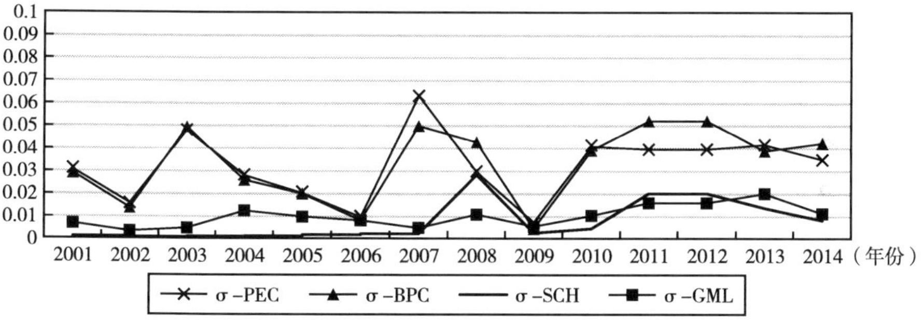

图 8－4　GML 指数及其分解的值变化

收敛给我们一个区域收敛性的直观初步认识，宏观经济主要关注的是 β 收敛，这种形式的收敛主要表现为落后地区的经济增长速度高于发达地区，从而导致前者的人均收入逐渐赶上后者。各区域能源全要素生产率是否能够达到同一个稳定的增长速度则要依靠绝对收敛来判断。根据 Salaimartin（1996）绝对收敛公式，可得全要素生产率及其分解的绝对收敛回归方程：

$$[\ln(GML_{iT}) - \ln(GML_{i0})]/T = \alpha + \beta\ln(GML_{i0}) + \varepsilon \quad (8-1)$$

其中，GML_{iT}表示第 i 个地区从第 0 年到第 t 年的平均增长率。$\ln(GML_{i0})$是第 i 个地区初始增长率的对数，若 $\beta<0$，则表示 0 到 T 时期存在绝对收敛。若 $\beta>0$，则表示 0 到 T 时期地区之间距离加大，存在发散状态。

选择 2001～2014 年为考察期，将时间分为四个时期，即 2001～2014 年、2001～2004 年、2005～2009 年、2010～2014 年。分别运用公式（8－1）进行截面回归模型估计，结果如表 8－1 所示。从整体上看，2001～2014 年全要素生产率 GML 及其指数 PEC、BPC 的系数值均小于 0，而 SCH 指数系数显著大于 0，说明地区之间的全要素生产率和技术效率进步率、纯技术进步率都存在绝对收敛，但是规模效率却没有足够的证据显示其存在绝对收敛。因此可以得知，区域之间的差异主要是由于生产规模的不同引起的。落后地区通过技术进步和管理效率的提升可以实现向发达地区收敛的“追赶效应”。从时间上，GML 在三个时期收敛的速度越来越快（分别为 20.77%、22.53% 和 24.32%），而 PEC、BPC、SCH 的收敛速度却呈现不同的变化趋势。

从三大区域来看，东部、中部地区之间 GML 指数呈现收敛趋势，而西部地区的收敛系数不显著，因此西部地区之间并未出现显著的收敛趋势。原因是东部和西部地区内部的差异较小，技术溢出效应较强，而西部地区的资源禀赋差异较大，地广人稀，经济落后，因此技术溢出效应较弱。

从 GML 的指数分解来看，三大区域的 PEC 和 BPC 均存在收敛现象，而东部和中部的 SCH 却呈现发散趋势，也即东部和中部地区内部的规模效率呈现不同的增长趋势，并没有形成统一稳定的增长速度。这主要因为东部和中部内部工业部门的规模效率差异较大，比如大、中、小企业投资规模不同，带来的规模效率也不同。

表 8-1　GML 指数及其指数分解绝对收敛

Time	GML	PEC	BPC	SCH
2001~2014	-0.0594*** (-4.98)	-0.1151*** (-3.59)	-0.1074*** (-3.41)	0.1409 (1.60)
2001~2004	-0.2077*** (-5.61)	-0.2550*** (-5.10)	-0.3137*** (-3.32)	-0.2787* (-2.04)
2005~2009	-0.2253*** (-11.98)	-0.1928*** (-33.10)	0.0349 (0.76)	-0.1613*** (-5.05)
2010~2014	-0.2432*** (-5.79)	-0.2182*** (-4.93)	-0.1251* (-1.90)	-0.0809* (-1.71)
东部	-0.0880*** (-4.60)	-0.0836*** (-7.19)	-0.0737*** (-6.89)	0.0877 (0.76)
中部	-0.0420*** (-3.65)	-0.1673*** (-3.58)	-0.1940** (-2.87)	0.0035 (0.03)
西部	0.0409 (0.39)	-0.0710*** (-6.06)	-0.0874*** (-12.50)	-0.0500*** (-6.69)

注：*t* statistics in parentheses

* $p<0.1$，** $p<0.05$，*** $p<0.01$。

2. 条件收敛

条件收敛主要考虑不同地区的初始要素禀赋、发展特征等差异，分析不同地区的全要素生产率是否会收敛于各自的稳定水平。与绝对收敛不同的是，条件收敛中不同的地区具有自己不同的稳态水平，它承认落后与发达地区的差距可能持续存在。条件收敛估计模型是面板数据估计（Miller and Upadhyay，2002），模型设定为：

$$\ln(GML_{it}) - \ln(GML_{it-1}) = \alpha + \beta\ln(GML_{it-1}) + \gamma Z_{it} + \varepsilon \quad (8-2)$$

其中 α 为面板数据的固定效应特征，反映了不同地区各自的稳定条件，β 为面板回归系数，如果 $\beta<0$ 表明存在条件 β 收敛，即不同地区的全要素生产率会收敛于自身的稳定水平。反之，若 $\beta>0$ 则表明各地区的全要素生产率将不会收敛于自己的稳定水平；Z_{it}为一组控制变量。

根据豪斯曼检验，模型（8－2）使用固定效应模型更为有效。用 STATA 软件分别估计 2002～2014 年、2002～2004 年、2005～2009 年、2010～2014 年四个时期的 GML\PEC\BPC\SCH 结果如表 8－2 所示。从中可以看出，90% 以上的全要素生产率及其指数分解的系数在 1% 的显著性水平下通过 T 检验，如果放宽显著性水平到 10%，则系数全部通过 T 检验。因此可以认为，全要素生产率存在条件收敛。从收敛速度上看，2010～2014 年的收敛速度为 52.17%，其次为 2005～2009 年的收敛速度为 46.96%，因此随着时间的推移，中国的全要素生产率的条件收敛速度在逐步加快。PEC 和 SCH 在 2002～2014 年间的收敛速度呈现倒“U”形，也即收敛速度为快－慢－快的非线性变化。而 BPC 则呈现快－快－慢的变化趋势。这些特征说明技术进步在近几年的区域全要素收敛中的作用逐渐下降，而纯技术进步率和规模效率的作用在加强。

随着经济的发展，不同地区的全要素生产力水平将会趋向于稳态发展。若将中国 30 个地区划分为东部、中部、西部地区，对三大区域进行条件收敛检验，结果如表 3 所示，三大区域的全要素生产率也通过了系数的显著性检验，因此可以认为中国三大区域也存在条件收敛。从收敛速度上，中部全要素生产率收敛速度最快，其次是东部，最后是西部。从全要素生产率指数分解来看，东部的技术进步收敛速度最快，而西部和中部的规模效率收敛速度最快。

因此从以上分析可以看出，各地区将收敛于自己的稳定状态。纯技术进步和规模效率的作用在不断加强，而技术进步的空间却在逐渐变小。三大区域也收敛于自己的稳定状态，而且收敛速度越来越快，尤其是中部地区的速度比其他地区要快。这主要是因为中部地区更容易承接东部转移的产业和技术，提高能源效率。而东部区域可能达到了技术上的瓶颈，能源效率收敛的速度在下降。

表 8-2　　GML 指数及其指数分解条件收敛①

Time	GML	PEC	BPC	SCH
2002 ~ 2014	-0.4350*** (-16.34)	-0.5541*** (-20.66)	-0.5681*** (-21.23)	-0.5501*** (-20.97)
2002 ~ 2004	-0.1634* (-1.84)	-0.7087*** (-12.57)	-0.6516*** (-10.91)	-0.4295*** (-5.35)
2005 ~ 2009	-0.4696*** (-12.04)	-0.6145*** (-14.53)	-0.6703*** (-16.35)	-0.6137*** (-13.78)
2010 ~ 2014	-0.5217*** (-10.50)	-0.6386*** (-12.86)	-0.6221*** (-12.63)	-0.5641*** (-12.49)
东部	-0.3543*** (-7.89)	-0.5786*** (-13.76)	-0.6003*** (-14.13)	-0.5389*** (-11.87)
中部	-0.5220*** (-12.65)	-0.5407*** (-11.05)	-0.5373*** (-11.23)	-0.7282*** (-24.55)
西部	-0.3222*** (-7.50)	-0.4012*** (-10.17)	-0.4064*** (-9.38)	-0.6295*** (-13.63)

注：*t* statistics in parentheses

* p < 0.1，*** p < 0.01。

8.4 小　结

本章首次运用基于 RAM 模型构建的 GML 指数分析了中国 30 个地区 2000 ~

① 根据公式（10）可见样本期损失一个自由度，所有 GML 指数计算的时间为 2002 ~ 2014 年。

2014 年能源全要素生产率指数及其指数分解的变动趋势，并对地区之间能源全要素生产率的差异及其收敛性进行了分析。得出的结论如下：

（1）考虑碳排放的 2001 ~2014 年中国能源全要素生产率总体上比较平稳，平均下降了 0.4 个百分点，仅有北京、辽宁、湖北、海南、福建、湖南、四川 8 个区域呈现上升趋势。GML 指数最高点出现在 2011 ~2012 年，增长率是 0.7%，2013 ~2014 年的增长率下降了 0.64%。2013 ~2014 年的能源全要素生产率之所以会下降的主要原因可能受国内外市场需求疲软，宏观经济恶化等因素影响。从三大区域的划分来看，东部地区的 GML 最高，其次为西部地区，中部的 GML 最低。GML 指数呈现了区域上的两端高中间低的特征。东部和中部地区的纯技术进步率较高，但是东部的规模效率进步率较低而中部的技术进步率较低。

（2）2000 ~2014 年地区之间的全要素生产率和技术效率进步率、纯技术进步率都存在绝对收敛，但是规模效率却没有足够的证据显示其存在绝对收敛。因此可以得知区域之间的差异主要是生产规模的不同引起的。从三大区域来看，东部、中部地区之间 GML 指数呈现收敛趋势，而西部地区的收敛系数不显著，因此西部地区之间并未出现显著的收敛趋势。从 GML 的指数分解来看，三大区域的 PEC 和 BPC 均存在收敛现象，而东部和中部的 SCH 却呈现发散趋势，也即东部和中部地区内部的规模效率呈现不同的增长趋势，并没有形成统一稳定的增长速度。

（3）2000 ~2014 年全要素生产率存在条件收敛。而且中国的全要素生产率的条件收敛速度在逐步加快。PEC 和 SCH 在 2002 ~2014 年的收敛速度呈现倒“U”形，也即收敛速度为快—慢—快的非线性变化。而 BPC 则呈现快—快—慢的变化趋势。这些特征说明技术进步在近几年的区域全要素生产率收敛中的作用逐渐下降，而纯技术进步率和规模效率的作用在加强。中国三大区域也存在条件收敛，从收敛速度上，中部全要素生产率收敛速度最快，其次是东部，最后是西部。从全要素生产率指数分解来看，东部的技术进步收敛速度最快，而西部和中部的规模效率收敛速度最快。

鉴于我国考虑碳排放的能源全要素生产率出现下降趋势，说明我国经济发展依然是粗放型的资源投入型增长方式，没有根本上改变能源消费结构。因此建立合理的能源消费结构，实施科学的环境规制政策是提高能源效率、促使地方经济向要素节约型转变的必要途径。另外，目前的碳排放约束政策没有导致区域之间不平衡，各区域之间的差异在逐渐缩小。因此考虑到不同的区域发展状况，应该加强区域之间的信息和技术等方面的沟通和合作机制。东部地区承担技术创新的先头兵，加快节能技术创新，并将先进技术或者先进产业传播给东部和西部区域。而中部和西部地区在承接东部区域的产业转移时，加强环境规制力度，避免沦为“污染天堂”。

9.

低碳省试点建设对能源全要素生产率的影响研究

9.1 引言

中国作为世界上最大的能源消费和碳排放发展中国家（Hu and Lee，2008；Li，2010；Wang and Watson，2010；Wang et al.，2012），为控制温室气体、提高能源效率、促进经济可持续发展而制定有效的区域减排政策是中国政府面临的重要挑战。为了实现2020年单位GDP二氧化碳排放量比2005年降低40%～45%的目标，2010年国家发改委首次批准广东、湖北、辽宁、陕西、云南5省和天津、重庆、杭州、厦门、深圳、贵阳、南昌、保定8市开展低碳试点建设。2012年又增加了北京市、上海市、海南省三个省级行政区和石家庄市、秦皇岛市等28个地级市为第二批国家低碳省区和低碳城市试点。到目前为止，中国已有6省36市开展了低碳试点省市工作。低碳试点建设和碳市场机制完善成为中国实现巴黎气候大会碳减排承诺的重要实践支撑。

我国主动应对气候变化问题，并自2007年起出具了一系列政策性文件进行指导。国家高度重视全国碳交易市场机制建设，在一系列重要政策和文件中都强调了要深化碳交易试点，并且就如何对碳排放权交易市场进行建设提出相应的要求，为建设全国碳市场、发展碳交易市场机制奠定了政策基础。本章对相关政策进行梳理，我国与碳交易有关的政策性文件及内容如表9－1所示：

表 9 - 1　　中国碳交易相关政策文件

时间	文件	内容
2007 年 6 月	《中国应对气候变化国家方案》	明确了到 2010 年中国应对气候变化的具体目标、基本原则、重点领域及其政策措施。
2008 年 10 月	《中国应对气候变化的政策与行动》	介绍气候变化对中国的影响、中国减缓和适应气候变化的政策与行动，以及中国对此进行的机制建设。
2010 年 7 月	《关于开展低碳省区和低碳城市试点工作的通知》	对低碳试点地区的工作提出具体要求。
2011 年 10 月	《关于开展碳排放权交易试点工作的通知》	批准七个省市开展碳排放权交易试点工作，拟定 2013 ~ 2015 年为碳交易试点阶段。
2011 年 12 月	《"十二五"控制温室气体排放工作方案》	明确到 2015 年中国控制温室气体排放的总体要求和主要目标，提出"探索建立碳排放交易市场"。
2014 年 3 月	《中央全面深化改革领导小组 2014 年工作要点》	制定全国碳排放权交易管理办法。
2014 年 9 月	《关于印发国家应对气候变化规划（2014 ~ 2020）的通知》	提出到 2020 年应对气候变化工作的主要目标。
2014 年 12 月	《碳排放权交易管理暂行办法》	明确配额管理、排放交易、监督管理等碳交易环节的管理机制。
2015 年 3 月	《2015 年政府工作报告》	提出"扩大碳排放权交易试点"。
2015 年 5 月	《中共中央国务院关于加快推进生态文明建设的意见》	提出要通过建设碳交易试点，对将来建立全国统一的碳排放权交易市场进行推动。
2015 年 9 月	《生态文明体制改革总体方案》	提出要对全国碳排放权交易总量设定方法进行研究，并且也需要合理制定与之对应的配额分配方案，需要对现有的碳市场监管体系进行完善。
2015 年 9 月	《中美气候变化联合声明》	计划于 2017 年正式建立起全国统一的碳排放权交易市场。
2015 年 10 月	《中共中央十八届五中全会公报》	提出"建立健全用能权、用水权、排污权、碳排放权初始分配制度"。
2016 年 1 月	《关于切实做好全国碳排放权交易市场启动重点工作的通知》	确保 2017 年启动全国碳排放权交易，实施碳排放权交易制度，切实做好启动前重点准备工作。
2016 年 11 月	《"十三五"控制温室气体排放工作方案》	对推进低碳发展工作做出全面部署，提出 2017 年启动全国碳排放权交易市场，2020 年力争建成制度完善、交易活跃、监管严格、公开透明的全国碳排放权交易市场。

资料来源：相关政策文件内容整理所得。

可以看出，我国自《“十二五”规划纲要》提出要逐步建立碳市场，对碳排放权交易体系建设的重视程度便不断加大，逐步对我国碳交易体系进行政策指导，对全国统一碳市场的建立进行铺垫。

在配额分配方面，各试点因地制宜，制定了各自的相关规定。一般而言，对多数行业根据其历史排放分配配额，对产品单一的行业采用基准线法分配配额，具体配额分配形式如表9－2所示：

表9－2　　2016年我国碳试点配额分配方法

试点	方法	免费分配	有偿分配
北京	历史法：既有设施 基准线法：新增设施	逐年分配	暂无拍卖机制。
天津	基准线法：电力、热力行业 历史法：其他行业	逐年分配	暂无拍卖机制。
上海	历史法：除电力外的工业行业 基准线法：电力、航空业等	一次性发放三年配额	拍卖7220吨（2014年）。
重庆	政府总量控制与企业竞争相结合	逐年分配	暂无拍卖机制。
湖北	历史法：非电力行业 标杆法和历史法：电力行业	逐年分配	政府预留30%配额拍卖，拍卖200万吨（2014年）。
广东	历史法：钢铁、石化行业 基准线法：电力、水泥行业	逐年分配	配额总量3%拍卖，拍卖5次，共1112万吨（2013年）。 电力行业配额总量5%、其他行业配额总量3%拍卖，拍卖6次共403.8万吨（2014、2015年）。
深圳	企业竞争：制造业 排放标准：建筑业	逐年分配	拍卖7.5万吨（2014年）。
福建	历史法：除电力水泥外的工业行业 基准线法：电力、水泥行业	逐年分配	暂无拍卖机制。

资料来源：各碳试点交易所网站资源整理所得。

低碳试点地区的政策主要包括编制低碳发展规划，加快建立以低碳排放为特征的产业体系，实行控制温室气体排放目标责任制，探索有效的政府引导和经济激励政策，研究运用市场机制推动控制温室气体排放目标的落实，密切跟踪低碳领域技术进步最新进展，积极推动技术引进消化吸收再创新或与国外的联合研发。这些政策具有系统性、区域性和复杂性，目标就是为了控制碳排放，实现中国经济向低碳模式转型。从各地编制的试点工作方案看，各地均提出了高于全国平均水平的碳强度下降目标，第二批低碳试点省市还明确提出了碳排放峰值目标或总量控制目标。围绕实现碳减排和碳排放峰值目标，试点地区大力推进产业结构和能源结构调整，力争形成促进发展方式转变的倒逼机制。

目前，低碳试点引起了学术界的广泛关注和讨论。现有文献主要集中于试点地区低碳发展路径的述评规划（薛冰，2012；刘健等，2012；章文光，2014）、试点省市的碳排放量测算分析（宋祺佼，2015）以及碳排放与经济增长的脱钩分析（刘竹，2011；王赣华，2013；刘骏，2015）等方面，很少有文献从经验上考察低碳试点政策的实施效果，冯彤（2017）对低碳试点城市的碳排放强度进行检验，戴嵘和曹建华（2015）通过对首批碳试点进行政策对碳排放量的影响分析。以往对低碳试点研究不多的主要原因是统计资料的公布存在滞后性，此前没有足够的数据支撑这一研究。直到试点推行之后 5 年（2010 ~ 2014 年）的数据全部获得，当下利用经验数据对此加以实证研究具有一定的时效性。与其他研究重点不同，本章侧重点在研究低碳试点政策对能源全要素生产率的影响。

有关环境政策对能源全要素生产率的影响主要有两种。一方面环境规制使得企业不得不支付一部分资金用于治理其产生的污染物，导致生产成本的提高，从而降低企业生产效率，这种观点既是“遵循成本说”，也是传统经济学从静态角度提出的分析思路（Gray，1987；Jorgenson and Wilcoxen，1990；Barbra and McConnell，1990）。另一方面，合理的环境规制政策能够产生“倒逼机制”，即刺激企业进行创新，不仅能抵消因成本提高带来的负面影响，还能促进技术进步和产业结构升级，从而提高企业生产效率和竞争力，这种观点被称为是“创新补偿说”（Beman and Bui，2001；Brunnermeier and Cohen，2003）。

环境政策对生产率的影响效果不仅取决于经济体异质性等因素，还取决于生产率评估的方法。不同的评价方法，即使区域条件相同，评价结果也往往不同。因此如何测算全要素生产率对于构建科学合理的评价体系至关重要。考虑碳排放（非期望产出）的全要素生产率实际上是能源全要素生产率。能源全要素生产率是利用尽可能少的能源资源投入，生产尽可能多的期望产出和尽可能少的碳排放。依据对生产前沿面构建的不同，全要素生产率的测算一般分为参数方法和非参数方法。前者主要应用参数估计技术，比如随机前沿分析法（SFA）来测算经济增长中的全要素生产率，但是受到严格的理论假设和模型设定偏误等因素的影响而往往导致参数的估计量有偏或者无效（周五七，2014）。后者通过系统内部之间的比较而测算全要素生产率，其中非参数的数据包络分析（DEA）能够方便地拟合含有非期望产出的多投入多产出的生产活动，还可以避免模型设定偏误和随机干扰项不满足经典假定的尴尬，并且还可以对全要素生产率增长的动力来源做进一步的分析（Zhou，2008），因此在考虑非期望产出的全要素生产率中得到广泛的应用。目前考虑非期望产出的 DEA 模型，已经应用于分析包括环境绩效评价、环境管制影响评价、污染物排放定额分配、污染物影子价格估计等环境系统评价问题（宋马林，2012）。

有关环境政策对全要素生产率的影响研究，主要有陈诗一（2010）基于方向性距离函数对改革以来中国实行的一系列节能减排政策有效地推动了工业绿色生产率的持续改善，特别是从 20 世纪 90 年代中期到 21 世纪初，中国工业绿色生产率增长最快并达到顶峰，且重工业生产率、效率和技术进步增长首次全面超过轻工业，初步彰显环境政策的绿色革命成效。朱智洺和张伟（2015）利用 GML 指数，研究了碳排放规制对中国工业行业全要素生产率的影响。研究结果表明：碳排放规制有利于工业行业全要素生产率的增长，且规制条件越严格效果越明显；强碳排放规制下，技术效率得到了促进而对技术进步的影响不显著，对技术效率的促进是全要素生产率提高的动力，而弱碳排放规制对全要素生产率的提高机理相反。李玲和陶锋（2012）认为环境规制能否促进产业技术进步和效率改进，关键在于环境规制强度的正确选择，只有选择与产业特性和产业节能减排相适应的环境规制强度才能真正促进技术进步和效率改进，实现经济和环境的双赢。刘传江等（2015）测算了各省份的环境规制强度指数和碳生产率，研究了环境规制和经济增长对碳生产率的影响。环境规制与碳生产率之间均存在“U”形关系，碳生产率的库兹涅茨曲线假说亦得到了验证。当前全国及东部、中部、西部地区环境规制抑制了碳生产率的提升，全国及东部、中部地区经济增长有利于碳生产率的提升，但西部地区经济增长抑制了碳生产率的提升。

从以上研究可以发现，大多数学者关注环境规制对效率或者生产率的影响，但是缺乏低碳省试点建设对能源全要素生产率的研究。低碳省试点建设与以往环境规制有所区别，低碳省试点建设的环境规制具有探索性、综合性和灵活性，因此很难用单一指标来表示出环境规制的水平。而低碳省建设表现在制度设置、产业结构优化、环境违法行政处罚以及市场化交易手段的探索，因此需要综合性效果指标来反映其政策绩效。另外，以往对于能源全要素生产率的测算采用 SBM - DDF - GML 指数来表示，但是这个指数可能会存在无可行解（infeasibility）、忽视松弛变量（slacks）和非一致性（inconsistency）问题，Emrouznejad 和 Yang（2016）引入了 RAM - GML 指数，可以有效解决以上三个问题，因此本文依据 Emrouznejad 和 Yang（2016）构造的 RAM - GML 指数来测算能源全要素生产率，实现对以往研究能源全要素生产率的改进，并采用双重差分法分析低碳省试点建设对能源全要素生产率的影响状况，从而对全国统一碳市场建设提出完善的意见。

9.2 研究方法及数据来源

双重差分模型是评估一项政策是否有效的非常重要的研究方法。国内外有大量文献运用双重差分法来检验政策效果。Eissa 和 liebman（1996）的研究在国际上是被广泛引用的两位作者，他们运用双重差分方法对美国年税制改革的政策效果进行了研究，发现美国 1986 年的税制改革提高了单身有孩子妇女的劳动参与率。Card 和 kruege（2000）则运用双重差分法对最低工资法进行了研究，他们利用新泽西和宾夕法利亚的快餐行业数据发现，提高最低工资并没有相应的减少就业。李楠和乔榛（2010）通过构建双重差分模型（Differences - in - Differences），对始于 20 世纪末第三阶段国有企业改革绩效进行评估。夏飞等（2015）运用双重差分模型分析了西部地区“资源诅咒”现象。

本章研究的是低碳试点政策对能源全要素生产率的影响，因此重点考察 2010

年和2012年两批试点区域低碳政策实施效果。第一批试点地区在2010年确定在广东、湖北、辽宁、陕西、云南5省和天津、重庆、杭州、厦门、深圳、贵阳、南昌、保定8市开展低碳试点工作。第二批试点在2012年又增加了北京市、上海市、海南省三个省级地区和石家庄市、秦皇岛市等26个地级市第二批国家低碳省区和低碳城市试点工作。为了研究一致性，本文选择的低碳试点区域为省级实验区。因此第一批实验区包括广东、湖北、辽宁、陕西、云南、天津、重庆共计7个省级区域。第二批试点包括北京、上海、海南三个省级区域。

双重差分模型基本设定为：

$$Y_{it} = \beta_0 + \beta_1 T_{it} + \beta_2 G_{it} + \beta_3 TG_{it} + \gamma Z_{it} + \varepsilon_{it} \qquad (9-1)$$

其中，T_{it}为试验期时间虚拟变量，若$T_{it}=0$表示实验前，则$T_{it}=1$表示实验后。G_{it}为组别虚拟变量，若$G_{it}=0$表示为控制组，$G_{it}=1$表示实验组。$TG_{it}=T_{it}\times G_{it}$，若$TG_{it}=1$表示实验组在试验后的取值，$TG_{it}=0$表示其他情形。$Z_{it}$为控制变量，$\varepsilon_{it}$为随机干扰项。其中$\beta_3$即为双重差分估计量。当$\beta_3$显著不为0时，说明某一政策的实施对被解释变量有显著的影响。否则说明政策的实施都对被解释变量没有显著影响。通过虚拟变量的引入，双重差分模型估计量已经剔除了实验组和控制组的实验前差异（pretreatment differences）的影响。

第一种模型：首批试点检验模型。

$$Y_{it} = \beta_0 + \beta_1 T1_{it} + \beta_2 G1_{it} + \beta_3 T1G1_{it} + \gamma Z_{it} + \varepsilon_{it} \qquad (9-2)$$

$$T1_{it} = \begin{cases} 1，\text{2010 年之后} \\ 0，\text{2010 年之前} \end{cases} \qquad G1_{it} = \begin{cases} 1，\text{首批试点区域} \\ 0，\text{非首批试点区域} \end{cases}$$

$$T1G1_{it} = T1_{it} \times G1_{it}$$

第二种模型：逐年试点检验模型。借鉴朱宁宁等（2009）的做法，对时间虚拟变量重新设置，还可以考察政策实施在各年里的效果及其变化趋势，具体方法如下：

$$\begin{aligned} Y_{it} = {} & \beta_0 + \beta_1 TT1_{it} + \beta_2 TT2_{it} + \beta_3 TT3_{it} + \beta_4 TT4_{it} + \beta_5 TT5_{it} + \beta_6 TT1_{it} \times G2 \\ & + \beta_7 TT2_{it} \times G2 + \beta_8 TT3_{it} \times G2 + \beta_9 TT4_{it} \times G2 + \beta_{10} TT5_{it} \times G2 \\ & + \beta_{11} G2_{it} + \gamma Z_{it} + \varepsilon_{it} \end{aligned} \qquad (9-3)$$

设置5个时间虚拟变量$TT1_{it}$，$TT2_{it}$，…，$TT5_{it}$在2010~2014年分别取值为

1，其余年份取值为1，其余年份取值为0，使得交叉项$TT_{it} \times G2$的系数分别表示政策实施在试点第一年至第五年的效果。

模型（9-1）中的控制变量Z_{it}主要有研发资本存量R&DC、能源消耗强度TECH、环境规制水平REGUL、产业结构CHANYE、人均GDP。研发资本存量R&DC采用资本存量的估算方式，选定基期为1998年，折旧率为15%，数据来源于余泳泽（2015）。由于缺乏2014年数据，采用近5年增长率进行核算得出2014年各地区研发资本存量。环境规制水平采用人均排污费征收来表示。产业结构用第二产业占GDP比重来表示。另外凡是用名义价格表示的数据用GDP平减指数或者固定资产价格指数进行价格折算。相关数据来自《中国环境年鉴》《中国环境统计年鉴》《中国统计年鉴》《中国区域统计年鉴》。

9.3 实证分析

对于GML指数及其指数分解，这些指数要求大于0，因此需要运用面板Tobit回归。由于面板数据中存在的截面相关性和异方差很有可能影响模型的估计，使用聚类稳健标准误差（LSDV）估计对其进行修正。而对于其他无约束的被解释变量面板模型是随机效应还是固定效应用豪斯曼检验进行判断。对于本研究的豪斯曼检验结果表明应用随机效应模型更加可靠。对于随机效应模型则可以采用广义最小二乘法（GLM）方法进行模型参数估计。

（1）第一批试点政策效果。

根据模型9-2得出如表9-3所示的回归结果。第一批低碳省试点政策对于能源全要素生产率的影响并不显著，按照试验点地区和非试验点地区分组来看，两者之间具有显著差异。按照全要素生产率的分解指标来看，PEC和BPC在2010年前后具有显著的差异，而规模效率变化SCH没有明显的结构变化。因此从整体上来看，第一批低碳试点区域政策并没有显著提高全要素生产率。那么试点政策到底起到什么样的效果呢，将人均碳排放作为被解释变量，运用双重差分模型进行估计得到结果如模型（E）所示，可以看出时间与组别的乘积项T1G1

的系数的 P 值为 0.051，在 10% 的显著性水平下通过了系数的显著性检验，因此可以认为低碳试点区域对于控制碳排放具有明显的效果。主要是由于各试点地区均提出了较为严格的“十二五”碳强度下降目标，制定了切实可行的配套政策措施。第二批试点省市通过设定碳排放峰值目标，以倒逼方式加快转变经济发展方式，优化产业结构和能源结构，控制煤炭消费和高耗能产业发展。另外，各试点实施并建立温室气体排放清单及统计核算体系。这些政策的强约束能够在碳排放总量控制上起到应有的效果，但是这种末端治理政策在短期内很难转变经济发展结构，促进能源全要素生产率的提高。

表 9-3　　第一批试点政策效果

变量	(A) GML	(B) PEC	(C) BPC	(D) SCH	(E) CO_2
G1	0.4264*** (3.80)	-0.2938 (-0.96)	0.4812 (1.47)	0.1114 (1.03)	-0.7730 (-0.85)
T1	0.1949 (1.49)	-1.0275*** (-3.22)	1.1934*** (3.67)	-0.0131 (-0.26)	1.5993*** (6.13)
G1T1	0.3421 (1.04)	0.5030 (1.46)	-0.5763 (-1.27)	0.2893 (1.50)	-0.7561* (-1.95)
RD	0.0001 (0.38)	0.0008** (2.11)	-0.0003 (-0.75)	-0.0005 (-1.60)	-0.0022*** (-7.44)
TECH	-0.0329*** (-4.09)	-0.0176 (-1.33)	-0.0195 (-1.59)	0.0045 (1.10)	0.0976 (1.05)
PW	-0.0157** (-2.00)	-0.0096 (-0.47)	0.0026 (0.10)	-0.0001 (-0.03)	0.1921*** (13.70)
CHANYE	-1.4242** (-2.00)	0.9100 (0.45)	0.2095 (0.10)	-1.9168 (-1.41)	2.1627 (0.99)
RGDP	0.0454 (0.92)	-0.2847* (-1.72)	0.3542* (1.94)	0.0707 (1.35)	1.8517*** (9.75)
_cons	100.3447*** (382.50)	100.7200*** (114.14)	98.5176*** (105.92)	100.7384*** (183.80)	-0.3701 (-0.35)
F	12.0207	3.4079	5.4011	1.9018	
p	0.0000	0.0008	0.0000	0.0582	0.0000

注：*t* statistics in parentheses

* p<0.1，** p<0.05，*** p<0.01。

(3) 逐年试点检验模型。如表 9－4 所示，从逐年估计的结果来看，2010年、2011 年、2012 年对于 GML 全要素生产率的影响都是显著的，但是 2013～2014 年的影响却是不显著的。双重差分项对于全要素生产率的影响均不显著。2011 年、2012 年对 PEC 和 BPC 的影响显著，其他年份和双重差分项影响均不显著。2010～2014 年人均碳排放均有显著影响，实验组和控制组的人均碳排放也具有显著差异，双重差分项对于人均碳排放具有显著影响的时间段在 2013 和 2014 年。通过时间结构的分析发现，低碳试点省份与其他区域的在控制碳排放方面的差异主要集中在 2013～2014 年，而 2013 年以来正好是我国碳市场交易机制试点工作的开始。开展碳排放权交易试点，是完善低碳发展体制机制的重要探索。各试点省市结合自身特点和条件，积极探索碳市场交易机制，在行业选择范围、纳入交易的企业、配额分配的方法和标准、允许抵扣的自愿减排指标比例、登记注册系统的设计等，充分体现了“量体裁衣、因地制宜”原则。在各方的积极努力和协调配合下，7 个碳交易试点省市均制定完成了交易管理办法，确定了交易企业范围，开展了企业碳排放盘查，制定了配额分配方案。截至 2014 年 4 月底，深圳、上海、北京、天津、广东、湖北已正式上线交易，已累计共成交 303 万吨，成交额合计 9975 万元，实现了市场平稳运行。由于这些市场化机制的设计能够使污染企业外在成本内在化，激发了企业自主减排的动力。

表 9－4　　试点区域的时间效应

变量	(A) GML	(B) PEC	(C) BPC	(D) SCH	(E) CO_2
TT1	－0.6877*** (－3.92)	0.6794 (0.53)	－1.4163 (－1.21)	0.0474 (0.34)	1.6285*** (4.21)
TT2	0.9595*** (3.74)	－1.8188* (－1.90)	3.1959** (2.53)	－0.3354 (－0.96)	1.6958*** (4.23)
TT3	0.9667*** (3.73)	－1.8134* (－1.94)	3.1582** (2.55)	－0.3182 (－0.95)	1.2044*** (2.92)
TT4	－0.0031 (－0.01)	－0.9307 (－0.89)	0.5781 (0.61)	0.2768 (0.49)	1.4204*** (3.33)
TT5	－0.1278 (－0.59)	－1.5434 (－1.42)	1.2481 (0.95)	0.0881 (0.83)	1.5215*** (3.42)

续表

变量	(A) GML	(B) PEC	(C) BPC	(D) SCH	(E) CO_2
G2	0.3893 *** (3.10)	-0.1399 (-0.45)	0.4135 (1.35)	0.0733 (0.74)	-1.6082 * (-1.92)
TT1G	0.1882 (0.72)	-1.1568 (-0.91)	1.0245 (0.85)	0.1034 (0.59)	-0.3128 (-0.49)
TT2G	0.4453 (0.60)	1.1022 (1.08)	-1.7067 (-1.18)	0.7256 (1.39)	-0.6191 (-0.98)
TT3G	0.3832 (0.53)	1.0262 (1.06)	-1.6939 (-1.20)	0.7606 (1.39)	0.1894 (0.30)
TT4G	0.7326 (1.35)	0.3151 (0.29)	-0.0537 (-0.05)	0.2836 (0.68)	-2.0061 *** (-3.16)
TT5G	-0.4579 (-1.24)	0.9150 (0.79)	-1.5358 (-1.12)	-0.0363 (-0.12)	-2.5804 *** (-4.06)
RD	0.0001 (0.97)	0.0008 ** (2.07)	-0.0003 (-0.60)	-0.0005 (-1.54)	-0.0020 *** (-7.02)
TECH	-0.0319 *** (-3.59)	-0.0210 (-1.55)	-0.0160 (-1.19)	0.0043 (0.88)	0.0749 (0.81)
PW	-0.0132 ** (-2.06)	-0.0086 (-0.42)	0.0028 (0.11)	0.0009 (0.26)	0.1884 *** (13.56)
CHANYE	-0.4590 (-0.50)	0.8769 (0.46)	0.2497 (0.12)	-1.3460 (-1.31)	-0.1825 (-0.08)
RGDP	-0.0314 (-0.45)	-0.2677 (-1.58)	0.3024 * (1.80)	0.0439 (0.83)	2.0515 *** (10.33)
_cons	99.9520 *** (259.45)	100.6826 *** (130.01)	98.5302 *** (118.86)	100.5129 *** (237.81)	0.7853 (0.72)
F	20.6015	4.5030	19.6096	8.4234	
p	0.0000	0.0000	0.0000	0.0000	0.0000

注：*t* statistics in parentheses

* $p<0.1$，** $p<0.05$，*** $p<0.01$。

从以上分析可以看出，低碳试点区域建设对于能源全要素生产率并没有显著的影响。也就是说，目前低碳试点政策还没有形成企业节能创新的有效动力。但是通过双重差分模型对各地区人均碳排放进行分析，可以看出，低碳省建设有效地控制了碳排放量的增加，尤其是2013年以后，低碳省的碳排放减少更加明显。

原因可能是低碳省政策大多采用行政命令或者财政补贴的方式进行，比如河北等地区高碳产业，政府在环保的压力下强制对于污染企业进行产能限制、裁员、关闭等强硬措施。这些政策在去产能、去污染方面具有一定的效果，但没有从本质上实现经济增长方式的转变，没有以绿色技术创新驱动节能减排，因此这种政策仅仅是末端治理，没有实现综合治理。因此要想提高能源全要素生产率，就要加大研发投入，调整能源结构，加大国内外技术合作，并通过合理的市场机制调整资源的优化配置，促进能源生产率的提高。

9.4 小结

本章运用 RAM－GML 指数测算了考虑碳排放的能源全要素生产率，通过双重差分模型检验了低碳省试点建设对能源全要素生产率影响研究。结果表明：2010 年以来国家低碳省的区域发展政策并没有起到良好的效果，能源全要素生产率没有得到显著改善，但是人均碳排放得到了一定的控制。低碳省试点建设对能源全要素生产率没有产生显著影响的原因可能如下：（1）能源全要素生产率的提高是一个长期的过程，不能急于求成。由于传统工业的转型和技术改造具有一定的“锁定效应”，可变资本可以短期内调整，但是长期固定资本需要经过一定的使用年限才能更新，而且即使更新设备对于一定企业来说要做内部核算、评估、决策等一系列流程，因此受限于数据年份的缺失，检验效果存在一定的偏差。（2）低碳试点省建设大多流于形式，而很难完成实现低碳技术创新的任务。从试点工作组织申请情况看，地方政府积极申报低碳试点工作的内在动力之一就是对于相关资金和政策的诉求。一些地区对低碳发展认识不足，无视自身条件，产业基础和比较优势，片面追求高技术、高附加值的新兴产业，甚至将一些污染产业包装成高科技产业。

再加上近年来国内外宏观环境的恶化，我国需求疲软，环境规制趋严，很多传统企业利润率下滑，造成地方政府的经济增长速度下调，房地产、钢铁、煤炭、水泥、化工等传统产业规模缩减，很多已经出现亏损、裁员的现象。在经济周期下行趋势下，地方政府在环境保护和经济增长的双重压力下，地方政府对于高污染企业可能采取财政软约束，在一定程度上对我国的节能减排政策产生抵消效应。

因此，要想提高能源全要素生产率，就要加大研发投入，调整能源结构，加大国内外技术合作，并通过合理的市场机制调整资源的优化配置。在总结低碳试点省份和碳市场试点区域的经验基础上，制定合理的碳市场运行机制，依靠市场机制，转变经济增长模式，实现清洁生产，提高企业的创新能力。

10.

中国省级区域初始碳配额分配方案研究

10.1 引　言

人类活动导致的碳排放增多是引起气候变化的主要原因。为应对气候变化实现温控目标，减少碳排放是全人类必须承担的共同责任。中国政府积极参与全球气候治理，并提出约束性减排目标：2020 年中国的碳排放强度相比 2005 年将下降 40%～45%，到 2030 年将下降 60%～65%。为实现这一目标，中国政府同时发挥政府和市场的双重作用。在市场机制设计方面，早在 2013 年中国已开始进行区域碳试点建设，在此基础上，全国统一的碳市场已于 2017 年正式启动。在统一碳市场建设初期，由于区域发展不平衡、不协调导致了各个省级区域在经济结构、发展阶段和能源使用特征等方面存在诸多差异，届时有关不同省级区域的碳减排责任分担将成为各级地方政府利益博弈的焦点和热点，而碳配额分配方案的科学合理与否恰恰是有关碳市场有效运行的关键前提。目前，统一碳市场的配额分配方案主要涉及行业层面，作为中国政府最重要的行政单元——省级区域的配额分配方案尚未达成有效共识，而省级区域在未来碳减排政策执行方面将发挥着重要的作用，因此本章以中国大陆 30 个省级区域为研究对象，试图核定出不同省级区域的减排责任分担，并对比分析责任原则、效率原则以及综合原则下配额分配的减排成本效应，甄选出兼顾责任与目标、公平与效率的省级区域初始碳配额分配方案。本章将对建立公平有效的碳配额分配机制、实现国家总量目标控制、激发碳市场活力、推动区域协同减排等方面具有重要意义。

国际上有关碳减排责任的争议主要体现在碳排放的历史责任核算基期（当期责任还是历史责任）和空间转移（生产地责任还是消费地责任）两个方面。在碳排放的历史责任核算基期方面，以发达国家为主导的《联合国气候变化框架公约》确定的“共同而有区别的责任”实际上以“当期责任”作为不同经济体碳责任的分担原则。显然“当期责任”忽略了发达国家的历史责任（王文举和李峰，2015），也限制了发展中国家未来的发展空间。由于气候变化是地球碳排放在时间和空间维度上累积到临界值的质变过程，工业国家 200 多年以来累积的碳排放对当今气候变化具有不可推卸的责任（潘家华和郑艳，2009）。历史碳排放给这些国家带来了发展中国家难以企及的高质量高福利（Wei et al.，2014），因此这些发达国家应该也有能力为当今的全球气候变化承担更多的碳减排责任。基于历史排放责任原则，Wei 等（2014）通过对历史基期的不同划分研究了全球 137 个国家的碳配额分配中的责任承担问题，并对 2050 年国家碳配额账户进行估算，结果发现大多发达国家的碳排放账户出现赤字，而发展中国家碳排放账户出现盈余。Hu 等（2017）以中国区域的人均 GDP 作为标杆分别设置 H1995、H2000 和 H2005 三种历史责任计算基期来测算中国区域的历史碳排放责任，得出了与国家间的责任分担相似的结论。但以上研究均没有将区域之间的碳转移责任考虑在内，事实上，由于分工专业化和资源差异化，频繁的区域间商品贸易隐含了大量的碳排放，区域之间的隐含碳转移或碳泄露已经引起了国内外学者广泛关注（彭水军等，2015；王文举和向其凤，2011）。从中国区域碳排放转移视角，大部分学者均认为经济发达地区向欠发达地区（肖雁飞等，2014；姚亮、刘晶茹，2010）或者能源富集区域和重化工基地向经济发达区域和产业结构不完整的欠发达区域转移了大量碳排放（石敏俊等，2012）。基于对责任承担主体的理解不同，区域转移责任划分主要有生产者责任、收入责任和消费责任等。其中生产者责任，也称为领地责任（Eder and Narodoslawsky，1999）认为生产者必须为其直接生产活动中的碳排放承担责任。收入责任认为由于下游（downstream）排放被高收入水平激活，而消费责任则认为上游（upstream）排放被消费激活，因此他们应该承担更多的环境责任（Munksgaard and Pedersen，2001）。总体来看，收入或者消费原则在区域碳减排责任核算方面操作起来难度较大，多应用于国际碳税征收。生产者责任虽然没有考虑经济泄露和间接环境效应，但有利于工业结构转型和低碳技术创新。尽管区域之间存在大量碳转移，但目前研究缺乏将碳转移责任纳入配额分配机制中。

在研究方法方面，以往文献运用多区域投入产出模型（MRIO）的能源生产侧和消费侧来估算区域之间的碳转移或碳泄漏，其基本逻辑是如果某地区生产需求的碳排放大于消费需求的碳排放，说明该地区属于碳转出区域；如果某地区消费需求的碳排放大于生产需求的碳排放，说明该地区属于碳转入区域。该理念具有合理性和公平性，但是中国的《投入产出表》每五年编制一次，因此当需要研究碳转移动态效应时，无法反映省际之间的连续碳转移变化（张为付等，2014）。杨继生、徐娟（2016）在研究区域间环境成本转移效应时通过测算某地区实际污染水平与“公平的污染水平”的差异来表征不同行为主体（政府、企业、城镇居民和农村居民）的污染转移。借鉴这一思路，如果能够估算出与区域经济社会发展水平相对应的“合理碳排放量”就可以通过实际碳排放量与“合理碳排放量”的差异来表征省域间的碳转移效应，目前文献尚未从这一视角研究区域碳转移。

清晰划分减排责任是政府实施公平分配政策的重要环节，但也是一项复杂的工作。实践中，一般将累积人均碳排放、人口、GDP（或者人均 GDP）、污染者付费、祖父原则（grandfathering）、碳排放密度等指标或标准作为配额分配公平性的体现。其中人均累积碳排放是认可度较高的公平分配指标（Ding et al.，2009；Pan et al.，2017）。比如，Baumert（1999）提出历史碳排放较高的国家应该承担更多的碳减排责任；Schmidt 和 Heitzig（2014）也认为区域配额分配应该基于历史排放份额。也有一些学者从区域经济差异性出发，认为配额分配要与参与者 GDP 份额的比例相匹配从而反映出经济发展的差异性（Zhou and Wang，2016），而 Zhou 等（2013）通过多指标的对比，则发现人口和历史排放原则看起来比其他指标更能体现公平原则。但这些公平指标并未将转移责任包含在内。尽管公平原则能够体现出区域平等的发展权，但一些学者指出公平原则可能会导致激励机制的扭曲（Han et al.，2017；Qin et al.，2017）。相比而言，效率原则强调碳减排的潜力，在同样的碳排放水平下，更高的碳效率意味着将会有更多的经济产出（Cucchiella et al.，2018）。在衡量指标方面，碳强度即单位 GDP 碳排放常被用来估计碳排放效率，但是单一指标并不能反映出生产要素的综合绩效（Zhang and Wei，2015），为此基于多投入多产出的数据包络分析（DEA）技术被用来评估碳排放效率。比如，林坦和宁俊飞（2011）运用 ZSG - DEA 模型对欧盟国家碳排放权的分配效率进行评价。Miao 等（2016）和 Wang 等（2013）将 ZSG - DEA 应用到中国区域碳配额分配效率研究中。在这一分配机制下，碳排放效率较高的个体将会分配更多的碳配额，从而产生“马太效应”加剧已存在的贫富差异。考虑到经济活动的复杂性，运用模糊优化法、综合指数法、加权 Russell 方向性距离模型和熵值法等技术将效率和公平指标融合起来逐渐成为配额分配的主流研究范式。总之，尽管由于对公平和效率理解不同，分配标准众说纷纭，但是合理有效的分配方案必须要体现区域的减排责任和发展效率。一方面，将历史累积排放责任与转移责任考虑在内体现了更广泛意义的发展公平性；另一方面，中国虽然 GDP 总量排名世界第二，但中国人均 GDP 低于世界平均水平，经济发展仍然是中国经济走向的主旋律。碳分配权等同于发展权，碳配额的区域分配实际上是某种意义上的区域经济格局重构。是否考虑责任原则，如何将责任与效率原则结合起来既满足经济低值地区物质发展的需要，又能保持经济高值地区的发展惯性和积极性是摆在眼前的重要问题。

配额分配实际上是一种经济发展的约束机制，在现有技术水平下，减少碳排放意味着支付经济成本。从宏观层面来讲，政策制定者需要清晰认识不同的分配方案可能的实施成本，通过成本最小化甄选出合理的配额分配方案；从微观层面来讲，参与个体需要明晰自己的减排收益或损失，应对潜在交易风险。作为减排政策实施有效性的重要参考工具——边际减排成本（MAC）可以直接反映不同经济体碳减排的潜在减排空间和实施成本（Kesicki and Strachan，2011；陈德湖等，2016；蒋伟杰 and 张少华，2018），其基本内涵为在一定生产水平下，减少一个单位碳排放所需要增加投入或期望产出减少的数量（Lee and Zhang，2012）。一般来讲，较高的碳排放强度（碳排放比上 GDP）往往具有较高的边际减排成本，而较低的碳排放强度往往边际减排成本也较低。配额分配作为有限制的碳排放权利，如果配额分配不足意味着在未来碳交易中遭受损失（Duan and Wang, 2018），如果配额过剩将会形成区域的减排收益，因此配额分配与区域的减排成本密切相关。在分配方案给定的情况下，通过测算全国减排总成本或平均边际成本可以作为衡量分配方案是否有效的参考工具。在众多参数与非参数评估技术中，DEA 方法由于无需预先设定生产前沿函数而受到了普遍应用（Pang et al., 2015；Sueyoshi and Goto, 2012；Wang et al., 2012）。该方法主要基于 DEA 模型的对偶变换求解出污染物影子价格来衡量被评价个体的边际减排成本。基于 DEA 方向距离函数技术，学者们对欧盟成员国（Marklund and Samakovlis；2007）、中国省级区域（刘明磊等；2011）等边际减排成本进行了评估；基于松弛变量测算的 DEA 方法（SBM - DEA），Cecchini 等（2018），Duan 和 Wang（2018）分别对意大利养殖场、2020 年中国区域的边际减排成本进行了测算。总之，边际减排成本已经成为评价政策实施效果的重要参考工具。

总之，在国家减排目标实现的前提下，厘清区域减排责任是制定公平配额分配政策的前提，而不同配额分配政策将会对区域产生不同的减排成本效应。本章将历史排放责任和区域转移责任统一起来作为分配公平性的重要体现，并对责任原则、效率原则以及兼顾责任与效率的综合原则分配方案进行成本效应分析，试图回答以下问题：（1）如何厘清中国各区域的历史排放责任与历史转移责任，尤其是在中国区域经济发展不均衡背景下，经济高值区域与经济低值区域是否应该承担相同的责任？历史排放的起点时间如何确定？在现有投入产出表难以反映出区域碳转移动态变化情况下，如何核定出连续时间的区域碳转移效应？（2）在兼顾减排目标前提下，考虑效率与责任原则的配额如何制定？哪一种配额分配方式付出的经济成本最小？这些问题的探讨有利于区域减排责任划分以及制定公平合理的区域配额分配方案，为全国统一碳市场建设提供理论和政策支撑。

本文的研究思路为首先根据人均 GDP 确定中国大陆 30 个省级区域历史排放责任核算基期；其次利用空间联立方程组估算出适应本地区的“合理碳排放量”，通过实际碳排放量与“合理碳排放量”的差异来表征区域之间的碳转移效应；再次将历史排放责任和区域碳转移责任转化为考虑责任原则的碳配额分配方案，最后在 2020 年碳排放总量目标下，对比分析了责任原则、效率原则以及兼顾责任与效率的综合原则下中国省级区域配额分配的成本效应。本文的边际贡献在于：一是采用定量化方法核算了区域的历史排放责任和区域碳转移责任，对碳市场机制设计中省级区域责任如何合理划分提供解决思路；二是综合考虑众多影响因素，构建了责任原则、效率原则和综合原则下的三种配额分配方案，并通过减排成本最小化甄选出兼具目标和责任、公平和效率的中国省域间的配额分配方案。这些研究方法和结论为政策制定者提供必要的理论和实践支持。

本章的研究结构主要包括三大部分，其中第一部分为研究方法和数据来源，主要包括初始碳配额分配方案设计与减排成本效应分析，包括责任原则、效率原则和综合原则下的配额方案设计，以及配额分配的减排成本效应分析方法，最后是数据与指标；第二部分为实证分析结果与方案比较，包括指标和数据，责任原则、效率原则和综合原则下配额分配方案的实证结果及减排成本比较分析；第三部分为小结，包括主要结论与建议。

10.2 研究方法及数据来源

在保证中国未来 2020 碳减排目标实现的基础上①，本章主要提出了责任原则、效率原则以及兼顾责任和效率的综合原则这三种初始配额分配方案，并运用边际减排成本理论，对比分析了三种配额方案对区域经济影响的减排成本效应。其中责任原则的配额方案主要考虑中国省级区域的历史排放责任和区域转移责任；效率原则的配额方案主要运用零和博弈 DEA（ZSG－DEA）模型寻求支持经济发展和人口增长最有效的配额分配；综合原则的配额方案主要运用熵值法将责任原则与效率原则的配额方案进行综合集成。最后根据 SBM 模型对偶变换的利润函数求解碳排放的影子价格来表示区域的边际减排成本。以下分别为责任原则、效率原则、综合原则的配额分配方案以及三种分配方案的减排成本效应设计思路。

---

① 尽管有报道称中国 2020 年的减排目标已经提前实现，但是本章并不旨在研究减排目标，而是研究在现有目标下如何构建合理有效的配额分配方案。

10.2.1 责任原则分配方案设计

为了体现公平性，未来配额分配既要考虑历史排放责任，又要考虑区域转移责任，从而构建考虑责任原则的配额分配方案。假定区域 i 在样本期内的历史排放量为 hCO_{2i}，区域转移量为 tCO_{2i}，则区域的总责任为 $hCO_{2i}+tCO_{2i}$。由于碳配额是一种权利，而责任越高在未来碳市场制度中应该分配配额权利越小，因此当求得历史减排责任之后需要通过转化函数 $\Phi(\cdot)$ 将其转变为未来配额分配的权利，从而得到考虑责任原则的未来碳配额分配标准 $rCO_{2i}=\Phi(hCO_{2i}+tCO_{2i})$。以下分别为历史排放责任 hCO_{2i} 和区域转移责任 tCO_{2i} 的核算方法。

1. 历史排放责任核算

鉴于国际上对当期责任和历史责任的争议，本章认为考虑历史责任是公平性的重要体现。由于不同区域的工业化进程起点存在差异，理想的方法是找到使不同地区经济发展水平、人均碳排放或碳排放密度接近相等时对应的年份作为该地区历史碳排放责任的基期。由于人均碳排放或者碳排放密度不仅需要明确区域的碳排放水平，还涉及人口数量和产业结构水平等诸多变量，因此难以作为衡量历史碳排放责任的计算起点。在实际操作中，经济发展水平指标不仅操作简单，且能够反映碳减排责任的支付能力，往往作为历史碳排放基期确定的标准（比如，Wei et al.，2014；Hu et al. 2017），因此本章以人均 GDP 为标准，试图寻找相对公平的责任核算基期。

考虑到中国省级区域碳排放数据的可得性和科学性，有效的区域碳排放数据时间区域为 1995～2016 年。在此区间内，中国大陆 30 个省级区域人均 GDP（转化为 2005 年为基期的实际数值）最小值出现在 1995 年贵州省，该数值为 2047.1 元，而最大值出现在 2016 年上海，该数值为 135836.3 元。由于数据差异较大，且跨度较短，难以找到与经济发展水平接近相等的对应年份。为了尽可能找到发展水平相同的年份，本章将中国 30 个省级区域按照人均 GDP 平均值（1995～2016 年）划分为高值区域（G1）、中值区域（G2）和低值区域（G3）三个组别，每个组别包含 10 个省级区域，具体划分如表 10－1 所示。将三个组别的人均 GDP 均值进行对比分析可以发现：G1 组别远远高于 G2 和 G3 组别；G2 与 G3 组别的差异大约有 3 年；如果以 1995 年 G1 组别为标准，可以发现，与人均 GDP 相接近的 G2 和 G3 组别对应的时间分别出现在 2003 年与 2006 年，也即 G1、G2 和 G3 的人均 GDP 近似相同的年份分别出现在 1995 年、2003 年和 2006 年（如图 10 - 1 所示）。为尽量体现碳减排历史责任的公平性，本章将 G1、G2 和 G3 三个组别对应的计算碳排放历史责任的基期设定为 1995 年、2003 年和 2006 年。

根据不同组别计算区域历史碳排放责任为：$hCO_{2i} = \sum_{t=t_0}^{T} CO_{2it}$。其中 t_0 表示碳减排历史责任计算基期，三个组别的碳减排责任的计算基期分别设定为 1995 年、2003 年和 2006 年；T 为历史碳减排责任核算的终止年份；CO_{2it} 表示第 t 年地区 i 的实际碳排放量。

表 10 - 1　　中国 30 个省级区域分组及碳减排责任计算基期选择

组别	区域	责任计算范围
G1	北京、上海、天津、山东、浙江、江苏、广东、福建、内蒙古、辽宁	1995 ~ 2016
G2	河北、山西、吉林、黑龙江、湖北、海南、重庆、河南、陕西、新疆	2003 ~ 2016
G3	安徽、江西、宁夏、湖南、广西、四川、贵州、云南、甘肃、青海	2006 ~ 2016

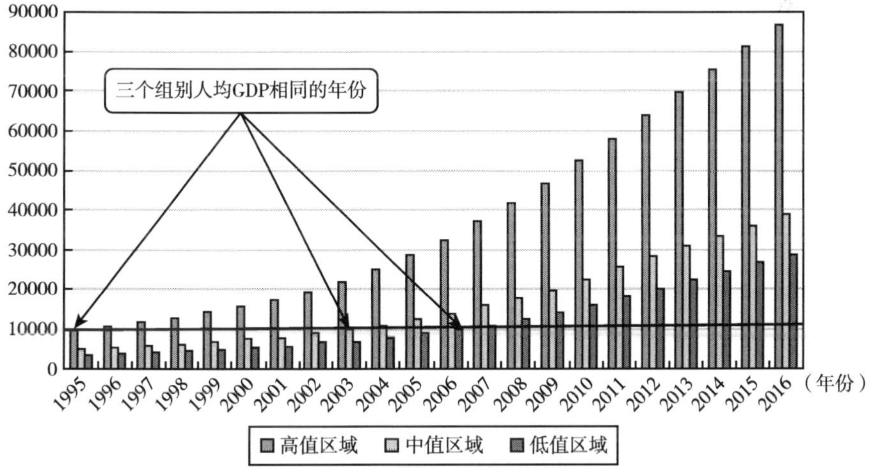

图 10 - 1　高值、中值和低值三个组别 1995 ~ 2016 年人均 GDP 均值

2. 区域转移责任核算

(1) 转移责任的空间联立模型构建

由于中国的《投入产出表》每五年编制一次，因此当需要研究碳转移的动态分析时，无法连续反映省际之间的碳转移变化（张为付等，2014）。本章拟通过实际碳排放与"合理碳排放量"的差值来表征碳转移效应。在碳排放与经济社会发展的关系中，规模效应、技术效应和结构效应被认为是影响碳排放数量的主要因素（Brock and Taylor，2005；Copeland and Taylor，2004；Grossman and Krueger，1995）。规模效应主要是指依靠投入产出规模引起的碳排放增加；技术效应主要反映区域的技术水平对碳排放的抑制作用（Andreoni and Levinson，2001；Bruyn，1997）；结构效应主要是指生产结构的变动对碳排放的影响，高碳部门比低碳部门增长速度快将导致碳排放的增加（Dasgupta et al.，2001）。本章认为"合理碳排放量"要与一个地区的发展规模、技术水平和经济结构等因素相符合，既考虑当前中国区域生产结构转型的短期压力，又要考虑到区域经济发展诉求和有限的节能技术水平。如果在现有条件下，某一地区的实际碳排放大于"合理碳排放量"时，说明该地区通过商品贸易转移出了碳排放，而当某一地区的实际碳排放小于"合理碳排放量"时，说明该地区通过商品贸易转入了大量碳排放。

要估算出"合理碳排放量"，可以通过计量模型拟合出考虑规模效应、技术效应和结构效应的"合理碳排放量"。在以往研究碳排放影响因素计量模型中，主要存在两方面不足：一是多数文献采用单方程研究碳排放影响因素，这种单方程只考虑经济集聚对碳排放单向影响，而弱化或忽略碳排放对经济集聚的反作用。研究表明经济集聚与碳排放（污染水平）具有双向因果关系，经济集聚会提升碳排放（污染水平），同时碳排放水平的上升也会导致区域集聚水平有所下降（张可、汪东芳，2014）；二是以往文献往往假定碳排放与经济集聚没有空间自相关，但事实上由于碳排放具有空间转移特征，某一地区的碳排放不仅受到当地经济水平和能源消费方式的影响，还受到邻近地区碳排放的影响（陈真玲，2016；孙立成等，2014）。鉴于此，本章采用空间联立方程组来刻画碳排放与经济集聚之间较为复杂的双向因果和空间效应关系，模型如下：

$$\begin{cases} \ln CO_{2it} = c + \alpha_1 \ln agg_{it} + \alpha_1 \ln gdp_{it} + \alpha_2 \ln labor_{it} + \alpha_3 \ln es_{it} + \alpha_5 \ln ee_{it} + \alpha_5 \ln techg_{it} \\ \qquad + \alpha_5 \ln serve_{it} + \rho_1 \sum_{j=1, i \neq j}^{n} w_{ij} \ln CO_{2jt} + \rho_2 \sum_{j=1, i \neq j}^{n} w_{ij} \ln agg_{jt} + \mu_{it} & (10-1) \\ \ln agg_{it} = a + \beta_1 \ln CO_{2it} + \beta_2 \ln triff_{it} + \beta_3 \ln fdi_{it} + \beta_4 \ln urban_{it} + \beta_4 \ln sales_{it} \\ \qquad + \gamma_1 \sum_{j=1, i \neq j}^{n} w_{ij} \ln CO_{2jt} + \gamma_2 \sum_{j=1, i \neq j}^{n} w_{ij} \ln agg_{jt} + e_{it} & (10-2) \end{cases}$$

由于空间效应和联立效应的存在，μ_{it}和 e_{it}为含有空间结构的随机干扰项，两者的结构形式为：

$$\begin{cases} \mu_{it} = \rho_3 W \mu_{it} + \varepsilon_{it} & (10-3) \\ e_{it} = \gamma_3 W e_{it} + \varepsilon'_{it} & (10-4) \end{cases}$$

模型（10－1）和（10－2）中涉及的规模、技术和结构效应的代理变量分别为：区域经济集聚水平 $\ln agg_{it}$、经济增长 $\ln gdp_{it}$和就业人口 $\ln labor_{it}$作为规模效应的代理变量（Onafowora and Owoye，2014）；能源强度 $\ln ee_{it}$和科技投资占比 $\ln techg_{it}$作为技术效应的代理变量；能源结构 $\ln es_{it}$和产业结构 $\ln serve_{it}$作为结构效应的替代变量；另外，$\sum_{j=1, i \neq j}^{n} w_{ij} \ln CO_{2jt}$ 和 $\sum_{j=1, i \neq j}^{n} w_{ij} \ln agg_{jt}$ 分别表示地区 j 的碳排放和经济集聚水平对地区 i 碳排放的空间溢出效应。

公式（10－2）为经济集聚方程，已有研究均认为碳排放对集聚水平具有双向因果关系（Verhoef and Nijkamp，2004；陆铭和冯皓，2014）。其他变量 $\ln triff_{it}$、$\ln urban_{it}$、$\ln fdi_{it}$和 $\ln sales_{it}$分别表示交通便利度、城市化水平、贸易开放度和市场活力。

（2）空间权重矩阵的选择

要想估计空间联立方程组（10－1）和（10－2），首先要确定空间权重矩阵。由于碳排放和经济增长之间的空间自相关性与地区之间经济和地理距离可能有关，因此本文设定的空间权重矩阵包括两种距离形式：地理距离和经济距离。如下所示：

$$W_1 = \begin{cases} 1/d_{ij} & i \neq j \\ 0 & i = j \end{cases} \quad W_2 = \begin{cases} 1 & i \neq j \\ 0 & i = j \end{cases} \quad W_3 = \begin{cases} 1/d_{ij} \cdot |rgdp_{it} - rgdp_{jt}| & i \neq j \\ 0 & i = j \end{cases}$$

其中 W_1、W_2 表示地理距离的权重矩阵，而 W_3 表示经济和地理距离综合权

重矩阵。具体来看，W_1 中的 d_{ij} 是利用国家基础地理信息系统中各地区省会城市经纬度坐标计算得到，因此 W_1 表示地区之间的地理省会距离。W_2 即为普通 0－1 邻接距离权重矩阵，如果地区 i 与地区 j 的边界相邻，则设定为 1，否则设定为 0。本文为了保证每一个区域都有至少 1 个近邻，将海南岛与广东省设为邻居。综合权重矩阵 W_3 中的变量 $|rgdp_{it} - rgdp_{jt}|$ 为第 t 年地区 i 与地区 j 的人均 GDP 差异。为了刻画区域经济距离随时间变化的特征，人均 GDP 差异 $|rgdp_{it} - rgdp_{jt}|$ 为 30 个地区 22 年（1995～2016 年）的数值，因此 W_3 为 22×30 的权重矩阵。

（3）空间联立模型的估计方法

普通联立方程采用广义两阶段空间最小二乘法（GS2SLS）进行估计，该估计方法虽然捕捉了空间相关信息，但是却忽略了联立方程之间的内在联系和传导机制，而广义三阶段空间最小二乘法（GS3SLS）利用 Cochran－Orcutt 变换方程能够反映出联立方程之间的系统信息传递，既考虑内生变量的潜在空间自相关性，又考虑随机误差项的内在关联性，属于全信息的系统估计（Kelejian and Prucha，2004）。因此本文运用混合三阶段空间最小二乘法（GS3SLS）进行空间联立方程组的系统估计。具体步骤为，首先运用 2SLS 估计模型（10－1）和（10－2）的相关参数 $\hat{\alpha}$，$\hat{\beta}$，$\hat{\rho}$，$\hat{\gamma}$，工具变量矩阵 Q 由 X，WX，W^2X 组成，其中 X 表示所有外生变量（控制变量及其空间交互项），利用拟合值得到联立方程随机干扰项的估计值矩阵 U；其次，利用矩阵 U 和自回归模型（10－3）和（10－4）得到每一个方程的随机干扰项系数 $\hat{\rho}_3$ 和 $\hat{\gamma}_3$；然后利用 Cochran－Orcutt 变换和随机干扰项系数的估计值 $\hat{\rho}_3$ 和 $\hat{\gamma}_3$ 得到空间自相关的随机干扰项 $\hat{\mu}_{it}$ 和 $\hat{e}_{it}$；重复以上过程，直至模型估计参数收敛。通过以上步骤可以看出 GS3SLS 采用工具变量方法可以有效克服变量的内生性以及保证了估计参数的一致性。

根据公式（10－1）中相关参数的估计结果可以估算出由经济规模效应、技术效应和结构效应共同决定的“合理碳排放量” $\widehat{CO_{2it}}$。如果实际碳排放量大于拟合的“合理碳排放量”，即 $CO_{2it} > \widehat{CO_{2it}}$，说明地区 i 在第 t 年属于碳排放转出地区，碳转出量为 $CO_{2it} - \widehat{CO_{2it}}$；如果实际碳排放量小于“合理碳排放量”，即 $CO_{2it} < \widehat{CO_{2it}}$，说明地区 i 在第 t 年属于碳排放转入地区，碳转入量为 CO_{2it} －

$\widehat{CO}_{2it}$；如果 $CO_{2it}=\widehat{CO}_{2it}$，说明该地区实际产生碳排放等于“合理碳排放量”，则地区 i 在第 t 年的碳排放收支平衡地区。根据生产责任原则，转出地区应该承担相应减排责任，而转入地区应该减少相应减排责任。

根据以上情形可计算出各地区从基期到 2016 年累积碳转移为 $tCO_{2it}=\sum_{t=t_0}^{2016}(CO_{2it}-\widehat{CO}_{2it})$。如果某地区在样本考察期内累积碳转移为正，则该地区可以认定为碳排放转出地区；反之，如果某地区在样本考察期内累积碳转移为负，则该地区可以认定为碳转入地区。

10.2.2 效率原则分配方案设计

Lins 等（2003）首次用零和博弈 ZSG－DEA 模型研究奥运会奖牌数量的分配效率，该模型的思路是在保持奖牌数量总和不变的情况下如何实现各国分配效率的最优化。中国碳市场交易相当于在碳排放总量确定的情况下（2020 年碳减排目标），交易主体通过买卖配额来实现自身经济发展和节能减排的最优化过程。这实质上是参与主体的零和博弈过程：某一地区碳减少量将是其他地区的碳增加量，无论交易主体之间如何分配，碳排放总和目标保持不变。鉴于这一情形，一些学者将 ZSG－DEA 模型应用到碳配额分配效率研究中，比如林坦、宁俊飞（2011）运用 ZSG－DEA 模型对欧盟国家的碳排放权分配效率进行评价；Miao 等（2016）和 Wang 等（2013）将 ZSG－DEA 应用到中国区域碳配额分配效率研究。

假设共有 $j=1,2,\cdots,J$ 个生产区域，$n=1,2,\cdots,N$ 个投入要素，则区域 i 的投入要素、碳排放、经济产出、人口产出分别表示为 x_{ni}，CO_{2ri}，y_{ni} 和 p_{ni}。在 2020 年碳减排目标约束下，按照效率原则来进行碳配额分配的零和博弈 ZSG－DEA 模型为：

$$\min \theta_i$$

$$\text{s.t.}\left\{\sum_{j=1}^{J}\lambda_j y_{nj}\geqslant y_{ni},\sum_{j=1}^{J}\lambda_j p_{nj}\geqslant p_{ni},\sum_{j=1}^{J}\lambda_j x_{nj}\geqslant x_{ni},\sum_{j=1}^{J}\lambda_j CO_{2rj}\left[1+\frac{CO_{2ri}(1-\theta_i)}{\sum_{j\neq i}CO_{2j}}\right]\leqslant \theta_i CO_{2ri},\lambda_j\geqslant 0\right\} \quad (10-5)$$

根据 Wang 等（2013）的变量选取方法，模型（10－5）中 y_{nj}，p_{nj}为各地区 GDP 和人口数量；x_{nj}表示能源投入和资本投入；CO_{2ri}为表示初始碳排放；λ_j 为各地区相关变量的线性组合系数；k 为被评价决策单元（DMUs）的数量；约束条件 $\sum_{j=1}^{J}\lambda_j CO_{2rj}\left[1+\frac{CO_{2ri}(1-\theta_i)}{\sum_{j\neq i}CO_{2j}}\right]\leqslant\theta_i CO_{2ri}$ 即为碳配额零和博弈的比例增加策略，即各地区在碳配额总量控制下相互博弈，某地区碳配额的增加量将会导致其他地区碳配额的减少或者一地区碳配额的减少量将会导致其他地区碳配额的增加。θ_i 为被评价 DMU_i 达到有效前沿面时碳配额减少的比例，衡量了 DMU_i 碳排放无效率的程度，$\theta_i=1$ 表明被评价 DMU_i 用最小的碳排放和能源消费量生产了最多的 GDP 和人口，或者在 GDP 和人口相同的情况下所用的碳排放和能源消费量最少。当评价单元增加碳配额数量为 $CO_{2i}(1-\theta_i)$，其他地区按照自身碳排放比例来减少该部分碳排放，减少的数量为 $\frac{CO_{2ri}(1-\theta_i)}{\sum_{j\neq i}CO_{2j}}$。因此模型（10－5）刻画了在一定的总量控制下无效 DMUs 为提升技术效率而进行的零和博弈过程。无效 DMUs 每一次的重新分配（在一定的初始配置下寻求最优的投入产出组合技术前沿面），所有的 DMUs 都将会投影到新的前沿面。经过多次迭代，无效 DMUs 通过调整碳排放的数量来实现 100% 的技术效率（Gome and Lins，2008）。达到分配的均衡状态时，区域 i 有效的配额分配量 eCO_{2it}等于初始碳排放 CO_{2ri}加上（或减去）每次调整分配的碳排放量。

10.2.3 综合原则分配方案设计

在环境规制下，配额作为稀缺资源几乎等同于经济发展权利，碳配额在不同地区的分配相当于发展权利的分配，因此最优的碳排放分配应当在效率与责任公平之间权衡（Trade－off）（Duan and Wang，2018）。为此运用熵值法将按照责任原则获得的配额分配方案与按照效率原则的分配方案进行整合。熵值法可以衡量的数据信息中的不确定性和无序信息在综合评价中得到了广泛应用（Chang and Chang，2016；Kong et al.，2019），其原理是首先将数据 0－1 化，然后根据序列信息客观计算出合理的权重。按照这个方法可以得到兼顾责任与公平的区域配额分配：

$$mCO_{2i} = w_1 eCO_{2i} + w_2 \Phi(hCO_{2i} + tCO_{2i}) \quad (10-6)$$

由于 ω_1 和 ω_2 为责任原则和效率原则的权重，当 $\omega_1 = 0$，$\omega_2 = 1$ 时，公式（10－6）为仅考虑责任原则配额分配方案；当 $\omega_1 = 1$，$\omega_2 = 0$ 时为仅考虑效率原则配额分配方案；当 $0 < \omega_1 < 1$，$0 < \omega_2 < 1$ 为既考虑效率又考虑责任的综合分配方案。

10.2.4 分配方案减排成本效应分析方法

从理论上看，考虑责任与效率的综合分配方案似乎更加合理，但是这一判断需要得到定量化检验。由于边际减排成本（MAC）是经济与碳排放之间的转化成本或机会成本，因此它常被用来衡量减排政策的成本有效性。在边际减排成本的众多方法中，基于影子价格的边际减排成本测算方法是应用较广泛的方法（刘明磊等，2011；Duan et al.，2018）。本章基于经典 SBM－DEA 模型的利润函数最大化模型来计算出碳排放和经济产出的影子价格，通过影子价格比值来测算中国省级区域边际减排成本。

假设一个包含经济产出与碳排放的环境生产技术，两者之间的关系是在投入既定情况下，实现经济产出的最大化和碳排放的最小化。假设共有 $j = 1, 2, \cdots, J$ 个生产区域，$n = 1, 2, \cdots, N$ 个投入要素，$m = 1, 2, \cdots, M$ 个期望产出，$r = 1, 2, \cdots, R$ 个经济产出，则区域 i 的投入要素、期望产出和碳排放分别表示为 x_{ni}，y_{mi}，CO_{2ri}。根据大多数研究经验（Chen et al.，2019；Yang et al.，2018），区域投入要素 x_{ni} 包括资本、人力、能源投入量，期望产出 y_{mi} 为 GDP，非期望产出 CO_{2ri} 为碳排放。则 SBM－DEA 模型为（Cecchini et al.，2018；Fukuyama and Weber，2009）：

$$\rho_0^* = \min \frac{1 - \frac{1}{N}\sum_{n=1}^{N}\frac{s_{ni}^x}{x_{ni}}}{1 + \frac{1}{M+R}\left(\sum_{m=1}^{M}\frac{s_{mi}^y}{y_{mi}} + \sum_{r=1}^{R}\frac{s_{ri}^c}{CO_{2ri}}\right)}$$

$$\text{s. t.}\left\{\sum_{j=1}^{I}\lambda_j x_{nj}+s_{ni}^{x}=x_{ni},\sum_{j=1}^{J}\lambda_j y_{mj}-s_{mi}^{y}=y_{mi},\sum_{j=1}^{J}\lambda_j CO_{2rj}+s_{ri}^{c}=CO_{2ri},\sum_{j=1}^{J}\lambda_j=1,s_{ni}^{x},s_{mi}^{y},s_{ri}^{c}>0\right\} \tag{10-7}$$

模型（10－7）中 s_n^x，s_m^y，s_r^b 分别表示投入要素、期望产出和碳排放的松弛变量；ρ_0^* 表示投入和产出的平均效率。当 s_n^x，s_m^y，s_r^b 均为 0 的时候，$\rho_0^*=1$，此时被评价 DMU 位于生产前沿上。在该生产技术下，区域利润最大化的优化模型为：

$$\begin{aligned}&\max A=\sum_{m=1}^{M}p_{mi}y_{mi}-\sum_{r=1}^{R}p_{ri}CO_{2ri}-\sum_{n=1}^{N}p_{ni}x_{ni}\\&\text{s. t.}\left\{A\leqslant 0,p_{ni}\geqslant\frac{1}{N}\left[\frac{1}{x_{ni}}\right],p_{ri}\geqslant\frac{1+A}{M+R}\left[\frac{1}{CO_{2ri}}\right],p_{mi}\geqslant\frac{1+A}{M+R}\left[\frac{1}{y_{mi}}\right]\right\}\end{aligned} \tag{10-8}$$

模型（10－8）实际是模型（10－7）的对偶变化，表示在投入产出向量影子价格给定的情况下经济体的利润最优化。通过求解模型（10－7），可以得到边际减排成本表达式为：

$$r_{ck}=-r_{yk}\cdot\frac{\partial\vec{D}_0(x,y,CO_2;g_y,g_{ca})/\partial CO_2}{\partial\vec{D}_0(x,y,CO_2;g_y,g_{ca})/\partial y}=-r_{yk}\cdot\frac{p_{mk}}{p_{rk}}=mac_k \tag{10-9}$$

公式（10－9）中 p_{rk} 和 p_{mk} 分别表示碳排放和经济产出的影子价格，r_{yk} 为经济产出的市场价格，一般设为 1 元，则区域的边际减排成本为碳排放影子价格与经济产出影子价格的比值，表示区域减少 1 单位的二氧化碳而愿意放弃的经济产出。公式（10－9）的这种转换关系衡量了 GDP 与碳排放之间的内在联系。

在碳市场规制下，上述公式中的碳排放可以理解为碳配额：在碳交易机制下的初始碳排放权利。假定区域 i 的实际碳排放为 CO_{2i}，而政府环境规制下依靠政策分配的初始碳配额为 aCO_{2i}，则区域的减排总成本或收益为：

$$TC=\sum TC_i=\sum(CO_{2i}-aCO_{2i})\cdot mac_i \tag{10-10}$$

显然，公式（10－10）的数值可能为正，也可能为负。当实际碳排放大于碳配额数量时，$TC>0$ 意味着区域减排总收益。当实际碳排放大于碳配额数量时，$TC<0$ 意味着区域减排总成本。假定中国政府的配额分配目标是在满足减

排目标的前提下，实现经济发展总成本最小化。为此，公式（10－10）的 mac_i 由公式（10－9）决定，取决于经济环境复杂系统的生产前沿技术；实际碳排放 CO_{2i} 与地区的经济发展和能源使用特征密切相关；而初始碳配额量 aCO_{2i} 是外生变量，取决于政府的配额分配制度，在本文中主要包括责任原则、效率原则和综合原则下的三种配额分配方案。在实际碳排放和经济环境生产技术既定的前提下，区域发展乃至整个社会发展的减排成本效应取决于碳配额分配标准。

另外，公式（10－9）中还包含区域的边际减排成本和平均减排成本。通过综合比较减排总成本、区域边际减排成本、平均减排成本将为配额方案的甄选提供更多信息。

10.2.5 数据与指标

研究设计中涉及的变量包括 1995～2016 年的历史数据，利用历史数据或者政府目标来估算 2020 年的相关数据。限于数据的可获得性，本章的研究样本为 1995～2016 年中国大陆 30 个省级区域数据（由于数据原因，暂不考虑香港、澳门、台湾和西藏），包括 4 个直辖市、5 个自治区和 21 个省份。以下分别介绍研究设计中涉及的数据和指标选择。

1. 1995～2016 年相关指标和数据

公式（10－1）的碳排放影响模型中，地区实际碳排放 $\ln CO_{2it}$ 主要运用区域能源类数据计算得到，主要包括原煤、焦炭、汽油、原油、柴油、燃料油和天然气等七种化石能源的碳排放，其中低位发热值、碳排放因子和碳氧化率来自《IPCC 国家温室气体清单指南》。各能源消费品种原始数据来自 1996～2017 年《中国能源统计年鉴》。宁夏缺乏 2001 年和 2002 年能源品种消费数据，海南缺乏 2002 年能源品种消费数据，本文采用相邻年份的平均值进行拟合。另外重庆 1997 年成立直辖市，因此测算的 1995 年与 1996 年的四川省碳排放数据实际包括了现在的新重庆和新四川碳排放数据，本章用两地区的人口比重乘以总的碳排放量来得到相应碳排放份额。

其他指标比如区域集聚水平 $lnagg_{it}$ 主要参考张可、汪东芳（2014）和邵帅等（2019）的做法，采用非农产出（第二、三产业产出）比行政面积来表示经济活动在空间层面的集聚水平；$lngdp_{it}$ 用各地区实际 GDP 来表示；$lnlabor_{it}$ 用各地区的劳动就业人口表示；$lnes_{it}$ 用煤炭占能源消费总量比重表示能源结构；$lnserve_{it}$ 用第三产业比地区 GDP 表示产业结构；$lntechg_{it}$ 用科技支出占 GDP 比重表示区域技术进步；

公式（10-2）中涉及的相关变量中，$lntriff_{it}$ 采用铁路、公路和水路与区域面积比值来表示交通便利度；$lnurban_{it}$ 用城市人口比总人口表示城市发展水平；$lnfdi_{it}$ 用外商直接投资比 GDP 来表示对外开放度；$lnsales_{it}$ 用地区的零售品销售额来衡量市场的活跃程度。

以上公式中涉及的数据均来自 1995~2017 年《中国统计年鉴》《中国能源统计年鉴》《中国区域经济统计年鉴》，其中价格表示的名义数据利用 GDP 价格平减指数折算成以 2005 年为基期的实际数据。为了减轻数据的异方差性，以上数据均取对数形式。

2. 2020 年相关指标估算

ZSG-DEA 模型和 SBM-DEA 模型中涉及的指标包括 2020 年度地区能源消费总量、资本存量、人口数量、就业人口、GDP 数量和碳排放，另外考虑历史责任原则的配额分配也涉及 2020 年的碳排放。以下为 2020 年相关指标的估算方法。

能源消费总量按照 2016 年国家发展和改革委员会制定的《能源生产与消费革命战略 2016~2030》中提出 2020 年能源消费总量控制在 50 亿吨标准煤以内。在该约束条件下，2020 年各地区的能源消费总量是按照 2010~2016 年各地区平均能源消费的份额乘以 50 亿吨标准煤进行估算。

资本存量采用永续盘存法 $K_t = K_{t-1} \cdot (1-\delta_t) + M_t$，其中 M_t 为第 t 年的固定资产投资，K_{t-1} 为 t-1 资本存量，折旧率选择 $\delta_t = 0.1096$，根据该方法得到 2010~2016 年的资本存量，2020 年的资本按照 2010~2016 年的平均增长进行估算。其他变量如就业人口、人口数量和 GDP 数量根据 2010~2016 年的平均增长率进行估算得到。

2020 年碳排放数据的估算主要涉及两个方面内容。一是 2020 年碳排放总量的确定，二是 2020 年区域碳排放比例的确定。首先 2020 年碳排放总量的确定涉及 2020 年碳减排目标。2005 年中国 30 个地区实际 GDP 总量为 19.898 万亿元，碳排放总量为 74.166 亿吨，按照 6.4% 的增长率估算 2017 ~ 2020 年的实际 GDP，则 2020 年实际 GDP 为 62.567 万亿元，若按照碳排放强度下降 45% 目标，2020 年碳排放总量应该控制在 128.3 亿吨，这一数值与国际主流机构估算相差不大（IEA 估算基准情景的数值 96 亿吨，ERI 参考情景下估算的 102 亿吨，Wang et al.，2013 基准情景估算的 112 亿吨）。其次估算 2020 年地区碳排放占比。Wang 等（2013）将 2006 ~ 2010 年碳排放平均占比作为 2020 年 ZSG - DEA 模型的初始碳配额，而本文认为该数值与近年来我国碳排放趋势差异较大，事实上 2011 年以后中国经济增长从两位数的高速增长逐步回调，在气候变化压力下，随着中国深度参与国际碳减排合作并将碳减排作为约束性指标纳入国民经济发展规划中，2013 年以后碳排放总量在时间维度上开始发生了结构性变化：逐步结束了 1995 ~ 2012 年间碳排放持续上升的趋势，实现了 2013 年以后的逐步回稳，而且预计未来这一趋势将会更加明显。如果继续沿用 2006 ~ 2010 的数据难以反映最新的碳排放变化，因此本章将 2013 ~ 2016 年各地区在碳排放总量的平均占比作为 2020 年各地区的实际碳排放，根据 2020 年碳排放总量与区域碳排放比例的乘积得到 2020 年地区的实际碳排放量。比如，北京 2013 ~ 2016 年碳排放平均占比为 0.62%，则 2020 年北京的初始碳配额为 0.62% 乘以 128.3 亿吨。

10.3

实证分析

本部分主要根据第二部分的研究方法计算出责任原则、效率原则和综合原则下配额分配方案的实证结果，对三种方案的减排成本效应进行对比分析，甄选出兼具目标和责任、公平和效率的中国省域间的配额分配方案。首先介绍模型中涉及的数据与指标选取方法，其次对责任原则、效率原则和综合原则下配额分配方案进行实证结果分析，最后对三种方案的减排成本效应进行对比分析。

10.3.1 责任原则分配方案实证分析

1. 历史碳排放责任测算

根据上文的研究方案，将高值区域（G1）、中值区域（G2）和低值区域（G3）三个组别对应的计算碳排放历史责任的基期设定为1995年、2003年和2006年。三个组别分别按照1995~2016年，2003~2016年和2006~2016年的时间段计算区域的累积碳排放（历史碳排放责任），结果如表10-3第2列所示。从经济高、中、低分组情况来看，高值区域的累积碳排放为775.3亿吨，中值和低值区域的累积碳排放为498亿吨和232亿吨，很明显经济高值区域的碳排放远高于经济中值和低值区域。从分省情况来看，山东、辽宁、江苏、内蒙古、河北、山西等地区排放了最多的二氧化碳，其中山东省1995~2016年间累积碳排放全国第一，高达约166.1亿吨碳排放，辽宁位居全国第二位，累积碳排放量高达117.4亿吨。这些地区大多位于东部经济较发达地区或传统煤炭能源产业基地，其中东部地区由于经济发展起步较早，享受了国家政策红利，利用先发优势获取了较高的社会福利，同时也排放了大量二氧化碳，因此在未来碳减排责任分担中，有能力也有义务承担更多的减排责任。而传统煤炭产业基地属于资源型地区，在煤炭生产过程中产生了大量的碳排放。其他大部分经济欠发达地区，比如青海、海南、重庆、宁夏、江西等地区由于起步较晚，工业化进程较慢，在历史考核期间的碳排放较少，因此未来将承担较小的历史责任。另外，本部分测算历史排放主要是累积碳排放总量，区域面积小或者人口少的地区排放总量相对较小。

2. 碳排放转移责任测算

(1) 碳转移空间联立模型估计。

根据前文分析，区域碳转移通过实际碳排放与“合理碳排放量”的差异来表征连续碳转移效应，而“合理碳排放量”的测算需要对空间联立方程组（10-1）和（10-2）进行估计。

为了检验空间效应的存在性，首先对碳排放和经济集聚进行Moran’s I空间自相关检验，三种权重矩阵均显示通过显著性 5% 的空间自相关显著性检验。采用 GS3SLS 对联立模型（10－1）和（10－2）的估计结果如表 10－2 所示。

表 10－2　　碳排放和经济增长的空间联立方程估计结果

碳排放方程	模型Ⅰ （0－1 距离）	模型Ⅱ （地理距离）	模型Ⅲ （综合距离）
w_lnCO_2	0.099084*** （0.0000）	0.05195** （0.0290）	0.042466** （0.0430）
w_lnagg	－0.10783*** （0.0000）	－0.07307** （0.0110）	－0.0842*** （0.0000）
lnagg	0.10066*** （0.0000）	0.052062*** （0.0000）	0.046367*** （0.0000）
lngdp	1.037182*** （0.0000）	1.133595*** （0.0000）	1.142771*** （0.0000）
lnlabor	0.0648*** （0.0010）	0.11464*** （0.0000）	0.11242*** （0.000）
lnes	0.164715*** （0.0000）	0.126354*** （0.0050）	0.08436** （0.0420）
lnee	－1.11899*** （0.0000）	－1.24154*** （0.0000）	－1.2725** （0.0290）
lnserve	－0.213*** （0.0080）	－0.29216** （0.0010）	－0.31585*** （0.0000）
lntechg	－0.04832*** （0.0000）	－0.04276*** （0.0000）	－0.04225*** （0.0000）
Rho	0.0991*** （0.0000）	0.0519** （0.0289）	0.0425** （0.0431）
过度识别检验	0.0212 （0.9236）		
弱工具变量检验	18.5424*** （0.0000）		
lnagg Hausman 内生性检验	4.287** （0.0325）		

续表

经济集聚方程	模型Ⅰ（0－1距离）	模型Ⅱ（地理距离）	模型Ⅲ（综合距离）
w_lnagg	0.239384*** （0.0000）	－0.12311*** （0.0030）	－0.20447*** （0.0000）
w_lnCO_2	－0.14141*** （0.0030）	0.055648 （0.313）	0.107317** （0.0210）
lnCO_2	－0.268065*** （0.0000）	－0.107139*** （0.0070）	－0.078398** （0.0430）
lntriff	1.094028*** （0.0000）	1.292295*** （0.0000）	1.284882*** （0.0000）
lnfdig	0.208526*** （0.0000）	0.216431*** （0.0000）	0.199807*** （0.0000）
lnurban	1.214965*** （0.0000）	1.336646*** （0.0000）	1.326256*** （0.0000）
lnsales	－0.03543 （0.345）	0.14863*** （0.0000）	0.168845*** （0.0000）
检验统计量	数值		
RMSE	0.2332 [1] 0.4492 [2]	0.2331 [1] 0.4669 [2]	0.2308 [1] 0.4645 [2]
Adj－R^2	0.9994 [1] 0.9943 [2]	0.9994 [1] 0.9939 [2]	0.9995 [1] 0.9940 [2]
AIC	－39.589 [1] 823.5241 [2]	－40.19 [1] 874.47 [2]	－53.236 [1] 886.411 [2]
SC	0.841 [1] 854.970 [2]	－0.240 [1] 905.916 [2]	－12.806 [1] 897.857 [2]
（1974）AIC	0.0551 [1]	0.0551 [1]	0.0540
（1973）Log AIC	－2.8979	－2.8988	－2.8673
（1978）SC	0.0586	0.0586	0.0574
（1978）Log SC	－2.8366	－2.8375	－2.9185
Moran MI Error Test	0.8491 [1] （0.3959）	－15.4563** [1] （0.0000）	0.9296** [1] （0.3526）

续表

检验统计量	数值		
LM Lag（Robust）	23.6498*** [1] (0.0000)	0.4341*** [1] (0.5100)	5.8215*** [1] (0.0154)
LM SAC（LMErr + LMLag_R）	32.6867*** [1] (0.0000)	0.6714** [1] (0.7149)	6.0794** [1] (0.0478)

注：*** 表示在1%的显著性水平下通过系数 t 检验；** 表示在5%的显著性水平下通过系数 t 检验。w_lnCO$_2$ 和 w_lnagg 分别为碳排放和经济集聚的空间滞后项；括号（）为 t 检验对应的 P 值，检验统计量中的方括号［1］为碳排放方程估计结果，方括号［2］为经济集聚方程估计结果。LM Lag(Robust) 的原假设为解释变量空间滞后项无空间自相关；LM SAC(LMErr + LMLag_R) 原假设为没有广义空间自相关。

从表 10－2 可以看出，模型Ⅰ－模型Ⅲ均通过了方程残差的空间效应检验，说明考虑空间效应因素将能更好地拟合现实。对比三个模型，可以发现三类模型的调整 R^2 差异较小，而模型Ⅲ均方根误差 RMSE、AIC 和 SC 准则均是三个模型中最小的，因此可以认为模型Ⅲ拟合效果最好，在此作为本文的参照模型。

（2）模型内生性检验和稳健性分析。

对比模型Ⅰ－模型Ⅲ，可以看出，估计系数的大小基本一致，系数的符号方向也保持一致，模型表现出一定的稳健性，从而证明了模型Ⅲ的稳健性。

通过联立方程（10－1）和（10－2）可以看出碳排放与经济集聚的系数均通过显著性检验，为了检验经济集聚的内生性，对其进行 Hansman 内生性检验（如表 10－2 所示），结果表明经济集聚是内生变量，经济集聚与碳排放具有双向因果关系：经济集聚有助于提高碳排放，碳排放的提高则会降低区域集聚水平。主要原因是以传统高耗能高污染为主空间集聚会带来大量的碳排放，而当碳排放增多，政府会加大环境规制水平，从而加大高污染高排放企业的生产成本，企业规模将会萎缩或者进行区域产业转移。这种双向因果关系通过建立空间联立方程可以有效减缓经济增长潜在的内生性问题。

从空间效应的检验来看，空间滞后项系数 pho 通过了系数的显著性检验。除了模型Ⅰ未通过空间误差检验外，其他模型均通过了空间误差检验（Moran MI Error），空间滞后检验（Test LM Lag）和空间自回归检验（LM SAC）的系数显著性检验；因变量空间滞后项和经济集聚空间滞后项也均通过系数的显著性检验，这表明碳排放存在空间效应：本地区的碳排放受到相邻地区的碳排放影响，还受到相邻地区的经济集聚水平的影响。

对碳排放方程中的其他变量进行 Hansman 内生性检验，结果表明其他变量均为外生变量，因此本文工具变量矩阵 Q 可由除经济集聚的其他变量及其滞后项构成，即 X、WX、W^2X。为了检验工具变量的有效性，对碳排放方程分别进行了弱工具变量检验和过度识别检验，如表 10－2 所示，弱工具变量检验表明拒绝存在弱工具变量的原假设，过度识别检验说明可以接受原假设，即如果有一个工具变量外生，则两个工具变量均外生。这些检验说明工具变量矩阵 Q 作为内生变量的替代变量是可行的。

通过碳排放方程可以看到，各变量均通过系数的显著性检验，可以认为碳排放受到规模、结构和技术水平的影响。除此之外，因变量空间滞后项和经济集聚的空间滞后项均通过系数的显著性检验，这表明本地区的碳排放受到相邻地区的碳排放以及经济集聚水平的影响。还可以看到变量 $lnagg_{it}$ 和 $lngdp_{it}$、$lnlabor_{it}$、$lnes_{it}$ 与碳排放呈现显著的正相关关系，也就是说这些因素的增加会是引起地区碳排放的增加。而另外一些变量 $lnserve_{it}$、$lntechg_{it}$ 和 $lnee_{it}$ 与碳排放呈现显著的负相关关系，也就是说这些因素的增加是降低碳排放的主要原因。从经济集聚方程来看，除了第一个模型中的市场活力外，各变量也通过了系数的显著性检验。从中可以看出 $lntriff_{it}$、$lnurban_{it}$、$lnfdi_{it}$ 和 $lnsales_{it}$ 均对经济集聚产生正向影响，这些因素导致了经济集聚水平的提高，而碳排放对经济集聚的系数为负，说明碳排放增加会降低经济集聚水平，这一结论与以往研究结果相符（邵帅等，2019；张可等，2014）。

（3）碳转移责任实证结果分析。

通过空间联立方程的估计和区域碳转移的判定方法，可以得到 1995～2016 年中国 30 个省级区域的碳转移总量，如图 10－2 所示，从中可以看到，山西、陕西、山东、内蒙古等能源生产地区属于碳转出区域，而河北、四川、河南、湖南、广东等地区属于碳转入区域。从时间维度来看，在不同的时间段，区域的转入和转出数量有所变化，1995～2005 年碳流动的数量较少，而 2006～2016 年碳流动的数量较高。为了研究经济发展水平与碳转移的关系，三个经济组别的历史碳转移箱线图如图 10－3 所示，高值和中值区域大多属于碳转出地区，而低值区域是碳转入地区。总之，中国的碳转移主要从能源生产地向能源需求地、从经济较发达地区向西部欠发达地区流动，而且近几年的转移量在变大。此转移过程主要有两种渠道：一是产业梯度转移。随着东部环境规制趋严，东部的一些高污染、高排放产业大多转移到经济低值的落后地区，而河北、河南、四川、青海等中西部地区被动接受淘汰落后产能，导致该区域碳排放过高。二是商品贸易转移。经济高值区域所需的高碳产品，主要通过贸易手段从经济低值区域来满足生产和生活需要。像经济高值区域是改革开放的最早受益地区，在经济、科技、教育、管理方面具有落后地区难以企及的“先发优势”，而经济低值区域由于受到自身资源禀赋和区位特征，并没有在市场竞争中获得区域相对优势。经济高值、中值与低值区域之间的碳转移特征进一步印证了中国区域间的发展不平衡，如果在碳配额分配机制中，忽略这种区域的差异和历史转移责任，经济换挡转换期将进一步加剧中国区域发展不平衡。

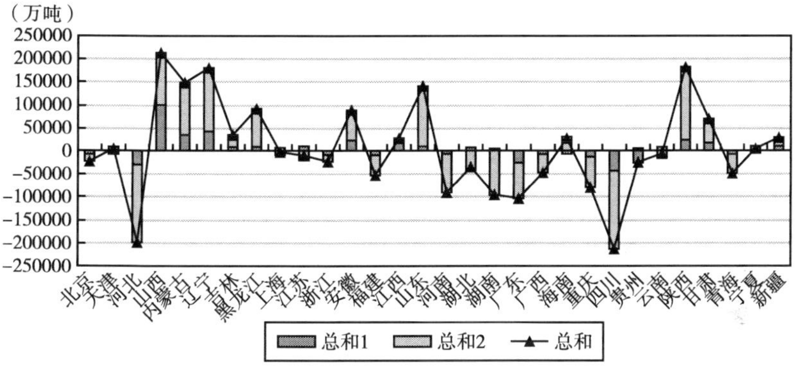

图 10－2 不同省域 1995～2016 年碳转移总和

注：总和表示 1995～2016 年碳转移总和，总和 1 表示 1995～2005 年碳转移总和，总和 2 表示 2006～2016 年碳转移总和。

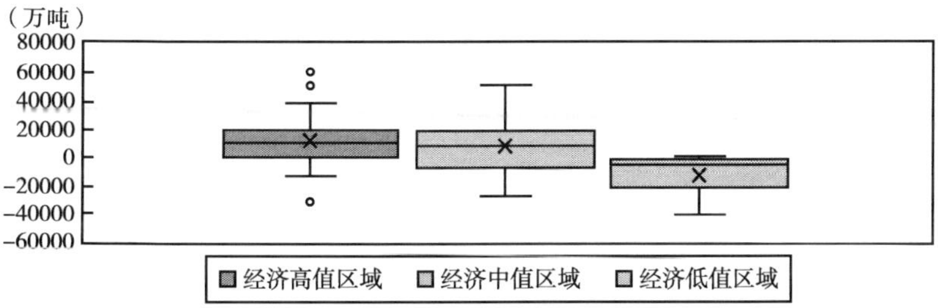

图 10－3 三个经济组别 1995～2016 年的碳转移总量箱线图

3. 责任原则分配方案结果分析

根据前文历史责任基期的划分和区域碳转移责任模型设定，将历史排放责任和历史转移责任纳入碳配额分配方案中。由于碳配额是一种权利，而责任越高应该分配的权利越小，因此需要将减排责任通过处理转化为权利标准。本章采用年均责任最大值的适当倍数减去相应责任得到年均权利份额，从而在 2020 年减排目标 1283000 万吨的约束下得到考虑责任原则的碳配额分配方案，结果如表 10－3 第 5 列所示。

表 10－3 历史排放责任及配额分配 （单位：万吨）

地区	历史碳排放责任	碳转移总和	历史总责任	责任原则碳配额分配	2020 年碳排放	差值
北京	229498	－23076	206423	51486	7914	43572
天津	296714	4658	301372	48714	19858	28856
内蒙古	887803	146870	1034673	27301	82469	－55168
辽宁	1173747	178803	1352550	18019	73511	－55492
上海	478525	－2973	475553	43627	25514	18114
江苏	1084569	－10285	1074284	26144	84916	－58772
浙江	682190	－23475	658715	38279	44961	－6681
福建	331420	－52996	278424	49384	27026	22357
山东	1660934	139781	1800715	4932	135900	－130967
广东	927209	－103648	823560	33465	61811	－28345
高值总和	7752609	253659	8006269	341351	563880	－222526
河北	971180	－196454	774726	34891	94500	－59609
山西	921088	144099	1065186	26410	83767	－57357
吉林	320982	26278	347260	47374	27268	20105
黑龙江	463688	83939	547627	41523	37897	3626
河南	739269	－92557	646712	38630	64492	－25862
湖北	443003	－43601	399402	45851	36883	8968
海南	68382	28283	96665	54691	5970	48721
重庆	172103	－69369	102734	54514	15102	39412
陕西	466236	166898	633134	39026	49408	－10381

续表

地区	历史碳排放责任	碳转移总和	历史总责任	责任原则碳配额分配	2020 年碳排放	差值
新疆	414461	18749	433210	44864	47591	-2727
中值总和	4980392	66265	5046656	427774	462878	-35104
安徽	352651	65661	418312	45299	40809	4489
江西	194044	7107	201152	51640	22434	29206
湖南	319626	-96079	223547	50986	32694	18292
广西	204191	-39864	164327	52715	23797	28918
四川	320342	-169804	150538	53118	34490	18628
贵州	273322	1294	274616	49495	30317	19178
云南	229917	-14299	215618	51218	23317	27900
甘肃	214246	51559	265805	49752	21579	28173
青海	47664	-40902	6762	57316	5483	51833
宁夏	167459	9883	177342	52335	21323	31012
低值总和	2323462	-225444	2098019	513874	256243	257629

可以看到山东省由于历史责任最大，因此分配的配额最少，仅为 4932 万吨，这一配额数量与实际碳排放的差值高达 13 亿吨。除此之外，内蒙古、辽宁、江苏、广东、河北、山西的配额也出现不足，而北京、天津、上海、重庆等直辖市以及大部分经济低值区域的配额则出现了盈余，这些直辖市出现配额盈余的原因是这些地区行政面积和人口相对其他行政区域较小，因此历史碳排放责任也较小，如果按照人均责任来看，这些直辖市的责任也会提高。从区域分组来看，高值区域配额分配量约为 34. 1 万亿吨，中值区域的分配量约为 42. 8 万亿吨，低值区域的分配量约为 51. 4 万亿吨。由于配额分配的差异，高值区域配额不足量约为 22. 3 万亿吨，中值区域的配额不足量约为 3. 5 万亿吨，低值区域则出现配额盈余，盈余数量为 25. 8 万亿吨。因此按照责任原则，未来高值和中值区域将会付出较高的减排成本，而低值区域将会得到相应的减排补偿。值得注意的是并不是所有经济高值区域配额均出现不足，而是表现出异质性：有的区域出现盈余，有的区域出现不足；而对于经济低值区域，则表现一致：配额分配大于实际碳排放。这说明经济高值区域的碳减排责任由于能源结构和发展模式不尽相同而承担

不同的责任，而所有经济低值区域则只需承担较小的责任。通过责任原则可以看到，责任较大的地区配额分配将会变少，责任较少的地区配额分配将会加大，这是一种责任惩罚机制，但这种机制会造成过度惩罚而损失效率，比如山东如果按照责任原则将面临严重的配额不足，为此将会造成沉重的减排负担损害经济发展的积极性。

10.3.2 效率原则分配方案实证分析

将2020年人口、GDP、资本存量、就业人数和碳排放的估算值作为ZSG－DEA的基础数据，运行ZSG－DEA模型（经过5次调整，各地区的效率均达到最优值）得到按照效率原则的配额分配方案，结果如表10－4所示。可以看到，与初始碳排放相比，北京、天津、上海、浙江等初始经济效率（CCR效率）① 较高的17个地区碳配额数量增加，而初始经济效率较低的内蒙古、辽宁、江苏、河北等20个地区碳配额数量减少。在该效率机制下，初始效率较高的地区（包括效率为1的北京和江西）提高效率的途径是增加自身碳排放量而使其他地区减少碳排放量，而初始效率较低的地区提高效率的途径是减少自身碳排放而增加其他地区碳排放。由此可以看到，ZSG－DEA模型的调配机制是一种效率奖励机制：效率越高的地区将会得到更多的碳配额，而效率越低的地区将会得到更少的碳配额。这种分配机制将产生贫富差异“马太效应”，将会导致未来低碳经济体制下我国二元经济结构体系的进一步拉大，造成新的区域发展不公平。

表10－4　ZSG－DEA效率原则配额分配与综合原则配额分配

地区	初始碳排放	CCR效率	5次调整效率	效率原则配额分配	综合原则配额分配
北京	6019	1	1	17950	25224
天津	10471	0.3026	1	13629	21239
内蒙古	49574	0.1053	1	19692	21342

① 传统DEA模型由Charnes和Cooper等于1978年提出，命名为CCR模型，是一种多投入多产出的效率评价方法，本章CCR模型是指未考虑零和博弈的传统形式。

续表

地区	初始碳排放	CCR 效率	5 次调整效率	效率原则配额分配	综合原则配额分配
辽宁	40061	0. 2129	1	35508	31715
上海	13658	1	1	57870	54781
江苏	77735	0. 3251	1	62624	54711
浙江	40348	0. 4567	1	46581	44780
福建	30057	0. 5274	1	32333	36031
山东	115982	0. 2685	1	82779	65894
广东	73205	0. 7106	1	99627	85277
河北	84689	0. 3128	1	67058	60081
山西	56244	0. 174	1	33061	31619
吉林	25680	0. 3398	1	21016	26733
黑龙江	37564	0. 3822	1	32857	34737
河南	81267	0. 6018	1	88057	77336
湖北	47794	0. 6112	1	51137	49991
海南	6886	0. 732	1	9912	19625
重庆	23173	0. 7988	1	27362	33251
陕西	45949	0. 2854	1	31987	33514
新疆	43152	0. 1911	1	20632	25888
安徽	57817	0. 7197	1	66623	61998
江西	38468	1	1	50885	51049
湖南	55085	0. 896	1	66447	63094
广西	39707	0. 9616	1	51906	52082
四川	62414	1	1	78235	72787
贵州	37265	0. 4778	1	32856	36465
云南	36013	0. 9135	1	48316	48946
甘肃	24375	0. 5289	1	25888	31064
青海	6469	0. 3806	1	4734	16139
宁夏	15879	0. 1124	1	5436	15608
总和/平均	1283000	0. 5443	1	1283000	1283000

注：碳排放和碳配额的单位为万吨。

10.3.3 综合原则分配方案实证分析

综上所述，公平的碳配额分配虽然能够使区域得到公正的对待，但是这种“鞭打快牛”的机制将会扭曲资源配置效率，不利于中国目前的经济全局发展；而效率原则虽然能保证经济效率达到最优，但是忽视公平性，贫富差异的“马太效应”将会造成新的区域发展不公平。在环境规制下，配额作为稀缺资源几乎等同于经济发展权利，碳配额在不同地区的分配相当于发展权利的分配。因此最优的碳排放分配应当兼顾经济效率和社会公平，在效率与责任公平之间权衡（trade - off）（Duan and Wang，2018）。为此运用熵值法将两者结合起来的公式为：

$$aCO_{2i} = w_1 eCO_{2i} + w_2 rCO_{2i} = 0.783 eCO_{2i} + 0.217 rCO_{2i} \quad (10-11)$$

公式（10 - 11）为根据熵值法得到效率分配和责任分配的权重分别为 0.783 和 0.217。综合原则的配额分配结果如表 10 - 4 第 6 列所示，可以看到，山东省的配额有所增加，不足配额减少为 50088 万吨；湖南的配额分配由责任原则下的配额不足转变为配额盈余，由此可见综合原则兼顾区域经济发展效率和分配公平正义。

10.3.4 三种分配方案减排成本效应比较分析

配额分配属于一种环境规制，为了满足规制要求必然要付出一定的成本代价，不同的配额方案将会对中国经济的减排成本产生不同影响。为了比较责任原则、效率原则和综合原则下的区域减排成本，分别利用 SBM - DEA 模型的利润函数来计算三种配额分配机制下的碳排放和经济产出的影子价格，通过影子价格的比值来反映各个区域的边际减排成本和整体减排成本。结果如表 10 - 5 所示，可以看到：

（1）不同分配原则下的边际减排成本存在较大差异。比如，在责任原则下山东、江苏、广东和辽宁的边际减排成本最高；在效率原则下，这四个省份的边际减排成本均有所下降，其中山东从 110619 元下降到 2197 元，江苏从 7741 元下降到 3232 元，广东从 6280 元下降到 2110 元，辽宁从 4605 元下降到 2337 元；在综合原则下，这四个省份的边际减排成本分别为 2760 元、3699 元、2465 元和 2616 元。

而有些地区，比如北京、天津、福建、吉林以及大部分经济低值区域在效率原则下的减排成本比责任原则下的边际减排成本要高；在此原则下，边际减排成本最低的为青海、宁夏和海南，其值分别为 432 元、539 元和 545 元；综合原则和效率原则下边际减排成本在区域之间较为平稳，数据标准差分别为在 806 和 815 元，责任原则下边际减排成本波动较大，数据标准差高达 19948 元。

（2）从平均边际减排成本来看，效率原则、责任原则和综合原则下全国平均边际减排成本分别为 1697 元、5393 元和 1556 元。由此可见，综合原则下全国平均减排成本最小，而责任原则下该成本最大。另外，综合原则和效率原则的平均边际减排成本差异较小，而责任原则下的平均边际减排成本皆是两者平均成本的 3 倍以上，这表明在责任原则下为了减少一单位 GDP，经济社会要付出更高的成本代价。从不同类型的区域来看，高值区域的边际减排成本在不同的分配方案下差异较大，责任原则、效率原则和综合原则的边际减排成本分别为 13982 元、2594 元和 2502 元，责任原则是其他两个原则的 5 倍以上。中值区域的边际减排成本在三种分配标准下差异较小，基本在 1300 ~ 1425 变动；而低值区域的边际减排成本在效率原则下最高为 1073 元，而在责任和综合原则下，仅为 860 元左右。总之，高值区域在三种标准下的边际减排成本最高，低值区域的减排成本最低，而且分配方案的差异对高值区域影响较大，对中值和低值区域影响较小。

（3）如果按照公式（10 – 10）对所有区域减排总成本或收益进行加总可以得到社会减排总成本或收益，结果如表 10 – 5 所示。从不同类型的区域来看，高值区域在效率原则下总成本最小，其值为 2362 亿元，而在责任原则下总成本最高，其值高达 1290906 亿元。同时还可以看到低值区域将会得到正的收益，中值和高值区域将得到负的收益，也即将支付高额的减排成本。其中山东在责任原则下支付的减排成本高达 1228431 亿元，其次为江苏将支付 39939 亿元的减排成本。从整体上看，在效率原则、责任原则和综合原则下减排总成本分别为 6386 亿元、1311888 和 14643 亿元，很明显在效率原则下的总成本最小，而在责任原则下的区域总成本最高，这也说明了由于分配时考虑了责任即公平，从而损失了分配的效率。

总之，效率原则有利于人均 GDP 高的区域，而不利于低值区域；责任原则有利于人均 GDP 较低的区域，而不利于人均 GDP 高值区域。考虑综合原则的碳配额分配方案比较公平合理，在这种分配机制下，虽然成本效应并不一定是最低的，但是绝对不是最差的，而且兼顾责任与公平的配额方案无论对于经济高值区域还是经济低值区域来说都在可以承受的范围之内。在该方案下，尽管贵州和宁夏等低值区域出现了小幅度损失，但并没有付出过高的发展代价；而一些在责任原则下成本高不堪言的区域，比如山东、内蒙古和江苏等地区的成本下降了很多（其中山东的边际减排成本在责任原则下高达 110619 元，而在效率和综合原则下的山东的边际减排成本明显下降到 3000 元以下）。这种折中的配额分配方案在碳市场建设初期给经济转型和产业调整留出足够的时间，有利于经济的可持续发展。

表 10－5　　三种配额分配方案的成本比较

地区	效率原则			责任原则			综合原则		
	配额分配	MAC	总成本	配额分配	MAC	总成本	配额分配	MAC	总成本
北京	17950	3694	4407	51486	1288	5855	25224	2628	5048
天津	13629	3503	1106	48714	980	3748	21239	2248	2420
内蒙古	19692	2643	－7899	27301	1907	－4247	21342	2439	－6885
辽宁	35508	2337	－1064	18019	4605	－10149	31715	2616	－2183
上海	57870	1245	5505	43627	1652	4950	54781	1315	5410
江苏	62624	3232	－4884	26144	7741	－39939	54711	3699	－8517
浙江	46581	2658	1657	38279	3234	－669	44780	2764	1225
福建	32333	2319	528	49384	1519	2935	36031	2081	1243
山东	82779	2197	－7294	4932	110619	－1228431	65894	2760	－13823
广东	99627	2110	5574	33465	6280	－24958	85277	2465	2975
高值总和/平均	468594	2594	－2363	341351	13982	－1290906	440995	2502	－13087
河北	67058	1283	－2262	34891	2466	－12280	60081	1432	－3524
山西	33061	1118	－2591	26410	1399	－4175	31619	1169	－2878
吉林	21016	1961	－914	47374	870	1887	26733	1541	162
黑龙江	32857	1325	－624	41523	1049	415	34737	1253	－354

续表

地区	效率原则			责任原则			综合原则		
	配额分配	MAC	总成本	配额分配	MAC	总成本	配额分配	MAC	总成本
河南	88057	1213	824	38630	2766	-11791	77336	1381	-543
湖北	51137	1668	558	45851	1860	-361	49991	1706	375
海南	9912	1078	326	54691	195	934	19625	545	694
重庆	27362	1658	695	54514	832	2609	33251	1365	1375
陕西	31987	1640	-2290	39026	1344	-931	33514	1565	-1946
新疆	20632	1305	-2938	44864	600	103	25888	1040	-1795
中值总和/平均	383081	1425	-9216	427774	1338	-23590	392775	1300	-8434
安徽	66623	953	840	45299	1402	-1755	61998	1025	428
江西	50885	949	1178	51640	935	1231	51049	946	1190
湖南	66447	1262	1434	50986	1644	-674	63094	1329	1064
广西	51906	934	1140	52715	920	1197	52082	931	1152
四川	78235	1111	1757	53118	1636	-1521	72787	1194	1238
贵州	32856	923	-407	49495	613	749	36465	831	-67
云南	48316	820	1008	51218	773	1176	48946	809	1046
甘肃	25888	757	115	49752	394	1000	31064	631	422
青海	4734	1474	-256	57316	122	619	16139	432	418
宁夏	5436	1546	-1615	52335	161	585	15608	539	-15
低值总和/平均	431325	1073	5194	513874	860	2607	449230	867	6878

注：配额分配单位为万吨，边际减排成本 MAC 单位为元，总成本或收益单位为亿元。

10.4 小结

在碳排放总量目标控制下，中央政府自上而下将其分解到地方政府将面临大量的政治博弈，本章将减排目标和历史排放责任和历史转移责任纳入公平的碳配额分配方案中，比较分析了责任原则、效率原则和综合原则下配额分配的减排成本效应，从中甄选出兼具目标与责任、公平与效率的区域配额方案。这些研究有助于厘清各地区历史碳排放责任，减少地区之间的政治摩擦，建立公平而有效的初始碳配额分配机制，主要研究结论如下：

（1）在样本考察期内中国省际区域贸易引起了大量碳转移。碳转移方向主要从能源生产地向能源需求地、从经济高值和中值区域向西部低值区域流动，而且近年来的流动量在不断加大。从时间维度来看，在不同的时间段内区域的转入和转出数量有所变化，1995～2005年碳流动的数量较少，而2006～2016年碳流动的数量较高。碳转移责任较大而且经济条件比较好的地区应该承担更多的减排责任，为其他地区提供资金补偿和技术支持。

（2）从历史累积碳排放来看，东部经济基础较好地区或煤炭生产基地比如山东、辽宁、江苏、内蒙古、河北、山西等地区排放了最多的二氧化碳，其中山东省1995～2016年累积碳排放全国第一，高达约166.1亿吨碳排放，辽宁高达117.4亿吨，位居全国第二位。这说明这些地区在经济发展历史上过多依靠能源密集型制造业或者化石能源产业，从而造成了过多历史排放，未来将承担更多减排责任；从总量上看，西部区域或面积较小区域比如青海、海南、重庆、宁夏、江西、北京等地区具有最小的历史责任。按照经济高值、中值、低值分组来看，高值区域的累积碳排放高达775.3亿吨，中值和低值区域的累积碳排放为498亿吨和232亿吨，很显然经济高值区域的碳排放远高于经济中值和低值区域。

（3）不同的分配机制将会产生不同的政策效果。由于发展基础好的地区往往历史排放也较高，在责任原则下将会承担更大的减排责任，这种“鞭打快牛”责任惩罚机制将会造成过度惩罚而损失效率，比如山东如果按照责任原则将面临严重的配额不足，为此将造成沉重的减排负担，损害经济发展的积极性。而效率原则下经济基础较好的地区往往得到较高的配额分配，这一分配机制虽然能保证经济效率达到最优，但是忽视公平性，贫富差异的“马太效应”将会造成新的区域发展不公平。因此最优的碳排放分配应当在效率与责任公平之间权衡，兼顾经济效率和社会公平。

（4）不同的配额方案对中国区域的减排成本产生重要的影响。从平均边际减排成本来看，在效率原则、责任原则和综合原则下配额分配的平均边际减排成本分别为 1697 元、5393 元和 1556 元，由此可见，责任原则下的平均减排成本最高，其次为效率原则，而综合原则下平均减排成本最小。从减排总成本来看，依然是效率原则下的减排总成本最小，其次为综合原则，总成本最大是责任原则下的配额分配方案。从减排成本最小化角度来看，兼顾责任和效率的综合配额分配方案是较理想的选择。

（5）不同区域在配额分配机制下表现出个体异质性。由于历史责任过高，在责任原则下，山东省的边际减排成本高达 110619 元，其次为江苏、广东和辽宁等地区。高值区域在责任原则下的边际减排平均成本高达 13982 元，在效率和综合原则下该值分别为 2594 元和 2502 元；中值区域的边际减排成本在三种分配标准下变动较小，基本在 1300～1425 之间变动；低值区域的边际减排成本在效率原则下最高为 1073 元；而在责任和综合原则下，仅为 860 元左右。总体上看，高值区域在三种标准下的边际减排成本最高，低值区域的边际减排成本最低。从社会总成本角度来看，高值区域在效率标准下才会有所盈余，在责任和综合原则下将支付较高代价；中值区域在三个分配机制下均需要支付较高成本，唯有低值区域在三种分配机制下均呈现盈余。

根据以上研究结论提出完善碳市场分配机制，促进经济低碳转型的政策建议：

（1）建立考虑排放责任的区域碳排放账户制度。要建立全国统一的碳市场，首先要明确区域之间如何协调，谁应该承担更多的碳减排责任，谁应该享有更多的生态补偿，构建并完善区域的碳排放账户制度，从基期设定、分配方案、责任划分都要具有科学的依据。本章的基期选择方案和碳转移衡量标准为构建区域碳排放账户提供了基本的思想和操作方案。未来在具体的制度构建方面，要完善区域碳数据库建设，实施碳排放账户的动态监控管理，将上一年或者近几年的碳排放账户变动状况作为下一年配额分配的参考依据。

（2）建立兼顾责任与目标、公平与效率相结合的碳配额分配机制。由于责任原则和效率原则的分配方案具有较强的偏倚性，在责任方面负担较多或者效率较低的地区将受到严重的影响，在稳中求变的发展战略导向下，综合原则的配额分配不仅兼顾公平和效率，而且也使社会总成本最小。未来在利用大数据建立区域历史碳排放账户基础上，最理想的方法是建立兼顾责任与目标、公平与效率相结合的碳配额分配机制。本章提供的方案可以作为设计碳配额的一种思路，从国家减排目标出发，将区域排放责任、转移责任、和经济效率纳入碳配额分配机制中，通过价格调节机制合理分配资源，激发企业参与交易活力，促进中国经济转型升级。建立完善的碳市场交易机制，实行严格的监督机制和惩罚机制保证交易的有序进行。

（3）以构建碳配额分配机制为契机推动区域之间协调发展。配额分配是一种权利配置，通过初始碳配额分配建立完善碳市场机制将对中国经济产生重要影响。原有的经济模式将被打破，未来的区域格局将会面临重塑。因此在强调区域协同发展的背景下，政府要利用这次契机重塑中国经济区域之间协同、创新和低碳发展的新格局。各省级区域也要加快调整产业结构，加强低碳能力建设。具体来讲，由于经济高值地区责任承担的异质性，因此对于煤炭开采和化工为产业支柱的地区要加快煤炭清洁化利用和转化技术，推动特高压电网基础设施，同时大力推动产业结构升级和转型，降低经济发展对化石能源的依赖程度；而对于经济发达区域要加快技术投资和研发，为高碳地区提供资金和技术支持。经济发展水平较低地区，由于历史排放责任较小，未来将会给予充足碳配额，同时高值区域要为其提高技术和资金支持，帮助其建立低碳产业体系。

区域之间的配额分配是个值得研究的重要问题，本章给出了兼具目标和责任、公平和效率的区域配额方案的设计思路以及定量化方法，该方案设计可以推广到其他层级的配额分配方案或类似的分配机制中。再者，政府也可以根据不同发展目标导向设定不同的配额分配方案，本章所提出的三种配额方案可以满足区域发展的个性化需求。另外配额分配机制是一个复杂的系统工程，还包括二次分配机制、跨期分配机制等，本章的研究只涉及免费配额部分，其他分配机制将作为未来的研究方向。①

注：①尽管有报道称中国2020年的减排目标已经提前实现，但是本章并不旨在研究减排目标，而是研究在现有目标下如何构建合理有效的配额分配方案。

②传统DEA模型由Charnes和Cooper等人于1978年提出，命名为CCR模型，是一种多投入多产出的效率评价方法，本文CCR模型是指未考虑零和博弈的传统形式。

11.

环境税制下政府与污染企业演化博弈分析

11.1 引　言

随着我国经济的飞速发展，资源环境问题逐渐成为制约经济发展的瓶颈。雾霾、沙尘暴、土壤污染、水污染严重影响着人民身体健康和经济发展的质量。环境问题存在的根源在于环境污染的外部性，即污染主体从污染排放过程中获得了巨额私人收益，但却只承担了很小一部分污染成本。要从根本上解决环境污染问题，就必须通过一定的机制设计使微观主体从自身利益的角度出发来控制排污、保护环境。国外经验表明开征环境税对于治理环境污染起到积极的效应。比如瑞典开征环境税以来，从1990～2006年间温室气体总排放量下降了9%，而同期GDP却增长了44%。有研究表明，如果瑞典税率保持在1990年的水平，瑞典二氧化碳的排放量将比现在高出20%。征收环境税具有同时改善环境质量和提高社会福利的双重红利。我国环境问题严重且环保治理资金严重不足，环境税开征迫在眉睫。"十二五"规划指出："选择防止任务繁重、技术标准成熟的税目开征环境保护税，逐步扩大征收范围。"目前我国环境税开征的主要问题是"费改税"，改革排污费的征收方式、内容和动机，使之成为激励型的积极手段，更多运用排放税、排污贸易许可等更具创新激励作用的经济手段，着力解决污染物收费制度存在的收费标准过低、管理混乱等问题，将会有效控制污染物排放。但是我国缺乏环境税政策设计和征管方面的经验，因此研究制定合理的环境税收机制，逐步实现“费改税”，对于实现污染企业节能减排具有重要的现实意义。

有关环境税的研究起源于 Pigou 在研究外部性时认识到环境税对环境污染的重要作用。环境税主要对实施环境污染的个体或者行为进行征税，体现了“谁污染谁付费”（the polluter pays principle）的原则。学者们有关环境税的研究主要围绕环境税的双重红利、环境税征收对经济社会的宏观影响、环境税对个人或家庭的影响等方面展开研究。这些研究对于认识环境税的作用机制以及环境税的宏观经济效应提供理论支持。当从微观角度考虑到环境税涉及的相关利益主体时，一些学者用博弈论来研究环境税的征收问题。主要包括以下 5 个方面：（1）绿色供应链管理方面。Zhao 和 Neighbour、Tian 等、Barari 等运用博弈论来研究不同环境政策对绿色供应链管理问题。李新然等基于政府基金政策，针对由单个制造商、再制造商及零售商组成的再制造闭环供应链，构建了有、无政府基金政策的决策模型，探讨了政府基金政策所设置的环境税与回收处理补贴对再制造闭环供应链最优决策及利润的影响问题。（2）政府对企业的环境政策方面。Cohen 等运用两阶段斯坦伯格博弈模型分析政府和绿色技术供应商相互作用关系，认为对消费者的补贴会影响绿色技术供应商的价格决策。Hu 等通过寡头垄断博弈模型分析绿色制造部门和普通制造部门，认为庇古税和补贴政策的效果由产品特性、市场结构等因素。Franckx 建立了多个污染企业和环境执法者的博弈关系，他发现当规制成本（Regulating Cost）相当低时，环境执法者的策略要么严格执法要么根本就不执法，然而当惩罚程度达到上限，执法者就会选择监督所有企业。Dong 等在博弈模型中增加了政策变量，比如心理成本、环境收益估算、所获奖励等变量来研究如何改善目前政策。Zhao 等运用博弈论分析了碳减排标签制度下企业的可能反应，并运用中国空调制造商案例模拟了在直接补贴、税收优惠以及两种制度结合情形下的碳减排标签政策的实施效果。Wu 等利用复杂网络结构构建了政府与企业低碳策略的演化博弈。申亮运用演化博弈研究了政府和企业的环保监督问题。李媛和赵道致、于维生和张志远构建了政府和企业的三阶段博弈模型，对碳税的可行性和方式选择进行研究。（3）企业之间的博弈方面。李长胜和范英等构造了一个两阶段动态博弈模型，以两个代表性钢铁企业（东部和西部）

为研究对象，来考察在完成一定减排目标前提下，政府设置统一碳税和差异化碳税分别对减排成本、社会经济福利、企业竞争力等的影响。郭本海等利用演化博弈分析了高耗能产业在政府与企业博弈中退出市场的机制。王伟国等分析了高耗能企业在减排补贴和征收碳税两种策略下的均衡状态。张学刚和钟茂初通过引入环境污染给政府和企业分别带来政治成本与声誉成本研究政府环境监管与企业污染治理的互动决策。（4）地方政府之间的博弈分析。潘峰和西宝认为由于区域环境污染具有跨界性，在环境规制的执行过程中，地方政府之间存在博弈关系。建立了地方政府与地方政府的演化博弈模型，分别研究了未引入约束机制和约束机制下的地方政府环境规制策略及其影响因素。李明全和王奇分析了完全信息静态博弈时两个地方政府非合作与合作情形下的均衡污染排放量，构建基于无限次重复博弈模型并讨论两个地方政府采取冷酷战略时彼此合作的临界贴现因子。谢晶晶等运用三阶段博弈模型模拟了碳配额交易的价格形成机制。（5）中央政府与地方政府博弈分析。潘峰和西宝建立了地方政府与排污企业、地方政府与中央政府的演化博弈模型，并对地方政府环境规制策略的影响因素进行分析。

分析以上研究，对于研究环境税的税率设计、环境税改革的宏观经济效益等有一定的借鉴意义，国外研究大多关注产业链或者环境治理政策的博弈问题，由于我国的政府管理体制和税收机制与国外不同，国外研究成果对中国政府之间的环境博弈借鉴作用有限。环境税收制度的建立实施可以看作环境税涉及利益主体之间关于税收负担的确定、分配、转嫁、归宿等的博弈。如果这些利益主体之间关系难以平衡，势必对环境税征收效率和环境效益产生不良影响，而国内学者研究政府与企业的博弈问题大多将博弈关系界定在政府之间或政府与企业之间，很少将中央政府、地方政府与污染企业三者之间的博弈关系有机统一起来。潘峰和西宝虽然研究了中央、地方与企业的博弈关系，但其分析重点在地方政府的行为策略和影响因素。而本章基于有限理性假设，试图从群体行为视角出发探究环境税作用于相关利益主体的策略选择，从中寻求合理的环境税征收机制设计，重点探究中央政府、地方政府与污染企业三者利益均衡条件下的环境税征收机制设计问题，这对于完善环境税征收体系提供必要的理论借鉴。本章结构安排为，首先建立中央政府与地方政府有关环境税收的委托代理模型，其次建立地方政府与污染企业的演化博弈模型，最后对中央政府、地方政府与污染企业三者博弈关系进行分析和总结。

11.2 中央政府与地方政府的委托—代理模型

中央政府和地方政府不同的利益偏好及各自的目标函数。中央政府追求全局利益最大化，包括协调经济和环境、地方政府之间的矛盾和问题，实现经济、环境和社会的可持续发展。它的策略有合理分配环境税税收比例，制定税收范围，监督地方政府，建立公平和有效的生态补偿制度等。地方政府追求地方局部效益最大化，有时为了发展经济而故意隐瞒污染事实，对污染企业可能存在监督不严、执法不严等软约束问题。因此，地方政府策略是在政策范围内寻求自身利益最大化，合法甚至不合法规避中央政策的约束和检查，在有强烈自利性的动机下，可能会出现地方保护主义，甚或做出利于自己而不利于其他竞争主体的事情。在环境税划分为共享税这一前提下，中央和地方政府在征收环境税的问题上可以用博弈论的委托—代理理论加以分析，因为地方政府的行动具有隐蔽性，中央政府很难完全掌握地方政府的行动信息。中央政府属于信息劣势的委托方，地方政府属于拥有信息优势的代理方。地方政府利用完全信息优势必然选择使其利益最大化的行动。中央政府要想使地方政府与中央政府的目标一致，必须根据能够观测到的地方政府信息来制定激励机制，促使地方政府选择有利于中央政府的行动。

1. 模型假定

根据委托—代理理论，中央政府与地方政府的博弈模型满足如下假定：

（1）经济人假设。博弈双方始终追求自身利益最大化，有明确的目标函数和最优的策略选择。

（2）信息不对称。委托人并不能直接观察到代理人的努力工作程度，即使能够观察到也不可能被第三方证实；而代理人自己却很清楚付出的努力水平。中央政府和地方政府有关环境税的征收问题就是一种基于信息不对称的委托代理关系——中央政府委托地方政府行使对污染企业的环境税收权利。

(3) 环境税税权为中央与地方共享税。中央政府选择合适的共享比例来激励地方政府。

(4) 变量设定：中央政府在环境税中的收益为 G，第 i 个地方政府的收益为 D_i，由于征收环境税过程中，税收收入与中央政府和地方政府的共同努力有关，因此总税收收入为 $X=\sum X_i$，其 X_i 表示第 i 个地方政府的环境税收入。X_i 与地方政府的努力程度 σ_i 有正相关关系，但是这种增长并不是无限大的，因此设定 $X_i=\alpha\ln\sigma_i$，很显然 σ_i 大于 0。用 C_i 表示地方政府征税付出的必要成本，这个成本与企业的生产成本函数类似属于递增函数，因此设 $C_i=\beta_i\sigma_i^2$。用 μ_i 表示地方政府在环境税收中的共享比例，A_i 表示地方政府接受的最低环境税收水平。

征收环境税将会使企业通过节能改造或者技术创新等手段减少污染物排放，从而实现环境质量的改善，因此政府依靠税收手段取得的环境改善为 SH_i，环境改善的程度与地方政府的努力 σ_i 相关，设 $SH_i=\omega\sigma_i^2$。另外，中央政府对地方政府的转移支付主要根据地方政府的治污绩效，地方政府的努力程度越高，治污成效越好，中央政府与地方政府的转移支付就越多。假设用 TR_i 表示中央政府对地方政府的转移支付。TR_i 与环境改善程度 SH_i 正相关，即设 $TR_i=\xi SH_i$。中央政府还有维持全局环境公平的责任，有些区域是环境污染的受害方，中央政府需要对受害区域进行必要的生态补偿。设定每一个区域接受中央政府不同的生态补偿基金 PE_i，由于生态补偿的机制比较复杂，在此我们假定其为外生变量。

2. 模型构建与分析

根据以上假定，中央政府和地方政府博弈的参数化模型为：

$$\max\left[\sum(1-\gamma)X_i-\sum TR_i-\sum PE_i-\sum\mu_iX_i+\sum SH_i\right] \tag{11-1}$$

激励相容约束条件为：$TR_i+\mu_iX_i-C_i+PE_i+SH_i\geqslant A_i$，同时还要保证地方政府的利益最大化：$\max[TR_i+\mu_iX_i-C_i+PE_i+SH_i]$。其中 γ 表示中央政府征税的成本占总收入的比重。

地方政府最大化收益函数为 $\max D_i=\max[TR_i+\mu_iX_i-C_i+PE_i+SH_i]$，不仅要实现经济利益最大化，还要平衡当地环境与经济的矛盾，在执行中央政府的环境规制政策外，还要考虑当地经济的发展水平，要保证地方工业企业的净收益大于0：$Q - X_i > 0$，其中，Q 为企业除了环境税以外的利润，X_i 为企业的环境税支出。

将设定的各个变量代入，得出地方政府的最大化收益的拉格朗日函数为：

$$L_{loc} = \xi\omega\sigma_i^2 + \mu_i\alpha\ln\sigma_i - \beta_i\sigma_i^2 + PE_i + \omega\sigma_i^2 - \lambda(Q - \alpha\ln\sigma_i) \quad (11-2)$$

根据库恩－塔克条件求解（2）式的最优值得：

$$\sigma_i = \left(\frac{\mu_i\alpha - \lambda\alpha}{2\xi\omega - 2\beta_i + 2\omega}\right)^{\frac{1}{2}} \quad (11-3)$$

中央政府的拉格朗日函数为（S_i 为松弛变量）：

$$L_{cen} = \left[\sum(1-\gamma)X_i - \sum TR_i - \sum PE_i - \sum \mu_i X_i + \sum SH_i\right]$$

$$- \lambda(TR_i + u_i X_i - C_i + PE_i + SH_i - S_i) \quad (11-4)$$

环境税收入一般由中央政府和地方政府共同分配，因此 $0 < \mu_i < 1$，中央政府的转移支付为非负数，即 $TR_i > 0$。由库恩－塔克条件求解（11－4）式得：

$$\frac{\partial Lcen}{\partial \mu_i} = 0$$

即：$\sum \frac{(1-\gamma-\mu_i)\alpha}{2(\mu_i - \lambda)} - \sum \alpha\ln\sigma_i + \sum \frac{(1-\xi)\omega\alpha}{2(\xi\omega - \beta_i + \omega)} - \frac{\lambda\alpha}{2} + \alpha\ln\sigma_i +$

$$\frac{\alpha\mu_i}{2(\mu_i - \lambda)} = 0 \quad (11-5)$$

根据 $TR_i + u_i X_i - C_i + PE_i + SH_i - S_i = A_i$，$TR_i = \xi SH_i = \xi\omega\sigma_i^2$，$\sigma_i = \left(\frac{\mu_i\alpha - \lambda\alpha}{2\xi\omega - 2\beta_i + 2\omega}\right)^{\frac{1}{2}}$得：

$$TR_i = A_i - \mu_i X_i + C_i - PE_i - SH_i + S_i = \xi\omega\sigma_i^2 = \xi\omega\frac{\mu_i\alpha - \lambda\alpha}{2\xi\omega - 2\beta_i + 2\omega} \quad (11-6)$$

对等式（11－3）求一阶和二阶导可得：

$$\frac{\partial\sigma_i}{\partial\mu_i} = \frac{\alpha}{2}\left(\frac{\alpha\mu_i - \lambda\alpha}{2\xi\omega - 2\beta_i + 2\omega}\right)^{-\frac{1}{2}} > 0, \frac{\partial^2\sigma_i}{\partial^2\mu_i} = -\frac{\alpha^2}{4}\left(\frac{\alpha\mu_i - \alpha\lambda}{2\xi\omega - 2\beta_i + 2\omega}\right)^{-\frac{3}{2}} < 0 \quad (11-7)$$

通过（11－7）可以看出地方政府征收环境税的努力程度 σ_i 与共享比例 μ_i 密切相关，并随着 μ_i 的增大而增大，但是递增的速度在下降。这表明在实际操作中，地方政府对税收的努力程度有一个极限度，当超过这个极限水平时，即使中央政府不断提高共享比列，地方政府的税收能力也不会过度增加。因此，中央政府在确定共享比列这个激励机制时，要考虑地方政府的税收能力和税收的积极性，制定合理的激励机制。

根据式子（11－5）可知，地方政府环境税共享比例 μ_i 与 γ 呈反方向变动，地方政府共享比例 μ_i 越高，中央政府的征税成本 γ 比重越低。由公式（11－3）可以看出，共享比例 μ_i 越高，地方政府征税的努力程度 σ_i 越高，而征税成本 β_i 也会越高。因此中央政府制定环境税政策时，要统筹考虑当地政府和中央政府的行动成本，不能只顾及一方的利益。

由式子（11－6）可以看出中央对地方的转移支付 TR_i 受到地方政府收入的最低期望值 A_i，努力程度 σ_i，共享比例 μ_i 和征收成本系数 β_i 的影响。

环境改善的收益 SH_i 与地方政府的努力程度相关，由公式（11－3）可知，地方政府的努力程度 σ_i 与共享比例 μ_i 呈现正相关关系。

中央政府为了促进经济环境协调发展，通过经济杠杆和环境税设定来实现地方政府与中国政府的目标一致性。制定环境税分享比例、转移支付和生态补偿要综合考虑地方政府的最低期望值、治理污染的水平、努力程度和征收成本等因素，确保地方政府治理污染、促进污染企业节能减排的积极性。只有让地方政府承担一部分风险，才能保证其有积极性支持环境税的开征。通过对征税权、共享比例和转移支付的合理制定，激发地方政府参与环境税的积极性，扩大环境税的实施范围，促进经济环境和社会的可持续发展。

11.3

政府与企业的环境税监管博弈

演化博弈理论也叫进化博弈论，其基本思想是：在具有一定规模的博弈群体中，博弈方进行着反复的博弈活动。演化博弈以有限理性和学习能力代替了传统博弈论关于主体完全理性的假定，有限理性决定了博弈双方不可能在每一次博弈中都能找到最优的均衡点。演化博弈以一种动态的框架来分析系统均衡及达到均衡的过程，从而更准确地描述系统的发展变化。演化博弈的核心概念是演化稳定策略（evolutionary stable strategy，ESS）和复制动态。其中复制者动态方程是在演化博弈论中运用最为广泛的选择机制动态方程。

环境税的征收主要是高污染企业污染成本的内在化，通过提高企业的污染成本倒逼企业节能减排技术的实施或创新。当地政府发展经济同控制污染与高污染企业既相互矛盾又相互依存，一方面污染企业对吸纳当地劳动力，盘活地方经济，增加当地税收等方面有着积极的作用；另一方面高耗能高污染企业破坏当地的环境质量。如果政府贸然推出严格的环境税收，短时间内企业还未实现技术的创新就可能退出市场，也会对当地经济和社会产生一定的冲击。所以地方政府环境税的征收力度有一定的顾虑。政府对企业污染环境的行为有制定环境政策进行监管的权力和责任，可以采取规制和检查等手段加以监管；同时，政府在环境税收规制过程中还不得不考虑企业的实际承受力，政策的制定不能限制企业的发展，削弱其核心竞争力，从而影响整个经济的发展速度。政府的策略是对环境税征收的监管或不监管。由于环境污染比如碳排放等很难定量检测，也很难监管，因此政府对环境税征收的成本较高。污染企业在政府的监控下的策略有实施或不实施节能减排从而实现污染物排放达标或不达标的决策。

以下对地方政府与污染企业的演化博弈进行分析。

1. 模型设定

（1）有限理性和学习能力：现实中的污染企业或政府部门至少有一个方面不能满足完全理性的完美性要求，即只具有有限理性，有限理性决定了博弈双方不可能在每一次博弈中都能找到最优的均衡点。因此其稳定策略往往是长期的学习模仿、不断地进行策略调整的结果。

（2）演化的方式为复制动态：复制动态实际上是描述某一特定策略在一个种群中被采用的频数或频度的动态微分方程。根据演化的原理，一种策略的收益或支付比种群的平均适应度高，这种策略就会在种群中发展（即适者生存），体现在这种策略的增长率（复制动态方程）大于零。复制动态方程可以用以下微分方程给出：

$$F(k) = \frac{\partial x_k}{\partial_t} = x_k[u(k,s) - u(s,s)], k = 1,2,3,\cdots,K$$

其中，x_k 为种群采用策略 k 的比例，u(k,s) 为采用策略 k 的适应度，u(s,s) 为平均适应度，k 为不同的策略，K 为策略总数。

（3）支付函数的变量设定：①污染企业：经营利润为 Q，排放量为 N，减排量为 H，环境税 $T_1 = t_1N$，政府补贴 B = bH，假设每一单位减排量成本为 c，则减排总成本为 $C = c_1H$。②地方政府：政府营业税收 $T_2 = t_2Q$，环境税收为 $X_1 = T_1 = t_1N$，中央转移支付为 TR 补贴企业为 B = bH = kTR，征税成本为 $C_2 = \beta_2\sigma_2^2$，减排的社会收益为 sH。假定以上变量都大于0，设定污染企业的减排概率为 P_1，政府对征收环境监督的概率为 P_2。

（4）博弈策略：地方政府对于污染企业有监督或不监督的策略，假定地方政府监督的概率为 P_2，概率的大小代表地方政府对污染企业征税监管的严格程度；污染企业有污染达标或不达标的选择，假定污染企业达标的概率为 P_1，概率的大小代表企业节能减排技术的实施程度。各策略的收益支付矩阵如表 11－1 所示。

表 11－1　　污染企业与政府的博弈支付矩阵

		高污染企业	
政府		达标 P_1	不达标 $1-P_1$
	监督 P_2	$(t_2Q+sH-bH-C_2,\ Q-c_1H+bH)$	$(t_2Q+t_1N-C_2,\ Q-t_1N)$
	不监督 $1-P_2$	$(t_2Q+sH,\ Q-c_1H+bH)$	$(t_2Q,\ Q)$

2. 演化博弈策略

（1）高污染企业的演化稳定策略。

高污染企业的收益期望函数：

$$\pi_{达标} = p_2(Q-c_1H+bH)+(1-p_2)(Q-c_1H+bH)$$

$$\pi_{不达标} = p_2(Q-t_1N)+(1-p_2)Q$$

$$\pi_{企业} = p_1\pi_{达标}+(1-p_1)\pi_{不达标} = p_1p_2t_1N+p_1(bH-c_1H)-p_2t_1N+Q$$

高污染企业的复制动态方程为：

$$F(P_1) = \frac{\partial p_1}{\partial t} = p_1(\pi_{达标}-\pi_{企业}) = p_1(1-p_1)(p_2t_1N+bH-c_1H) \tag{11-9}$$

求解上述方程的一阶导数可得：

$$F'(p_1)=(1-2p_1)(p_2t_1N+bH-c_1H) \tag{11-10}$$

根据 Frideman 提出的方法，当 $F(P^*)=0$，$F'(P^*)<0$，P^* 为演化稳定策略（ESS）。令 $F(P_1)=\frac{\partial p_1}{\partial t}=0$，系统可能平衡点为 $p_1^*=0$，$p_1^*=1$，$p_2^*=\frac{c_1H-bH}{t_1N}$。

①$p_2^*=\frac{c_1H-bH}{t_1N}$时，$F(P_1)=\frac{\partial p_1}{\partial t}=0$，$F'(p_1)=0$。对所有 y 轴水平都是稳定的，也就是当政府监督概率达到 $p_2^*=\frac{c_1H-bH}{t_1N}$时，所有污染企业减排的概率是稳定的。

②当 $p_2^*>\frac{c_1H-bH}{t_1N}$时，$F'(1)<0$，此时 $p_1^*=1$ 为全局唯一的演化稳定策略。即当政府监管达到一定强度，污染企业实行减排将是最优的选择。

③当 $p_2^*<\frac{c_1H-bH}{t_1N}$时，$F'(0)<0$，此时 $p_1^*=0$ 为全局唯一演化稳定策略，即当政府监管力度下降时，企业不减排将是最优的选择。

（2）地方政府的演化稳定策略

地方政府的收益期望函数为：

$$\pi_{监督}=p_1(t_2Q+TR+sH-bH-C_2)+(1-p_1)(t_2Q+t_1N-C_2)$$

$$\pi_{不监督}=p_1(t_2Q+TR+sH)+(1-p_1)t_2Q$$

$$\pi_{政府}=p_2\pi_{监督}+(1-p_2)\pi_{不监督}=-p_1p_2(bH+t_1N)+p_1sH+t_2Q+p_2(t_1N-C_2)$$

政府的复制动态方程为：

$$F(P_2)=\frac{\partial p_2}{\partial t}=p_2(\pi_{监督}-\pi_{政府})=p_2(1-p_2)[t_1N-C_2-p_1(bH+t_1N)] \tag{11-11}$$

求解上述方程的一阶导数可得：

$$F'(p_2)=(1-2p_2)[t_1N-C_2-p_1(bH+t_1N)] \tag{11-12}$$

令 $F(P_1)=\frac{\partial p_1}{\partial t}=0$，系统可能平衡点为 $p_2^*=0$，$p_2^*=1$，$p_1^*=\frac{t_1N-C_2}{bH-t_1N}$。

①$p_1^*=\frac{t_1N-C_2}{bH-t_1N}$时，$F(P_2)=\frac{\partial p_2}{\partial t}=0$，$F'(p_2)=0$。对所有 y 轴水平都是稳定

的，也就是当污染企业减排概率为 $p_1^* = \frac{t_1N - C_2}{bH - t_1N}$时，地方政府监督的可能性是稳定的。

②当 $p_1^* > \frac{t_1N - C_2}{bH - t_1N}$时，一般情况下政府征收环境税的收入 t_1N 将会大于征税的成本 C_2，也就是 $t_1N > C_2$，此时 $F'(0) < 0$，$F'(1) > 0$，$p_2^* = 0$ 为全局唯一的演化稳定策略。即当污染企业减排的概率越来越大时，政府采取不监管措施是最优选择。

③当 $p_1^* < \frac{t_1N - C_2}{bH - t_1N}$时，此时 $F'(0) > 0$，$F'(1) < 0$，$p_2^* = 1$ 为全局唯一演化稳定策略，即当企业减排的概率越来越小时，政府采取监管的力度将会增大，加大监管力度将是政府的最优选择。

（3）演化博弈参数讨论

对于式（11－15）和式（11－17）构成模型的动态复制系统，可以求解出系统的 5 个局部均衡点，分别为 $A(0,0)$，$B(0,1)$，$C(1,0)$，$D(1,1)$，$E\left(\frac{t_1N - C_2}{bH - t_1N}, \frac{c_1H - bH}{t_1N}\right)$。Frideman 认为微分方程系统描述的群体动态均衡点的稳定性可由该系统 Jacobi 矩阵的局部稳定性得到。其局部均衡点的稳定性分析可由该系统的雅克比（Jacobi）矩阵的局部稳定性分析得到根据 Frideman 的思想，对于式（11－7）和式（11－9）所描述的群体动态系统，其均衡点的稳定性由该系统的局部稳定性分析得到。式（11－7）和式（11－9）的雅可比矩阵对应的行列式和其迹为 $J = \begin{vmatrix} \frac{\partial F(p_1)}{\partial p_1} & \frac{\partial F(p_1)}{\partial p_2} \\ \frac{\partial F(p_2)}{\partial p_1} & \frac{\partial F(p_2)}{\partial p_2} \end{vmatrix} =$

$$\begin{vmatrix} (1-2p_1)(p_2t_1N + bH - c_1H) & p_1(1-p_1)t_1N \\ -p_2(1-p_2)(bH + t_1N) & (1-2p_2)[t_1N - C_2 - p_1(bH + t_1N)] \end{vmatrix}$$

$\det. J =$ $(1-2p_1)(p_2t_1N + bH - c_1H)(1-2p_2)[t_1N - C_2 - p_1(bH + t_1N)] + p_1p_2(1-p_1)(1-p_2)(bH + t_1N)t_1N$

$$tr=(1-2p_1)(p_2t_1N+bH-c_1H)+(1-2p_2)[t_1N-C_2-p_1(bH+t_1N)]$$

征收环境税的目的是政府倒逼企业实施清洁生产，促进节能减排，在政府与污染企业的演化博弈中，帕累托最优的均衡点为 C（1，0），即企业自动减排，政府不监督。要达到这样的最优策略，需要满足的条件是：

$$det.J(1,0)=(bH-c_1H)(bH+C_2)>0$$

$$trJ(1,0)=c_1H-2bH-C_2<0$$

解得：

$$c_1H<bH \tag{11-13}$$

假定所有变量都大于 0，所以 $c_1H>0$。即当政府补贴大于企业减排成本时，博弈的结果是政府无需监督，企业自动减排达标，点 C（1，0）是博弈的演化稳定策略 ESS。

表 11－2　　　　系统雅可比行列式分析

局部均衡点	det. J	tr
A(0,0)	$(c_1H-bH)(C_2-t_1N)$	$bH+t_1N-C_2-c_1H$
B(0,1)	$(C_2-t_1N)(bH+t_1N-c_1H)$	C_2+bH-c_1H
C(1,0)	$(bH-c_1H)(bH+C_2)$	$c_1H-2bH-C_2$
D(1,1)	$(bH+t_1N-c_1H)(-C_2-bH)$	$c_1H-t_1N+C_2$
$E\left(\frac{t_1N-C_2}{bH-t_1N},\frac{c_1H-bH}{t_1N}\right)$	$\frac{(t_1N-C_2)(c_1H-bH)(C_2-2t_1N+bH)(t_1N-c_1H+bH)}{t_1N(bH-t_1N)}$	0

当减排成本大于政府补贴时，$c_1H>bH$，假定政府征税的收入大于征税的成本，即 $t_1N>C_2$，此时 A(0,0) 和 C(1,0) 的雅可比行列式为负，因此这两点不可能是博弈稳定策略 ESS。另外，B 点的行列式大于 0，E 点的行列式等于 0，B 点和 E 点也不可能是演化稳定策略。只要当税收收入足够大于企业减排成本和政府监督成本之和时，即 $t_1N>C_2+c_1H$ 时，D 点才是演化稳定策略，此时政府实行监督策略，企业减排达标。演化的相图如图 11－1 和图 11－2 所示。

当减排成本小于政府补贴时，$c_1H<bH$，如上文已经证明点 C(1,0) 是博弈的演化稳定策略 ESS。判定 A 点的行列式 det. J(0,0) <0,B(0,1) 点的行列式

det. J(0,1) <0。因此 A(0,0) 点和 B(0,1) 点不是系统的演化稳定策略 ESS。由于 $c_1H < bH$，得出 $c_1H < bH + t_1N$，所以 D(1,1) 点雅可比行列式 det. J(1,1) < 0，因此 D(1,1) 点也不是演化稳定策略 ESS。演化博弈的相图如图 11 -2 所示。

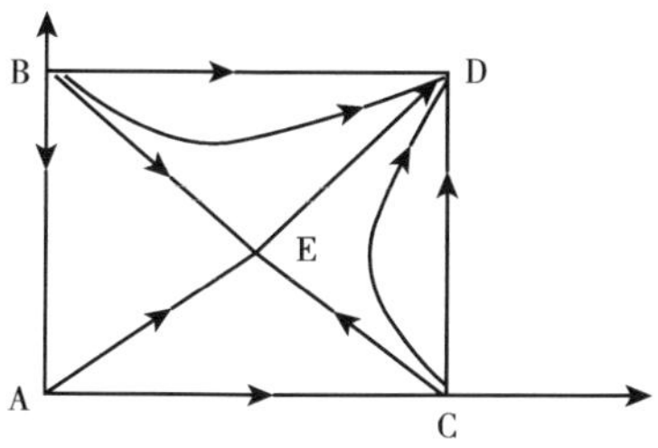

图 11 -1　演化博弈相图 1

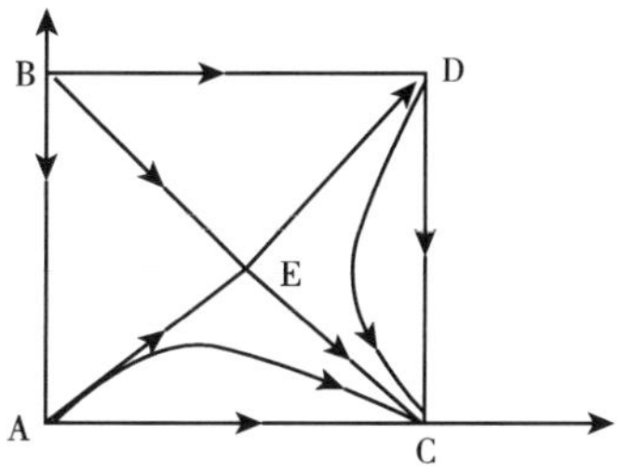

图 11 -2　演化博弈相图 2

11.4

中央政府、地方政府与污染企业的博弈分析

通过上述博弈分析可以看出：

(1) 当政府补贴大于企业减排成本时，政府与污染企业的博弈稳定策略实现了帕累托最优，博弈的均衡点在 C(1,0)。当政府补贴小于企业减排成本时，博弈的稳定策略在 D(1,1) 点，即政府实行监督策略，企业减排达标。相比较这两个均衡点可以发现，政府补贴是决定是否达到帕累托最优的关键。事实上，如果没有政府的税收监管机制，即使提供排污补贴，污染企业也是不会自动实现达标策略的。由于博弈过程中有限理性的存在，污染企业群体在博弈的初始状态时并没有采取最优的战略选择，通过观察其他同类企业对环境税征收采取的策略来取舍节能减排的力度。因此污染企业具有模仿、学习和决策的过程。污染企业形成了一种在政府推动下减排的路径依赖。

(2) 地方政府的转移支付对污染企业减排作用明显。由图 11 -1 和图 11 -2 可知，政府与污染企业的博弈均衡点与企业的减排补贴 bH 有关，而 B = bH = kTR，因此也与中央政府对地方政府的转移支付 TR 有关。因此中央政府对地方政府的转移支付间接影响政府与企业的博弈均衡。中央政府、地方政府与污染企业的相关系意图如图 11-3 所示。

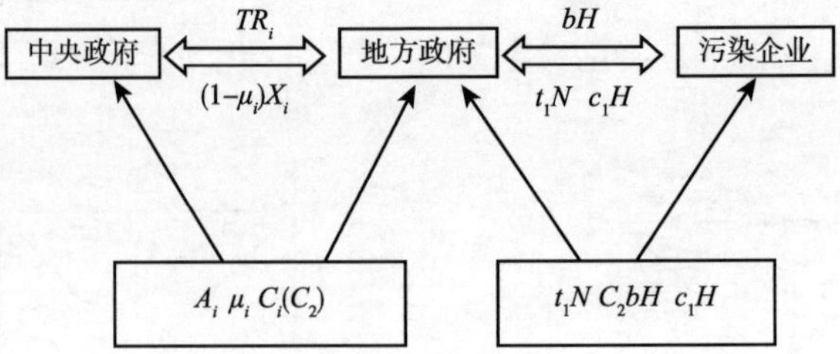

图 11-3 中央政府、地方政府和污染企业的博弈分析

转移支付无论对于地方政府征收环境税的激励还是对于污染企业的减排都具有重要的作用。中央政府对地方政府的转移支付 TR_i 受到地方政府收入的最低期望值 A_i，努力程度 σ_i，共享比例 μ_i 和征收成本系数 β_i 的影响。地方政府对污染企业的减排补贴受到企业减排成本 c_1H 和政府环境税收 t_1N 的影响。因此，中央政府推行清洁生产的行为，转移支付的多少不仅要考虑地方政府的一些指标，还要考虑污染企业节能减排的绩效。如果采用政府强制措施一味地关停一些存在污染的企业，地方政府的营业税收减少，失业率增加，也会引起一些社会问题。依靠政府和市场的双向机制，通过合理的竞争机制，在政府的税收和减排补贴的积极引导下，污染企业要么在竞争下产能过剩退出市场，要么采取节能减排措施，减少污染量。

（3）三者之间的博弈主要聚焦在环境税率和地方政府的共享比例上。中央与地方政府的共享比例主要与监管力度 p_2 相关，因此研究地方政府的监管力度就可以间接地反映出共享比例高低的问题。以下通过计算机算例仿真来讨论监管力度与环境税率的共同作用机制下污染企业的战略选择（如图 11-4 所示）。

算例分析：假定原有企业减排 $H=40$ 单位，排放污染物 $N=100$ 单位，减排成本系数 $c_1=1$，减排成本 40 元，征收成本每次为 $C_2=40$ 元，政府补贴系数为 $b=0.4$ 元，则 $B=bH=0.4\times40=16$。

情形一：当政府监管力度减弱，政府税收系数小于企业减排成本系数时，也即政府对环保执行软约束，环境税率较低时，假定 $p_2=0.2$，$t_1=0.8$，污染企业的应对策略随时间而调整为 $p_1=1$，即企业将继续污染下去，不实施节能减排战略。

情形二：政府监管力度减弱，但环境税征收力度加大，假定 $p_2=0.2$，$t_1=2$，仿真的结果如图 11－4 所示，企业的决策出现两极分化，一部分冒险型企业选择不减排，而保守型企业选择减排，污染达标。

情形三：政府监管力度加强，但环境税征收力度较小时，假定 $p_2=0.7$，$t_1=0.8$，仿真结果如下，污染企业随时间变化将选择减排达标的博弈策略。

情形四：政府监管力度加强，但环境税征收力度加大时。假定 $p_2=0.7$，$t_1=2$，仿真过程如图 11－4 所示，污染企业将以更快的速度实施节能减排策略。

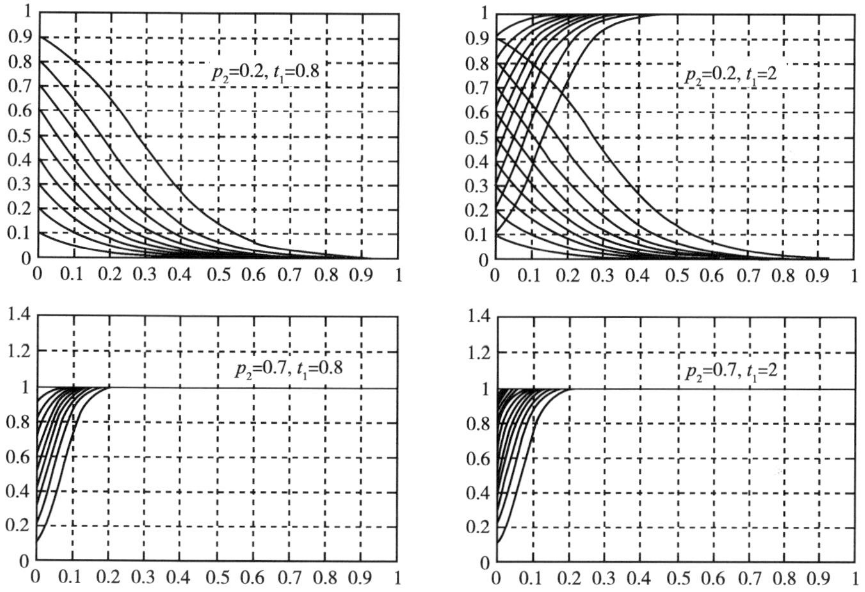

图 11－4　不同情形下监督力度和税收力度仿真图

从以上仿真可以看出，地方政府征收环境税重点在于监管力度和环境税率上，但是一旦监管力度下降，即使提高环境税率，随着政府与企业博弈的演化发展，污染企业最终的策略是不会全部采取减排策略而容易出现两极分化，一部分企业选择不减排策略，另一部分企业选择减排策略。也就是说此时企业是否减排取决于企业管理者的个人风险偏好。风险爱好者往往会选择不减排策略，而风险厌恶者往往选择减排策略。徐晓亮通过动态多区域 CGE 模型研究表明煤炭资源税负提高资源使用效率，并有效减少资源消费的负外部性；不同税率设置对主要污染物排放和碳排放强度影响差异较大，税率越高对环境污染抑制作用和减排效果越明显，环境福利效应越大。但本章的博弈分析表明环境税的征收要与环境监管力度相结合。而对于地方政府的监管力度而言，又取决于中央政府与地方政府的分享税比例的激励和监督措施。因此，制定合理的税收和监督机制需要综合协调中央、地方和企业发展三方主体的均衡利益，考虑如何去引导和鼓励企业实施节能减排和技术创新战略，提升企业的自主创新能力。

11.5 小 结

本章利用博弈论模型对环境税征收的相关利益主体进行了分析，结果表明：(1) 政府补贴对于污染企业的节能减排具有积极的推动作用，但是政府的补贴资金除了财政转移支付外还有一部分资金来自环境税的收入，因此中央政府制定合理的生态补偿制度是征收环境税的前提条件。环境税资金的用途以及中央与地方的共享比例都要有合理地制定，要充分考虑各个区域的经济发展状况和环境保护问题，协调各个部门的利益分配问题。有关共享税的比例上，由于中央政府与地方政府的委托—代理问题的存在，使得如果中央政府实施中央税，则地方政府将没有任何动力去征税而限制当地企业的发展。如果共享比例低于地方政府的心理预期，则地方政府整体收益不高，将很难激发地方政府的工作动力。有专家建议共享比例不低于 60%，在激励和监督的机制下，地方政府才有足够的动力协调内部机构做好环境税的征收管理工作。(2) 至于环境税率多少要充分考虑目前环保部门对污染物排放的征收标准，至少不会低于目前标准，由于区域差异的存在，征收环境税对于提高生态补偿力度提供了有力的资金保障。财政部的研究提出 2012 年征收 10 元/吨，环保部提出 20 元/吨，而姚昕和刘希颖模拟出的最优碳税为 18.28 元/吨。考虑到中国目前环境管制松散，污染企业存在瞒报、谎报、少报等情况，乔晗等认为提高环境税率到排污费的 2 倍及以上较为合理。碳税开征的初期应选择较低税率，在不同的行业之间实行差异税率，保护高耗能产业和其他受碳税冲击比较大的行业的竞争力。(3) 从仿真结果可以看出，加大监管力度和提高环境税率将会促进污染企业减少排放，但是一旦监管力度下降，即使提高环境税率，污染企业不会全部采取减排策略。污染企业出现两极分化，一部分企业选择不减排策略，另一部分企业选择减排策略。制定严格的环境污染监督机制势必将推动污染企业积极减排、促进经济绿色发展。

本章也存在一定的不足，比如对理论模型的实证研究缺乏实践中的案例分析。2016 年 8 月 29 日环境保护税法通过人大首次审议，环境税政策有望近期颁布实施，届时将会为科学研究提供丰富的案例库，因此结合案例分析来完善环境税收机制设计是本文的进一步研究方向。

12.

生态效率、城镇化与空间溢出——基于空间面板杜宾模型的研究

12.1 引　言

近年来，中国城镇化的飞速发展对于提高人民生活、促进社会发展起到了巨大作用，但是也出现了一些环境问题。空气污染、水污染等严重影响着城市居民的身体健康和城镇化的质量。如何实现经济—能源—环境的协调发展，以最小的能源和环境污染代价实现经济的最大效益是中国新型城镇化面临的重要问题。生态效率概念的提出为我们研究城镇化进程中的经济—能源—环境耦合效率提供可测量、可观测的入口。世界性的著名机构和一些学者们一致认为：生态效率是投入与产出的比值，在实现最大化价值的同时使得资源消耗与环境污染最小化。研究如何提高城镇化进程中的生态效率水平，对于推进新型城镇化进程、提高城镇化质量具有重要意义。

在城镇化与生态效率的关系方面，Zarzoso 和 Maruotti 研究表明在经济发达国家 CO_2 排放量与城镇化的弹性系数负相关，这意味着一旦城镇化水平到达某一阈值，城镇化对污染物排放的影响将转化为负效应。从土地使用角度出发，有学者证明城市化严重影响到当地的生态系统，进而导致生态环境的污染。城镇化带来了显著的生态效应，使城市生态系统的结构、过程和功能受到影响或发生不可逆转的变化，出现了耕地资源流失、水资源稀缺、能源压力、城市环境污染严重等

资源与生态环境问题。杨冬梅认为城镇化进程中形成的人口聚集、城市数目增加、生产、生活方式的改变，一方面使城市对于环境污染的集中治理发挥了更大效率的规模效应，这种正反馈能使城市化对于生态环境的压力在一定程度上趋于减小；但另一方面，城镇化水平迅速提高也不可避免地带来日益严峻的生态环境问题，这种负效应集中体现在大气、水和固体废弃物污染上。

在城镇化对生态效率的影响方面，李姝运用 GMM 分析方法对城市化、产业结构调整与环境污染之间的关系进行实证分析，认为城市化、产业结构调整与环境污染之间存在着显著的相关性，城市化是影响生态环境的主要因素。付丽娜建立 Tobit 回归模型，认为产业结构、研发强度对生态效率有显著的正向影响，但引进外资对生态效率的影响是负面的，技术进步则是促进生态效率增长的内在动力。邓波、张学军等运用三阶段 DEA 模型研究发现：第三产业占经济总量比例及人均受教育年限促进生态效率的增长，而环保财政支出并没有对生态效率起到应有的促进作用。罗能生、李佳佳等利用 IPAT 模型认为城镇化水平与区域生态效率呈非对称 U 形关系。随着城镇化水平的提高，区域生态效率不断下降，西部地区更为突出，而产业结构、环境政策和技术水平都从不同方面影响城镇化的生态效率。李胜兰等政府竞争的视角，检验了环境规制对中国区域生态效率的影响。研究表明地方政府在环境规制的制定和实施行为中存在明显的相互“模仿”行为，同时环境规制对区域生态效率具有“制约”作用。

根据以上研究可知：城镇化作为中国经济增长的重要引擎，城镇的经济水平、产业结构和能源消费等都会对区域环境造成一定的影响，因此将城镇化与生态效率结合起来，研究城镇化如何影响区域生态效率，探究城镇化进程中能源－环境与经济发展的耦合机制具有重要的现实意义。在研究方法上，以往研究往往只考虑截面数据或者时间序列抑或是面板数据，而很少考虑空间溢出效应对各区域生态效率的影响作用，即某区域的生态效率会通过扩散或回流效应而对周围区域产生一定的影响。空间经济学认为，一个地区的某种经济地理行为与邻近地区的同一经济行为是相关的，因而会表现出一定程度的空间依赖或空间相关特征。国内外一些学者分别从不同的角度验证了烟尘、CO_2、PM_{10}等污染物存在着空间溢出效应。若空间溢出效应确实存在，忽视这种空间作用因素将会导致模型估计的偏误。因此本章考虑生态效率与城镇化关系时把地理空间因素纳入分析框架中，利用空间计量模型进行定量研究，并对空间溢出效应进行验证和测算，从而克服了以往研究中的一些不足之处。

12.2 空间自相关检验

空间自相关揭示了区域之间的集聚现象，空间异质性指地理空间上的区域缺乏均质性，存在空间邻近区域的发达和落后、中心与外围等空间差异性。要检验生态效率和城镇化的空间自相关性需要估计出各区域生态效率值。本章根据 Andersen 和 Petersen 提出的超效率 DEA 方法来测算省域生态效率。选取的产出指标为地区 GDP。投入指标分别包括资源类投入和环境污染类投入，资源类投入选取能源消费总量、用水总量和建成区面积等指标。环境污染类指标选取各地区化学需氧量（COD），二氧化硫排放量（SO_2）和烟（粉）尘排放量，这些非期望产出往往作为投入指标来处理，因此可以得到各地区生态效率评价指标体系。数据来源为历年《中国统计年鉴》《中国能源统计年鉴》《中国环境统计年鉴》等。选取中国 30 个省、直辖市、自治区（西藏、台湾地区、香港地区和澳门地区数据暂缺）2003～2012 年数据。运用 DEA－SOLVER Pro5 计算出中国 30 个省市生态效率值。

各省城镇化水平采用城镇人口比总人口来表示，生态效率值根据上述超效率 DEA 测算出来。空间相关性检验通常采用 Moran's I 指数来检验变量是否具有空间相关性。Moran's I 指数定义如下：

$$\text{Moran's I} = \frac{\sum_{i=1}^{n}\sum_{j=1}^{n} W_{ij}(Y_i - \bar{Y})(Y_j - \bar{Y})}{S^2 \sum_{i=1}^{n}\sum_{j=1}^{n} W_{ij}} \tag{12-1}$$

式（12－1）中 $S^2 = \frac{1}{n}\sum_{i=1}^{n}(Y_i - \bar{Y})^2$，$\bar{Y} = \frac{1}{n}\sum_{i=1}^{j} Y_i$，$W_{ij}$为空间权重矩阵，表达 n 个区域的空间邻近关系。常见的是 0－1 邻接矩阵：

$$W_{ij} = \begin{cases} 1, & \text{当区域 } i \text{ 与 } j \text{ 相邻时} \\ 0, & \text{当区域 } i \text{ 与 } j \text{ 不邻时} \end{cases}$$

Moran's I 的取值范围一般为［-1，1］。小于0时表示空间负相关，等于0表示空间不相关，大于0时表示空间正相关。考虑到海南等省份是孤立区域，将其与广东省作为近邻。对于 Moran's I 指数的计算结果，可以用标准化统计量Z来检验空间自相关的显著性水平。利用 matlab 7.0 软件按照公式（12-1）分别计算 2003~2012 年度省域生态效率的 Moran's I 指数，并得出相应的Z值，如表 12-1 所示。

表 12-1　　　　省域生态效率 Moran's I 统计量

年份	生态效率		城镇化水平	
	Moran's I 值	Z 值	Moran's I 值	Z 值
2003	0.2629	2.5026	0.2321	2.2040
2004	0.2702	2.5586	0.2325	2.2065
2005	0.158	1.6348	0.2707	2.5376
2006	0.2442	2.4357	0.2716	2.5463
2007	0.2157	2.1905	0.2727	2.5618
2008	0.1875	2.0046	0.2734	2.5737
2009	0.1728	1.8555	0.2782	2.6215
2010	0.1681	1.8213	0.269	2.5446
2011	0.188	1.958	0.2645	2.5115
2012	0.1708	1.8072	0.2598	2.4772

2003~2012 年生态效率和城镇化水平的 Moran's I 值均为正值，且Z值在显著性5%的水平下都通过了空间自相关的检验，因此生态效率和城镇化水平均表现出一定的空间依赖性，呈现空间正相关关系。这意味着构建生态效率与城镇化的模型时考虑空间效应符合客观的事实，这也与成金华等的研究结论一致：即中国各地区生态效率呈现出正的空间相关性。至于这种空间自相关性的内在原因，也许是因为各区域的城镇化在推进方式（以政府为主导的城镇化）、发展模式方面具有相似性。普遍存在化石能源消费高，资源环境与经济发展不协调等问题，这种相似性在空间上就表现出一定的空间自相关性。

12.3 空间面板模型实证分析

为了研究城镇化对生态效率的影响机制以及生态效率的空间溢出作用，以下建立生态效率影响因素的空间计量模型。

1. 变量的选取

本章参考经典 IPAT 模型有关生态效率影响因素，认为城镇化主要是通过产业结构、技术水平、环境政策因素等来影响区域生态环境。具体的变量设定为：(1) 被解释变量 - 区域生态效率（xiaolv）：采用超效率模型估计出的生态效率历年值。(2) 解释变量 - 城镇化（urb）：本章运用城镇人口比总人口来衡量各地区城镇化水平。(3) 控制变量—产业结构（indus）、技术水平（eneng）、环境政策（paiwu）。其中产业结构用区域第三产业占地区生产总值比重来表示；环境政策由于大多数据的不可得性，大多数学者采用各地区排污费征收总额来表示地方政府对经济发展的环境政策；生产技术水平则用单位 GDP 能耗来反映，单位 GDP 能耗小，说明该地区的经济生产具有较高的技术含量，反之说明该地区经济发展的技术含量低。各地区相关数据来自《中国统计年鉴》《中国能源统计年鉴》《中国环境统计年鉴》《中国环境年鉴》等。数据选取时间长度为 2003 ~ 2012 年度除去港澳台和西藏等地区的中国 30 个省、直辖市和自治区。

2. 模型选择与构建

根据以上分析，城镇化与生态效率具有显著的空间自相关性，传统的非空间面板数据模型估计精度将会下降，因此考虑建立生态效率与城镇化关系的空间面板数据。

生态效率（xiaolv）的影响因素有城镇化水平（urb）、产业结构（indus）、技术水平（eneng）、环境政策（paiwu）。对以上变量取对数，分别表示为 lxiaolv，lurb，lindus，leneng 和 lpaiwu。建立如下空间面板数据模型。

（1）空间滞后模型（spatial lag model，SLM）主要研究各变量对其他地区的空间溢出现象。如式（12－2）所示：

$$lxiaolv = c + \rho Wlxiaolv + \beta_1 lurb + \beta_2 lpaiwu + \beta_3 leneng + \beta_4 lindus + \delta_i + \mu_t + \varepsilon_{it}$$

$$\varepsilon_{it} \sim N(0, \sigma_{it}^2 I_n) \qquad (12-2)$$

（2）空间误差模型（spatial error model，SEM）。由于空间关系的存在，ε很可能受到很多因素的影响而变得复杂，不再服从简单的正态分布。其他可能影响生态效率的空间因素可能包含在ε里面，使ε具有较强的相关性，考虑这些因素就构成了空间误差模型，如式（12－3）所示：

$$lxiaolv = \beta_1 lurb + \beta_2 lpaiwu + \beta_3 leneng + \beta_4 lindus + \delta_i + \mu_t + \varepsilon_{it}$$

$$\varepsilon_{it} = \lambda W\varepsilon_{it} + \varphi_{it} \qquad \varphi_{it} \sim N(0, \sigma_{it}^2 I_n) \qquad (12-3)$$

（3）综合考虑了解释变量和被解释变量的空间滞后因素就是空间杜宾模型。本章参考 Anselin 和 LeSage&Pace 给出的空间杜宾模型（Spatial Durbin Model，SDM），设定模型如下：

$$lxiaolv = c + \rho Wlxiaolv + \beta_1 lurb + \beta_2 lpaiwu + \beta_3 leneng + \beta_4 lindus + \theta_1 Wlurb$$
$$+ \theta_2 Wlpaiwu + \theta_3 Wleneng + \theta_4 Wlindu + \delta_i + \mu_t + \varepsilon_{it}$$

$$\varepsilon_{it} \sim N(0, \sigma_{it}^2 I_n) \qquad (12-4)$$

以上模型中 δ_i 为空间特质效应，μ_t 为时期特质效应，W 为空间权重矩阵。本研究采用0－1邻接矩阵，将海南与广东省作为近邻。

空间面板模型的选择主要围绕零假设 H_0：$\theta = 0$ 和 H_0：$\theta + \rho\beta = 0$ 展开，如果两个零假设均被拒绝，则选择空间杜宾模型，否则应在空间滞后和空间误差模型之间选择，选择的方法主要参照 Wald 检验和 LR 检验。可见空间滞后模型和空间误差模型是空间杜宾的特殊形式。

3. 空间面板模型的选择

通过非空间面板模型的比较，可以对是否适合构建空间面板模型进行进一步的判断，这一判定主要通过 LM 检验来确定的。如表 12－2 所示的个体固定效应的普通面板回归结果，LM 的检验结果在 5% 的显著水平下都拒绝了没有空间误差或者空间滞后影响的原假设，因此考虑包括空间因素的面板模型是更优的选择。

表 12 – 2　　　　普通面板回归结果

变量	估计值	t 值	p 值
lurb	0. 280421	2. 901631	0. 003992
lpaiwu	– 0. 189467	– 4. 977535	0. 000
leneng	– 0. 417742	– 7. 344760	0. 000
lindus	0. 862848	5. 038594	0. 00000
Adjusted R^2	0. 586		
Log likelihood	– 134. 9867		
LM test no spatial lag		94. 0281	0. 0000
robust LM test no spatial lag		11. 2907	0. 0008
LM test no spatial error		84. 7689	0. 0000
robust LM test no spatial error		20. 314	0. 0031

空间效应的存在使各变量之间的关系变得更为复杂，破坏了普通面板数据之间的相互独立性。因此为了综合考虑各种空间因素，建立空间杜宾模型、空间滞后模型和空间误差模型，综合比较变量之间的相互关系。同时引入空间因素以后，OLS 估计不再是最优无偏估计量，Anselin 建议采用极大似然法估计空间模型的参数。面板数据模型具有随机效应和固定效应模型两种，这需要通过 Hausman 检验选择是否具有随机效应。如表 12 – 3 所示结果：Hausman 检验在 5% 的显著性水平下拒绝了面板模型是随机效应模型的原假设，因此考虑建立双固定的空间面板模型。

表 12 – 3　　　　空间计量模型估计结果

变量	空间杜宾模型（SDM）（双固定）		空间滞后模型（SLM）（双固定）		空间误差模型（SEM）（双固定）	
	系数	p 值	系数	p 值	系数	p 值
lurb	– 0. 4202	0. 0000	– 0. 4196	0. 0000	– 0. 2666	0. 1149
lpaiwu	– 0. 0748	0. 0124	– 0. 0777	0. 0103	– 0. 0071	0. 8297
leneng	– 0. 3780	0. 0000	– 0. 4464	0. 0000	– 0. 1480	0. 0655
lindus	0. 6493	0. 0000	0. 6822	0. 0000	– 0. 2712	0. 0807
W * lurb	– 0. 1362	0. 0031				

续表

变量	空间杜宾模型（SDM）（双固定）		空间滞后模型（SLM）（双固定）		空间误差模型（SEM）（双固定）	
	系数	p 值	系数	p 值	系数	p 值
W * lpaiwu	0.0253	0.6870				
W * leneng	-0.2367	0.0107				
W * lindus	0.4823	0.0002				
λ/ρ	0.1970	0.0055	0.3860	0.0000	0.3040	0.0042
R - squared	0.7405		0.7280		0.6990	
log - likelihood	-37.7637		-49.5329		-51.7630	
检验方法		估计值	P 值			
Wald_spatial_lag		18.5361	0.0009			
LR_spatial_lag		20.0450	0.00048			
Wald_spatial_error		18.6270	0.00093			
LR_spatial_error		20.3291	0.00043			
Hausman test - statistic		21.1158	0.0121			

如表 12 -3 所示三种空间计量模型的比较来看，空间杜宾模型和空间滞后模型的系数都通过 5% 的显著性检验，空间误差模型的城镇化水平（lurb）和环境政策（lpaiwu）没有通过显著性检验。从 R - squared 和 log - likelihood 来看，空间杜宾模型的拟合程度更好。Wald 检验和 LR 检验均拒绝了 $H_0: \theta = 0$ 和 $H_0: \theta + \rho\beta = 0$ 的原假设，因此空间杜宾模型不能简化为空间误差和空间滞后模型。总之，根据以上检验空间杜宾模型更能表达生态效率和城镇化的空间依赖关系。依据空间杜宾模型可以得出以下结论：

（1）从整体上看，四个变量均在 5% 的显著性水平下通过了变量的显著性检验。这说明各省生态效率受到城市化水平、排污费征收、单位 GDP 能耗和产业结构优化等变量的显著性影响，模型具有一定的解释力。

（2）城镇化与生态效率呈现负相关关系，这与罗能生等的研究结论一致。城镇化每提高 1 个百分点，生态效率平均下降 0.4202 个百分点，这说明中国的城镇化进程依靠资源的大量投入，城市工业造成了一定的污染。近年来北方大部分城市的雾霾现象就表明城市工业的发展对空气造成了污染严重性。城镇化与权重矩阵乘积的系数也通过了5%的显著性检验，这说明城镇化对生态效率产生了一定的外溢效应，当地的城镇化进程会对邻近城市生态效率产生一定的负面影响，这也说明污染具有一定的空间溢出效应。

（3）从城镇化的环境规制、技术水平和产业结构优化对生态效率的影响来看。①代表环境规制的排污费征收对生态效率呈现弱的负相关关系，有些学者则认为环境规制对环境污染具有正效应。也有学者与本章结论一致：以排污费为代表的环境政策对改善生态效率并不显著。通过各省市历年排污费的征收情况来看，大多数省市的排污费呈现上升趋势，至于为什么没有对生态效率的改善起到应有的作用，究其原因是中国环保立法没有健全，环保部门的大部分收入来自于排污企业的排污费征收，环保部门与排污企业呈现出"供养"的关系使得环保力度大减。有研究将环境治理的低效归因于分权治理结构和政绩考核机制导致的地方政府在环境规制制定与实施过程中的"逐底竞争（race - to - the - bottom）"行为：由于环境污染具有外部性，能够在地区之间传递（跨境污染问题），即使本地区实行严格的环境规制也不一定会减少环境污染带来的损失，因此地方政府倾向通过大力推动产业发展获取经济收益而与其他地区共同承担环境污染的成本。因此本文认为排污费的征收在现阶段还没有从根本上解决企业的污染排放问题。另外，排污费的外溢效应并不显著，这主要是由于各地区在环境管制方面不具有趋同现象。②代表区域技术水平的万元GDP能耗与生态效率负相关。能耗越高，代表能源消耗越多，从而环境污染越严重，主要是中国的能源结构以煤炭、石油等传统能源为主，城市的清洁能源使用程度较低，从而能源消费就会造成一定的环境污染。权重与能耗的乘积系数显著，说明能耗具有一定的空间溢出效应。这主要是中国区域的能源效率具有空间同质性。③城镇产业结构优化与生态效率呈现显著的正相关关系。产业结构优化每提高1%，生态效率平均提高0.6493%。以服务业为代表的第三产业的发展具有节能环保的优点，对邻近地区产生了较强的溢出效应（产业结构优化与权重成绩显著为正），同时为重工业部门的节能环保提供一定的技术支撑。因此在改善区域环境质量方面发挥了重要的作用。

4. 空间溢出效应

在不考虑空间因素的普通回归模型中，参数估计反映了自变量对因变量的影响。当考虑空间因素后，参数估计由于包含了大量关于观测区域之间信息而变得复杂。Lesage 和 Pace 提出了直接效应（direct effect）、间接效应（indirect effect）和总效应来刻画这种关系。直接效应反映了解释变量对本地区自变量的平均影响程度，间接效应反映了解释变量对其他地区因变量的平均影响程度，总效应则反映解释变量对所有地区的平均影响程度。空间杜宾模型的形式为：

$y = \rho Wy + \alpha\iota_n + X\beta + WX\gamma + \varepsilon$，则将其变形为：

$(I_n - \rho W)y = X\beta + WX\theta + \alpha\iota_n + \varepsilon$

$$y = \sum_{r=1}^{k} S_r(W)x_r + V(W)\alpha\iota_n + V(W)\varepsilon \quad (12-5)$$

其中 $S_r(W) = V(W)(I_n\beta_r + W\theta_r)$

$V(W) = (I_n - \rho W)^{-1} = I_n + \rho W + \rho^2 W^2 + \rho^3 W^3 + \cdots$

将（12－5）式展开：

$$\begin{bmatrix} y_1 \\ y_2 \\ \vdots \\ y_n \end{bmatrix} = \sum_{r=1}^{k} \begin{bmatrix} S_r(W)_{11} & S_r(W)_{12} & S_r(W)_{1n} \\ S_r(W)_{21} & S_r(W)_{22} & S_r(W)_{2n} \\ & & \\ S_r(W)_{n1} & S_r(W)_{n2} & S_r(W)_{nn} \end{bmatrix} \begin{bmatrix} x_{1r} \\ x_{2r} \\ \vdots \\ x_{nr} \end{bmatrix} + V(W)\alpha\iota_n + V(W)\varepsilon \quad (12-6)$$

y_i 对 x_{ir}的偏导$\frac{\partial y_i}{\partial x_{ir}} = S_r(W)_{ii}$度量了 x 的变化对本地区的 y 的观测值造成的平均影响，即直接效应，通过计算数值矩阵 $S_r(W)$ 中对角线元素的平均值得到。y_i 对 x_{jr}的偏导$\frac{\partial y_i}{\partial x_{jr}} = S_r(W)_{ji}$度量了 x 的变化对其他地区 y 的观测值造成的平均影响，即间接效应，通过计算数值矩阵 $S_r(W)$ 中非对角线元素的平均值得到。总效应则是数值矩阵 $S_r(W)$ 所有元素的平均值。在数值上总效应等于直接效应加上间接效应。

间接效应实际上一种空间溢出效应，Behrens 和 Thisse 指出空间回归模型考察这种交互作用是非常重要的一个方面。因此，本章通过建立空间计量模型，估计出自变量对因变量的直接效应和间接效应等来观察生态效率的空间溢出效应。

利用 matlab 7.0 软件，根据上文提到的估计空间效应的方法得到空间溢出效应如表 12 - 4 所示。从直接效应的回归系数来看与空间杜宾模型的解释变量回归系数是一致的。从间接效应的回归系数来看，城镇化对邻近区域具有显著的空间溢出效应。城镇化进程每提高 1%，引起邻近区域的生态效率平均下降为 0.0648%。城镇化对本地区和近邻影响的总效应为 0.485，也就意味着城镇化每提高 1%，导致对所有地区的生态效率平均下降 0.485%。排污费对本地区具有一定的影响，但是对近邻的影响却不显著。万元 GDP 能耗对本地区生态效率的弹性为 -0.378，对近邻影响的平均弹性为 -0.3729，总的影响效应平均为 -0.7509，这说明万元 GDP 能耗具有强烈的空间溢出效应，能耗的提高将会对本地区和周围地区的环境污染造成严重的污染。产业结构优化无论对本地区还是邻近区域生态效率都产生正的空间溢出效应，具体为产业结构每提高 1 个百分点，直接效应、间接效应和总效应分别提高 0.6493、0.5484 和 1.1977 个百分点，这种较强的空间溢出将会带来环境质量的较大改善。

表 12 - 4　　空间溢出效应估计结果

变量	直接效应		间接效应		总效应	
	系数	p 值	系数	p 值	系数	p 值
lurb	-0.4202	0.0000	-0.0648	0.0002	-0.4850	0.0005
lpaiwu	-0.0748	0.0124	-0.0453	0.6367	-0.1101	0.0037
leneng	-0.3780	0.0000	-0.3729	0.0003	-0.7509	0.0000
lindus	0.6493	0.0000	0.5484	0.0003	1.1977	0.0000

12.4 小　结

本章将生态效率与城镇化进程结合起来构建生态效率与城镇化关系的空间杜宾模型，从而克服了以往研究遗漏空间效应的问题，提高了模型估计精度。通过对城镇化对生态效率的影响机理分析，得出以下结论：（1）城镇化与生态效率呈现负相关。城镇化每提高 1 个百分点，生态效率平均下降 0.4202 个百分点。城镇化对近邻区域间接影响弹性为 -0.0648，总的影响效应高达 -0.4850。城镇化进程过多地依赖资源能源的投入，粗放型的经济增长模式不仅对本地区造成严重的污染，通过空间效应也对周围地区产生一定的环境污染。城镇化对环境的影响表现出较强的空间溢出效应。(2) 排污费无论对本地区还是近邻地区的生态效率影响较小，这说明排污费的征收并没有起到应有的环境污染控制作用，因此合理设计相关机制，发挥排污费对环境污染的消减机制具有重要的意义。(3) 单位 GDP 能耗与生态效率呈现负相关关系。这种关系不仅表现在对本地区的生态效率的抑制作用，还通过空间影响产生一定的空间溢出效应。这说明中国的能源利用技术和能源消费结构一直未得到根本性转变，这在一定程度上导致了环境污染问题的加剧。因此提高科技水平，不断研发新的节能减排技术，有效改善能源消费结构，才能提高生态效率水平。(4) 产业结构优化对生态效率具有正面的响应。产业结构每提高 1 个百分点，直接效应提高 0.6493%，间接效应提高 0.5484%，从而总效应提高 1.1977%。第二产业包含了大量的能源、环境密集型行业，是我国能源消耗与环境污染最集中的产业。优化经济结构，降低第二产业的比重，切实提升第三产业的比重，大力发展高新技术产业与服务业对中国节能减排具有积极作用。

根据以上研究城镇化和生态效率具有明显的空间溢出效应，因此，各地区在治理环境污染的时候要考虑到区域之间的沟通和合作。为此提出以下政策建议：

(1) 城镇化进程中的产业结构调整与优化是治理环境污染的关键，但是这也涉及产业结构的转移，环境学家指出高耗能产业向经济落后国家转移是经济发达国家环境质量改善的重要原因，而中国的发达地区的高耗能重工产业转移不能仅仅考虑本地区的环境问题，还要考虑中西部地区的环境污染问题，因为环境污染的空间溢出作用将对全国大部分地区造成一定的空间回流作用。因此，在全国整体角度上优化产业结构的空间布局，合理安排污染产业的转移区域问题是缓解环境压力的重要举措。

(2) 环境规制对于城镇环境污染本应起到明显的积极作用，但是本研究显示这种作用并不明显，而且没有显著的空间溢出。这说明目前以征收排污费的环境规制并不能对环境改善起到相应的作用。汪克亮等也认为管理的无效率即资源环境管理水平的低下是生态效率缺失的最重要根源。地方政府追求自身利益的考虑往往导致公共政策在制定与执行的过程中被扭曲。因此，虽然中国的环境法明确规定了地方政府对本地环境应该承担的责任与义务，但许多地方政府仍然以牺牲环境为代价来追求高速的经济增长。为此，不但要加强中央政府对地方政府环境管制政策执行的监督力度，还应继续优化地方政府考核机制，重点考察能够反映地区经济可持续增长能力的绿色 GDP，缓和增长与污染之间的两难选择。

（3）以万元 GDP 能耗为代表的地方技术水平对生态效率提高具有显著的影响，因此，政府在城镇化推进的同时要加大节能减排技术的开发力度和政策支持。李婧等认为区域创新效率与地理位置及经济发展水平之间存在显著的正向空间相关性，地区创新效率依赖于其他与之具有相似空间特征的地区创新活动。因此，中央和地方政府在制定区域创新发展战略时，必须考虑各地区经济与创新水平的异质性，将区域创新效率的空间联系与相互作用纳入政策制定过程中，合理安排相应的政策，以促进区域创新生产的协调发展。

13.

重要结论与政策启示

13.1

重要结论

从能源政策的梳理中可以看出，中国把资源节约作为基本国策，坚持能源开发与节约并举、节约优先，积极转变经济发展方式，调整产业结构，鼓励节能技术研发，普及节能产品，提高能源管理水平，完善节能法规和标准，不断提高能源效率。中国以建设资源节约型和环境友好型社会为目标，积极促进能源与环境的协调发展。坚持在发展中实现保护、在保护中促进发展，实现可持续发展。

中国正经历传统制造业向先进制造业迈进的阶段，未来制造业的智能化、绿色化、低碳化将成为时代发展的目标，中国已经制定了制造业强国的“制造业2050”计划，全面提升制造业的发展水平。本研究在此背景基础上，按照效率和生产率理论，围绕“中国制造业及区域能源效率与碳减排潜力研究”展开研究，主要分为三大部分，其中第一部分为：中国制造业发展现状、能源效率、碳减排潜力、能源全要素生产率、能源拥挤研究；第二部分为：中国分区域火电行业的能源效率、碳减排潜力、能源全要素生产率、能源拥挤研究；第三部分为：中国省级区域能源效率及收敛性研究、低碳省试点建设对能源全要素生产率的影响研究、碳配额的责任分担问题研究；第四部分：环境税制下政府与污染企业演化博弈分析、生态效率与城镇化的空间溢出效应。

在研究方法上主要采用 RAM - DEA 作为效率和生产率的基本测算方法，将碳排放与能源消费作为核心关注变量，多角度、多层次、多手段重点揭示中国制造业和区域的考虑碳排放约束的能源效率、能源全要素生产率时空演变规律。并首次在自由处置和管理处置思想下，运用能源非期望拥挤和能源期望拥挤模型来验证中国的制造业行业和重点高污染行业的能源拥挤效应，从能源效率视角揭示我国产能过剩的事实特征。在研究制造业和区域能源效率和生产率的基础上，从政府依靠市场化机制来解决节能减排的手段出发，重点研究目前中国碳市场试点政策是否能够促进能源全要素生产率，针对初始配额分配是中国统一碳市场的重中之重，本研究考虑了基于责任原则的碳配额分配机制。研究成果对提高能源效率、完善全国统一碳市场、实现碳减排承诺具有重要的参考价值。基于本文的研究，主要结论如下：

13.1.1 对制造业相关研究的结论

（1）从制造业能源效率的角度来看，除了烟草制品业，计算机、通信和其他电子设备制造业、仪器仪表制造业三个行业的能源效率达到 1 以外，其他行业的能源效率都普遍较低。从 2000 年到 2014 年，经过十多年的发展，我国制造业各行业的能源效率差异在拉大，也就是那些不在前沿面的无效制造业行业距离最优的能源效率水平越来越远。

从制造业碳减排潜力的角度来看，碳减排潜力最大的行业为非金属矿物制品业、化学原料和化学制品制造业、黑色金属冶炼和压延加工业，2000 ~ 2014 年平均碳减排潜力为 42279.42、29182.37、21398.36 万吨碳排放。另外，石油加工、炼焦和核燃料加工业、有色金属冶炼和压延加工业、纺织业、农副食品加工业等行业的碳减排潜力也较大。而烟草制品业、计算机、通信和其他电子设备制造业、仪器仪表制造业已经达到了减排的极限，目前减排潜力为 0。通过碳减排潜力的分析，可以看出传统重工业大多具有较高的减排潜力，而轻工业和新兴战略性产业的碳减排潜力较小。

（2）从能源全要素生产率来看（GML），大多数行业的 GML 均值并未实现太大改善。其中黑色金属冶炼和压延加工业平均提高 3.5%，其次金属制品业提高 1.4%，文教、工美体育等行业提高 2.2%，电气机械和器材制造业提高 0.4%；其中一些行业甚至出现下降趋势，比如烟草制品业下降 1.5%，计算机、通信和电子设备行业下降 3.9%，仪器仪表制造业下降 2.2%。从历年变化来看，计算机行业的能源生产率呈现波动状态，比如 2000～2001 年 GML 增长 0.3%，2005～2006 增长 4.07%，其后均呈现 GML 指数小于 1 的情形。这说明目前我国计算机行业缺乏有效的技术创新。

从行业分类来看，全要素生产率驱动因素差异较大，农副食品加工业、食品制造业和纺织业、石油加工行业主要依靠纯技术效率的拉动，技术进步率较低，而化学原料与化学制品制造业的规模效率进步率较高，但是纯技术效率较低。

从 GML 指数及其分解的历年平均变化来看，2007 年以前，GML 指数变化较大，经历了先下降后上升又下降的过程，到 2007 年以后相对比较平稳，尤其是 2009 年以后，GML 指数呈现下降趋势，到 2014 年下降了 2013 年的 1.7%。这表明近年来我国制造业在内忧外患，缺乏竞争力的情况下，生产经营状态逐渐恶化，制造业行业面临着产业结构升级、调整和优化的挑战。规模效率变化率变化较小，2011 年以来规模效率变化率都大于 1，说明中国制造业调整面临的规模效率越来越高，原来依靠大规模产业扩展的经营方式得有效地改善，制造业开始进入精细化依靠科技进步的新常态。纯技术效率进步率和技术进步率的波动较大，而且表现出互补的作用，比如 2004 年技术进步率增长了 6.8%，而纯技术效率则下降近 8%，2014 年技术进步率增长了 4.6%，纯技术进步率下降了 6.5%。这种相对立的现象可能的原因是当企业依靠技术进步取得额外技术溢价的时候，可能会忽视放松内部的管理效率，将精力集中于技术创新或者绿色技术改造。

（3）从能源拥挤的视角可以看出，大约有 78% 的行业发生了能源非期望拥挤效应。这些行业既有轻工业，也包括重工业，而没有发生能源拥挤的行业仅有 6 大行业。这表明除了大部分行业已经由于产能过剩和技术效率低下而出现了能源拥挤效应，而且由于能源拥挤造成的能源浪费大约为 63700 万吨标准煤。因此各个行业应该加强管理，提高运营效率。同时对于出现能源非期望拥挤的行业要实行严格的环境管制，减少能源浪费。从能源无效率的构成来源来看，28 个行业可以分为三类，第一类为依靠消除拥挤来改进能源效率，比如农副食品加工业能源无效率的主要原因是拥挤无效率，因此自身的能源效率为0.235，拥挤可以改进的效率为0.765，这一类有15个行业，这一类大多是传统制造业；第二类依靠技术效率提升来改进能源效率，这一类有通用设备制造业、交通运输设备制造业两个行业，这一类属于先进制造业；第三类为依靠消除拥挤与提高技术效率并进，这一类行业有酒、饮料和精制茶制造业、印刷和记录媒介复制业、化学原料和化学制品制造业、化学纤维制造业、有色金属冶炼和压延加工业和其他制造业，这一类属于传统的化工产业和能源密集型产业。

13.1.2 对火电行业相关研究的结论

（1）大部分北方省份和部分发达省份的火电厂能源效率较高，西部地区相对能源效率较高。可能的原因是西部一些地区清洁能源发电相对占比较大，所以火电厂的电力供给相对较小，因此火电厂的能源效率较高。而北方地区尤其煤电资源比较丰富的地区能源效率较高，因为这些地区的电力主要依靠热电厂的供给，新能源发电的比例较少。

（2）从历年平均值的变化来看，我国火电厂能源效率整体上比较平稳，呈现略微先上升后下降的变化趋势。这表明我国的火电厂由于政府政策的限制再加上环境规制的趋严，火电产业的经营面临着强大的压力。

（3）以营业额为期望产出的能源效率平均值明显小于以发电量为期望产出的平均值，这说明这些地区的电力受到电网输送能力的限制。在国家大力发展清洁能源的形势下，大部分发电企业的上网电价受到政策管控，再加上一些地区的火电厂规模盲目扩张，导致发电量过剩，因此营业额收入较小，电力企业亏损严重。

（4）从全要素生产率的历年变化及其驱动分解来看，能源全要素生产率呈现波动状态，其中纯技术进步率和规模效率进步率变动较为平稳，而技术进步率变动较大，主要原因在于企业内部的运营管理和规模投资一般比较稳定，而技术进步具有跳跃性。

（5）一些地区比如内蒙古的碳减排潜力最大，尤其是2012年达到

10475.329 万吨碳排放，东三省的碳减排潜力也很大，除此河南、云南的碳减排潜力也较大。东三省由于是传统重工业基地，因此能源消耗量大，而且随着近年来东北产业向外地转移或者没落，东北地区经济也因此出现相对下滑，人口流失严重，因此这些地区的减排潜力开始变大。而另外一些地区比如北京、上海、江苏、浙江、广东、海南、青海、宁夏、贵州、新疆等地区在 2013 年的碳减排潜力几乎为 0。

（6）一些地区的火电行业确实存在非能源拥挤，而且这些地区大多数是在欠发达地区或边界地区。能源非期望拥挤是对资源的一种无谓浪费，因此发生能源非期望拥挤的地区不应再鼓励扩大装机容量规模，而对这些地区的火电企业进行能源和环境监测，促进节能减排技术的创新。

（7）中国火电行业发生能源期望的地区并不多，主要包括河北，内蒙古，吉林，安徽，福建，河南，陕西，甘肃等地区，能源期望拥挤的发生表明这些地区具有生态技术创新的潜力。相比之下，大部分地区并没有发生期望的能源拥挤。尽管如此，中国火电行业的能源期望拥挤数量在逐年增加，这意味着越来越多的地区通过技术创新来减少碳排放。另一个有趣的现象是，从 2004 年到 2013 年，三大区域的能源期望拥挤趋势几乎相同，这表明生态技术具有很强的溢出效应。生态技术总是在一些先进地区突破，并迅速溢出到其他地区。因此中国政府要实现生态技术的创新，就要重点支持有条件的地区进行重点技术攻关。

13.1.3 对区域相关研究的结论

（1）考虑碳排放的 2001 ~ 2014 年中国能源全要素生产率总体上比较平稳，平均下降了 0.4 个百分点，仅有北京、辽宁、湖北、海南、福建、湖南、四川 8 个区域呈现上升趋势。GML 指数最高点出现在 2011 ~ 2012 年间，增长率是 0.7%，2013 ~ 2014 年的增长率下降了 0.64%。2013 ~ 2014 年的能源全要素生产率之所以会下降的主要原因可能受国内外市场需求疲软、宏观经济恶化等因素影响。从三大区域的划分来看，东部地区的 GML 最高，其次为西部地区，中部地区的 GML 最低。GML 指数呈现了区域上的两端高中间低的特征。东部和中部地区的纯技术进步率较高，但是东部的规模效率进步率较低而中部的技术进步率较低。

（2）2000～2014年间地区之间的全要素生产率和技术效率进步率、纯技术进步率都存在绝对收敛，但是规模效率却没有足够的证据显示其存在绝对收敛。因此可以得知，区域之间的差异主要是生产规模的不同引起的。从三大区域来看，东部、中部地区之间GML指数呈现收敛趋势，而西部地区的收敛系数不显著，因此西部地区之间并未出现显著的收敛趋势。从GML的指数分解来看，三大区域的PEC和BPC均存在收敛现象，而东部和中部的SCH却呈现发散趋势，也即东部和中部地区内部的规模效率呈现不同的增长趋势，并没有形成统一稳定的增长速度。

（3）2000～2014年间全要素生产率存在条件收敛。而且中国的全要素生产率的条件收敛速度在逐步加快。PEC和SCH在2002～2014年的收敛速度呈现倒“U”型，也即收敛速度为快—慢—快的非线性变化。而BPC则呈现快—快—慢的变化趋势。这些特征说明技术进步在近几年的区域全要素生产率收敛中的作用逐渐下降，而纯技术进步率和规模效率的作用在加强。中国三大区域也存在条件收敛，从收敛速度上，中部全要素生产率收敛速度最快，其次是东部，最后是西部。从全要素生产率指数分解来看，东部的技术进步收敛速度最快，而西部和中部的规模效率收敛速度最快。

13.1.4 对碳市场相关研究的结论

（1）低碳试点区域建设对于能源全要素生产率并没有显著的影响。也就是说目前低碳试点政策还没有形成企业节能创新的有效动力。但是通过双重差分模型对各地区人均碳排放进行分析，可以看出，低碳省建设有效地控制了碳排放量的增加，尤其是2013年以后，低碳省的碳排放减少更加明显。原因可能是低碳省政策大多采用行政命令或者财政补贴的方式进行，比如河北等地区高碳产业，政府在环保的压力下强制对于污染企业进行产能限制、裁员、关闭等强硬措施。这些政策在去产能、去污染方面具有一定的效果，但没有从本质上实现经济增长方式的转变，没有以绿色技术创新驱动节能减排，因此这种政策仅仅是末端治理，没有实现综合治理。

（2）在样本考察期内中国省际区域贸易引起了大量碳转移。碳转移方向主要从能源生产地向能源需求地、从经济高值和中值区域向西部低值区域流动，而且近年来的流动量在不断加大。从时间维度来看，在不同的时间段内区域的转入和转出数量有所变化，1995～2005 年间碳流动的数量较少，而 2006～2016 年间碳流动的数量较高。碳转移责任较大而且经济条件比较好的地区应该承担更多的减排责任，为其他地区提供资金补偿和技术支持。

（3）从历史累积碳排放来看，东部经济基础较好地区或煤炭生产基地比如山东、辽宁、江苏、内蒙古、河北、山西等地区排放了最多的二氧化碳，其中山东省 1995～2016 年间累积碳排放全国第一，高达约 166.1 亿吨碳排放，辽宁高达 117.4 亿吨，位居全国第二位。这说明这些地区在经济发展历史上过多依靠能源密集型制造业或者化石能源产业，从而造成了过多历史排放，未来将承担更多减排责任；从总量上看，西部区域或面积较小区域比如青海、海南、重庆、宁夏、江西、北京等地区具有最小的历史责任。按照经济高、中、低分组来看，高值区域的累积碳排放高达 775.3 亿吨，中值和低值区域的累积碳排放为 498 亿吨和 232 亿吨，很显然经济高值区域的碳排放远高于经济中值和低值区域。

（4）不同的分配机制将会产生不同的政策效果。由于发展基础好的地区往往历史排放也较高，在责任原则下将会承担更大的减排责任，这种“鞭打快牛”责任惩罚机制将会造成过度惩罚而损失效率，比如山东如果按照责任原则将面临严重的配额不足，为此将造成沉重的减排负担，损害经济发展的积极性。而效率原则下经济基础较好的地区往往得到较高的配额分配，这一分配机制虽然能保证经济效率达到最优，但是忽视公平性，贫富差异的“马太效应”将会造成新的区域发展不公平。因此最优的碳排放分配应当在效率与责任公平之间权衡，兼顾经济效率和社会公平。

（5）不同的配额方案对中国区域的减排成本产生重要的影响。从平均边际减排成本来看，在效率原则、责任原则和综合原则下配额分配的平均边际减排成本分别为 1697 元、5393 元和 1556 元，由此可见，责任原则下的平均减排成本最高，其次为效率原则，而综合原则下平均减排成本最小。从减排总成本来看，依然是效率原则下的减排总成本最小，其次为综合原则，总成本最大是责任原则下的配额分配方案。从减排成本最小化角度来看，兼顾责任和效率的综合配额分配方案是较理想的选择。

（6）不同区域在配额分配机制下表现出个体异质性。由于历史责任过高，在责任原则下，山东省的边际减排成本高达 110619 元，其次为江苏、广东和辽宁等地区。高值区域在责任原则下的边际减排平均成本高达 13982 元，在效率和综合原则下该值分别为 2594 元和 2502 元；中值区域的边际减排成本在三种分配标准下变动较小，基本在 1300 ~ 1425 之间变动；低值区域的边际减排成本在效率原则下最高为 1073 元；而在责任和综合原则下，仅为 860 元左右。总体上看，高值区域在三种标准下的边际减排成本最高，低值区域的边际减排成本最低。从社会总成本角度来看，高值区域在效率标准下才会有所盈余，在责任和综合原则下将支付较高代价；中值区域在三个分配机制下均需要支付较高成本，唯有低值区域在三种分配机制下均呈现盈余。

13.2 政策启示

根据以上对中国制造业和区域的能源效率和碳减排潜力以及碳市场的有关问题的研究，可以得出如下政策启示：

13.2.1 能源效率的政策启示

通过对行业能源效率的研究，可以发现制造业行业的能源效率差异较大，而且整体水平较低，大部分制造业能源全要素生产率并没有增长，甚至出现倒退现状，因此能源全要素生产率增长的驱动因素为纯技术进步，这表明我国的制造业的技术管理水平在不断得到提升，但是技术进步的效果并不明显。我国的减排方式依然是通过加强管理来实现，而不是通过节能改造技术。目前国内对于碳排放的监管并不严格，碳税的征收更是在近期难以实施，碳市场仅在尝试阶段，而且纳入碳市场监管的行业仅限于几个试点省份的几个高能耗行业，由于市场减排机制还未完全建立，因此企业通过改造节能减排技术来进行主动减排的积极性并不高，有的地区甚至出现了远远低于碳排放的影子价格的情况。目前鉴于我国经济与环境发展的两难境地，如果严格执行环境规制，可能导致经济产出的严重损失甚至损害落后地区的经济福利水平。因此，我国制造业行业的能源全要素生产率较低，并且技术创新不足具有深刻的阶段性和时代性，需要在未来产业规划时，通过适当的产业政策来向高效率、低排放的行业倾斜，逐步实现产业结构的优化，高耗能产业的低碳化。

通过对区域能源全要素生产率的研究，考虑碳排放的能源全要素生产率出现下降趋势，说明我国经济发展依然是粗放型的资源投入型增长方式，没有根本上改变能源消费结构。因此，建立合理的能源消费结构，实施科学的环境规制政策是提高能源效率、促使地方经济向要素节约型转变的必要途径。目前的碳排放约束政策没有导致区域之间不平衡，各区域之间的差异在逐渐缩小。因此考虑到不同的区域发展状况，应该加强区域之间的信息和技术等方面的沟通和合作机制。东部地区承担技术创新的先头兵，加快节能技术创新，并将先进技术或者先进产业传播给东部和西部区域。而中部和西部地区在承接东部区域的产业转移时，加强环境规制力度，避免沦为“污染天堂”。

13.2.2 碳减排潜力的政策启示

对于减排潜力巨大的区域，可以通过加强管理水平、改进节能低碳技术来实现碳排放的下降。而对于减排潜力几乎为0的区域，说明该地区的减排要付出沉重的经济增长代价，因此国家在制定碳减排责任的时候，要将全国分为无减排潜力区域和有减排潜力区域，对这两个地区实行相互协调的减排机制。一种可能的减排机制为，无减排潜力的区域提供资金和技术支持来帮助提升能源效率低减排潜力大的区域，从而在全国范围形成整体有效的减排政策。

而对于制造业行业来言，研究碳减排潜力对于碳市场的建立和完善具有重要的政策启示。由于碳减排潜力最大的行业，其减排成本最小，而碳减排潜力最小的行业，其减排成本最高，因此要想实现全行业的成本最小化，可以按照碳减排潜力最大原则来建立碳市场行业覆盖选择机制。比如目前中国的碳市场交易纳入的行业或者企业是按照循序渐进的方式逐步实现全行业覆盖，现行中国的碳试点交易中覆盖的行业有石化、化工、建材、钢铁、有色、造纸、电力、民航等 8 大类 32 个子行业，但是在众多制造业行业中，选择这八大行业一定是减排有效的吗？目前学术界缺乏相关的实证研究。而本研究的行业减排潜力对碳市场交易的行业覆盖方面具有政策启示。一种可行的碳市场行业覆盖方案为按照碳减排潜力的数据来进行排序，首先纳入碳减排潜力最大的几个行业，其次再从剩余行业中选择碳减排潜力最大的，以此类推将得到成本有效的碳市场覆盖行业选择机制。

13.2.3 能源拥挤效应的政策启示

能源非期望拥挤实际上是一种资源的无谓浪费，因此识别能源非期望拥挤可以对政策制定者提供决策单元的生产经营状况，从而及时作出能源投放和生产技术的战略选择。2017 年 5 月，国家能源局下发了“2020 年煤电规划建设风险预警”通知，旨在预防和解决燃煤电力产能过剩，促进有序发展。报告主要提出燃煤电力装机容量充足指标和资源约束指标作为燃煤电力规划风险预警指标体系的约束指标。所以燃煤工业的能源拥堵数量可以作为未来评价火电行业或者企业的重要风险预警指标之一。不仅仅是火电行业，其他行业、企业和区域都可以将能源非期望拥挤程度作为决策单元的风险预警指标或者产能过剩指标。对于出现能源非期望拥挤的决策单元，将面临规模调整、产业升级或者产业转移的问题，国家也将减少该类行业的优惠政策和金融支持。

对于能源期望拥挤的识别实际上是决策单元是否选择生态技术创新的判断，从而为国家和政府提供哪些企业或者区域实现生态技术创新，哪些企业或者区域没有实现生态技术创新，为了促进生态技术创新，政府要制定合理的环境规制水平来促进企业的生态技术创新。另外，政府也可以依据对被评价对象的能源期望拥挤的测算来检验政策或者法律实施的有效性。如果某一政策实施之后发生的能源期望拥挤，那么可以断定该政策是节能减排有效的政策，否则该政策并没有取得促进技术创新的效果。

13.2.4 碳市场建设的政策启示

根据本研究结论，目前我国的碳市场试点建设并没有真正起到节能减排、生态技术创新的良好效果，仅仅在碳排放的总量上实行了较为严格的行政手段。因此，我国的碳市场交易机制并没有发挥应有的节能减排作用。其中一个重要的原因是我国的碳市场制度还不成熟，与市场相配套的一系列政策还未来得及完善。比如碳配额制度是建立碳市场的关键问题，欧盟碳市场因为碳配额分配过量导致碳市场交易量下降，交易价格较低，导致碳市场并未实现碳价格发现功能。因此，中国在制定全国统一碳市场制度时，制定合理的碳配额分配机制充分发挥市场减排的作用是促进中国能源效率提高、减少碳排放的重要举措。但是各地区通过多种手段和途径试图争取更多的碳配额将是未来建立全国碳市场制度的一大隐患。因此政策建议为：

（1）建立考虑排放责任的区域碳排放账户制度。要建立全国统一的碳市场，首先要明确区域之间如何协调，谁应该承担更多的碳减排责任，谁应该享有更多的生态补偿，构建并完善区域的碳排放账户制度，从基期设定、分配方案、责任划分都要具有科学的依据。本文的基期选择方案和碳转移衡量标准为构建区域碳排放账户提供了基本的思想和操作方案。未来在具体的制度构建方面，要完善区域碳数据库建设，实施碳排放账户的动态监控管理，将上一年或者近几年的碳排放账户变动状况作为下一年配额分配的参考依据。

（2）建立兼顾责任与目标、公平与效率相结合的碳配额分配机制。由于责任原则和效率原则的分配方案具有较强的偏倚性，在责任方面负担较多或者效率较低的地区将受到严重的影响，在稳中求变的发展战略导向下，综合原则的配额分配不仅兼顾公平和效率，而且也使社会总成本最小。未来在利用大数据建立区域历史碳排放账户基础上，最理想的方法是建立兼顾责任与目标、公平与效率相结合的碳配额分配机制。本文提供的方案可以作为设计碳配额的一种思路，从国家减排目标出发，将区域排放责任、转移责任和经济效率纳入碳配额分配机制中，通过价格调节机制合理分配资源，激发企业参与交易活力，促进中国经济转型升级。建立完善的碳市场交易机制，实行严格的监督机制和惩罚机制保证交易的有序进行。

（3）以构建碳配额分配机制为契机推动区域之间协调发展。配额分配是一种权利配置，通过初始碳配额分配建立完善碳市场机制将对中国经济产生重要影响：原有的经济模式将被打破，未来的区域格局将会面临重塑。因此，在强调区域协同发展的背景下，政府要利用这次契机重塑中国经济区域之间协同、创新和低碳发展的新格局。各省级区域也要加快调整产业结构，加强低碳能力建设。具体来讲，由于经济高值地区责任承担的异质性，因此对于煤炭开采和化工为产业支柱的地区要加快煤炭清洁化利用和转化技术，推动特高压电网基础设施，同时大力推动产业结构升级和转型，降低经济发展对化石能源的依赖程度；而对于经济发达区域要加快技术投资和研发，为高碳地区提供资金和技术支持。经济发展水平较低地区，由于历史排放责任较小，未来将会给予充足碳配额，同时高值区域要为其提高技术和资金支持，帮助其建立低碳产业体系。

主要参考文献

[1] Alexeev A., Good D. H., Krutilla K. Environmental Taxation and the Double Dividend in Decentralized Jurisdictions [J]. Ecological Economics, 2016, 122 (2): 90-100.

[2] Andersen P., Petersen N. C. A Procedure for Ranking Efficient Units in Data Envelopment Analysis [J]. Management Science, 1993, 39 (10): 1261-1264.

[3] Ang B. W., Zhang F. Q. A survey of index decomposition analysis in energy and environmental studies [J]. Energy, 2000, 25 (12): 1149-1176.

[4] Anselin L. Spatial Econometrics: Methods and Models [M]. Dordrecht: Kluwer Academic Publishers, 1988.

[5] Aparicio J., Pastor J. T., Zofio J. L. On the inconsistency of the Malmquist-Luenberger index [J]. European Journal of Operational Research, 2013, 229 (3): 738-742.

[6] Arabi B., Munisamy S., Emrouznejad A. A new slacks-based measure of Malmquist-Luenberger index in the presence of undesirable outputs [J]. Omega, 2015, 51: 29-37.

[7] Barari S., Agarwal G., Zhang W. J (Chris)., Mahanty B., Tiwari M. K. A Decision Framework for the Analysis of Green Supply Chain Contracts: An Evolutionary Game Approach [J]. Expert Systems with Applications, 2012, 39 (3): 2965-2976.

[8] Barbera A. J., Mcconnell V. D. The impact of environmental regulations on industry productivity: Direct and indirect effects [J]. Journal of Environmental

Economics and Management, 1990, 18 (1): 50 -65.

[9] Behrens K., Thisse J. F. Regional Economics: a New Economic Geography Perspective [J]. Regional Science and Urban Economics, 2007, 37 (4): 457 - 465.

[10] Berman E., Bui L. T. Environmental regulation and productivity: evidence from oil refineries [J]. The Review of Economics and Statistics, 1998, 83 (3): 498 -510.

[11] Bian Y., He P., Xu H. Estimation of potential energys aving and carbon dioxide emission reduction in China based on an extended non - radial DEA approach [J]. Energy Policy, 2013, 63: 962 -971.

[12] Bohm P., B. Larsen. Fairness in a tradable - permit treaty for carbon emissions reductions in Europe and the Former Soviet Union [J]. Environmental and Resource Economics, 1994, 4 (4): 219 -239.

[13] Borts G. H, Mishan E. J. Exploring the "uneconomic region" of the production function [J]. Review of Economic Studies, 1962, 29 (4): 300 -312.

[14] Brunnermeier S. B., Cohen M. A. Determinants of environmental innovation in US manufacturing industries [J]. Journal of Environmental Economics and Management, 2003, 45 (2): 278 -293.

[15] Card D., Krueger A. B. Minimum wages and employment: a case study of the fast food industry in New Jersey and Pennsylvania [J]. The American Economic Review, 1993, 90 (5): 1397 -1420.

[16] Chen L., Wang Y. and Wang L. Congestion measurement under different policy objectives: An analysis of Chinese indurstry [J]. Journal of Cleaner Production, 2016, 112: 2943 -2952.

[17] Chen S., Golley J. 'Green' productivity growth in China's industrial economy [J]. Energy Econ, 2014, 44: 89 -98.

[18] Chung Y. K., Färe R. G. Productivity and undesirable outputs: A directional distance function approach [J]. Journal of Environmental Management, 1997,

51 (3): 229 -240.

[19] Cohen M. C. , Lobel R. , Perakis G. , et al. The Impact of Demand Uncertainty on Consumer Subsidies for Green Technology Adoption [J]. Management Science, 2016, 62 (5): 1235 -1258.

[20] Cook W. D. , Seiford L. M. , Zhu J. Data envelopment analysis: The research frontier [J]. Omega, 2013, 41 (1): 1 -2.

[21] Cooper W. W. , Park K. S. , Pastor J. T. RAM: A range adjusted measure of inefficiency for use with additive models, and relations to other models and measures in DEA [J]. Journal of Productivity Analysis, 1999, 11 (1): 5 -42.

[22] Cooper W. W. , Seiford L. M. , Tone K. Data envelopment analysis: A comprehensive text with models, applications, references and DEA - Solversoftware (Second Edition). New York: Springer, 2007.

[23] Cooper W. W. , Deng H. , Gu B. , Li S. , Thrall R. M. Using DEA to improve the management of congestion in Chinese industries (1981 ~1997) [J]. Socio - Economic Planning Sciences, 2001a, 35 (4): 227 -242.

[24] Cooper W. W. , Deng H. , Huang Z. M. and Li S. X. A one - model approach to congestion in data envelopment analysis [J]. Socio - Economic Planning Sciences, 2002, 36 (4): 231 -238.

[25] Cooper W. W. , Gu B. , Li S. Note: Alternative treatments of congestion in DEA—A response to the Cherchye, Kuosmanen and Post critique [J]. European Journal of Operational Research, 2001b, 132 (1): 81 -87.

[26] Cooper W. W. , Thompson R. G. , Thrall R. M. Chapter 1 introduction: Extensions and new developments in DEA [J]. Annals of Operations Research, 1996, 66 (1): 1 -45.

[27] Cooper W. W. , Deng H. , Gu B. , et al. Using DEA to improve the management of congestion in Chinese industries, 1981 ~ 1997 [J]. Socio - Economic Planning Sciences, 2001d, 35 (4): 227 -242.

[28] Cooper W. W. , Seiford L. M. , Zhu J. Slacks and congestion: response to

a comment by R. Fare and S. Grosskopf. [J]. Socio – Economic Planning Sciences, 2001c, 35 (3): 205 – 215.

[29] Cooper W. W., Park K. S., Pastor J. T. RAM: A range adjusted measure of inefficiency for use with additive models, and relations to other models and measures in DEA. Journal of Productivity Analysis, (1999) 11 (1): 5 – 42.

[30] Dong X., Li C., Li J., Wang J., Huang W. A. Game – Theoretic Analysis of Implementation of Cleaner Production Policies in the Chinese Electroplating Industry [J]. Resources, Conservation and Recycling, 2010 (54).

[31] Easterly W., Levine R. It's not factor accumulation: stylized facts and growth models—What have we learned from a decade of empirical research on growth? [J]. World Bank Economic Review, 2001: 177 – 219.

[32] Eissa N., Liebman J. B. Labor supply response to the earned income tax credit [J]. Quarterly Journal of Economics, 1996, 111 (2): 605 – 637.

[33] Emrouznejad A. Yang G. L. CO_2 emissions reduction of Chinese light manufacturing industries: A novel RAM – based global Malmquist – Luenberger productivity index [J]. Energy Policy, 2016, 96 (9): 397 – 410.

[34] Emrouznejad A., Yang G. L. A survey and analysis of the first 40 years of scholarly literature in DEA: 1978 ~ 2016. Socio – Economic Planning Sciences, 2017.

[35] Emrouznejad A., Yang G. L. CO_2 emissions reduction of Chinese light manufacturing industries: A novel RAM – based global Malmquist – Luenberger productivity index. Energy Policy, 2016, 96 (9): 397 – 410.

[36] Färe R., Grosskopf S., Lindgren B., Roos P. Productivity changes in Swedish pharmacies 1980 – 1989: A non – parametric Malmquist approach [J]. Journal of Productivity Analysis, 1992 (3): 85 – 101.

[37] Färe R., Grosskopf S., Lovell C. A. K., Pasurka C. Multilateral productivity comparisons when some outputs are undesirable: A nonparametric approach [J]. The Review of Economics and Statistics, 1989 (71): 90 – 98.

[38] Färe R., Grosskopf S., Lovell C. A. K. Production frontiers [M]. Cambridge University Press Cambridge, 1994.

[39] Färe R., Grosskopf S., Lovell C. A. K. The measurement of efficiencies of production [M]. Kluwer - Nihoff Publishing, Boston, 1985.

[40] Färe R., Svensson L. Congestion factors of production. [J]. Econometrica, 1980, 48: 1743 - 1753.

[41] Färe R., Grosskopf S., Lovel C. A. K., Pasurka C. Multilateral productivity comparison when some outputs are undesirable: A nonparametric approach. The Review of Economics and Statistics, 1989, 71: 90 - 98.

[42] Farrell M. J. The measurement of productive efficiency [J]. Journal of the Royal Statistical Society, Series A (General), 1957, 120 (3): 253 - 290.

[43] Flegg A. T., Allen D. O. Congestion in the Chinese automobile and textile industries revisited [J]. Socio - Economic Planning Sciences, 2009, 43 (3): 177 - 191.

[44] Franckx L. Environmental Enforcement with Endogenous Ambient Monitoring [J]. Environmental and Resource Economics 2005, 30: 195 - 220.

[45] Friedman D. Evolutionary Games in Economics [J]. Econometrica, 1991, 59 (3): 637 - 666.

[46] Gray W. B. The cost of regulation: OSHA, EPA and the productivity slow down [J]. American Economic Review, 1978 (77): 998 - 1006.

[47] Green Peace. Prosperity and decline 2016: Tracking the global coal - fired power plants. Available at: http://www.greenpeace.org.cn/boom - and - bust - 2016 - report.

[48] Hailu A., Veeman T. S. Environmentally sensitive productivity analysis of the Canadian pulp and paper industry, 1959 ~ 1994: An input distance function approach [J]. Journal of Environmental Economics and Management, 2000, 40: 251 - 274.

[49] Han Y., Geng Z., Zhu Q., Qu Y. Energy efficiency analysis method

based on fuzzy DEA cross - model for ethylene production systems in chemical industry. Energy, 2015, 83: 685 - 695.

[50] He F., Zhang Q., Lei J., Fu W., Xu X. Energy efficiency and productivity change of China's iron and steel industry: accounting for undesirable outputs. Energy Policy, 2013, 54: 204 - 213.

[51] Hernández - Sancho, F., Molinos - Senante, M., Sala - Garrido, R., Energy efficiency in Spanish waste water treatment plants: A non - radial DEA approach. Science of the Total Environment, 2011, 409: 2693 - 2699.

[52] Hossein H. M., Kaneko S. Can Environmental Quality Spread through Institutions [J]. Energy Policy, 2013, (56): 312 - 321.

[53] Hosseini H. M., et al. Spatial Environmental Kuznets Curve for Asian Countries: Study of CO_2 and PM10 [J]. Journal of Environmental Studies, 2011, (37): 1 - 3.

[54] Hu G., Wang L., Chen Y., Bidanda B. An Oligopoly model to Analyze the Market and Social Welfare for Green Manufacturing Industry [J]. Journal of Cleaner Production, 2014, 85: 94 - 103.

[55] Hu. J. L., Lee. Y. C. Efficient three industrial waste abatement for regions in China [J]. International Journal of Sustainable Development and World Ecology, 2008, 15 (1): 132 - 144.

[56] Hu Y. J., R. Han and B. J. Tang. Research on the initial allocation of carbon emission quotas: Evidence from China. Natural Hazards, 2017, 85: 1189 - 1208.

[57] Hwang S. N., Chen C., Chen Y., Lee H. S., & Shen P. D. Sustainable design performance evaluation with applications in the automobile industry: Focusing on inefficiency by undesirable factors. Omega, 2013, 41 (3): 553 - 558.

[58] IEA. (2014). World Energy Outlook 2014 (Paris).

[59] IPCC (2006). IPCC Guidelines for National Greenhouse Gas Inventories. http: //www. ipcc - nggip. iges. or. jp/public/2006gl/vol2. html.

[60] Jorgenson D. W. and Wilcoxen P. J. Environmental regulation and U. S. economic growth [J]. The RAND Journal of Economics, 1990, 21 (2): 314 - 340.

[61] Kaneko S., Fujii H., Sawazu N., et al. Financial allocation strategy for the regional pollution abatement cost of reducing sulfur dioxide emissions in the thermal power sector in China [J]. Energy Policy, 2010, 38 (5): 2131 -2141.

[62] Kharel G. Impacts of Urbanization on Environmental Resources: A Land Use Planning Perspective [D]. Arling - ton: University of Texas, 2010.

[63] Khoshnevisan B., Rafiee S., Omid M., Mousazadeh H. Reduction of CO_2 emission by improving energy use efficiency of greenhouse cucumber production using DEA approach. Energy, 2013, 55: 676 -682.

[64] Kielenniva N., Antikainen R., Sorvari J., 2012. Measuring Eco - Efficiency of Contaminated Soil Management at the Regional Level [J]. Journal of Environmental Management, 2012 (109): 179 -188.

[65] Lall P., Featherstone A. M., Norman D. W. Productivity growth in the Western Hemisphere (1978 - 1994): The Caribbean in perspective [J]. Journal of Productivity Analysis, 2002, (17): 213 -231.

[66] LeSage J., Pace R. K. Introduction to Spatial Econometrics [M]. Chapman & Hall/CRC, 2009.

[67] LeSage J., Pace R. K. Spatial Econometric Modeling of Origin Detination Flows [J]. Journal of Regional Science, 2008, 48 (5): 941 -967.

[68] Li K., Lin B. Meta frontier energy efficiency with CO_2 emissions and itsconvergence analysis for China. Energy Economy, 2015, 48: 230 -241.

[69] Li L. B., Hu J. L. Ecological total - factor energy efficiency of regions in China. Energy Policy, 2012, 46: 216 -224.

[70] Li K. & Lin B. The efficiency improvement potential for coal, oil and electricity in China's manufacturing sectors. Energy, 2015, 86: 403 -413.

[71] Li Z. D. Quantitative analysis of sustainable energy strategies in China [J].

Energy Policy, 2010, 38 (5): 2149 -2160.

[72] Lin B., Wu Y., Zhang L. Estimates of the potential for energy conservation in the Chinese steel industry. Energy Policy, 2011, 39 (6): 3680 -3689.

[73] Liu, Y., Wang, K. Energy efficiency of China's industry sector: An adjusted network DEA (data envelopment analysis) - based decomposition analysis. Energy, 2015, 93: 1328 -1337.

[74] Mandal S. K., Madheswaran S. Environmental efficiency of the Indian cement industry: An inter - state analysis. Energy Policy, 2010, 38: 1108 -1118.

[75] Marques R. C., Simões P. Measuring the influence of congestion on efficiency in worldwide airports [J]. Journal of Air Transport Management, 2010, 16 (6): 334 -336.

[76] Mi Z. F., Y. K. Zhang, D. B. Guan, Y. L. Shan, Z. Liu, R. G. Cong, X. C. Yuan and Y. M. Wei. Consumption - based emission accounting for Chinese cities. Applied Energy, 2016, 184: 1073—1081.

[77] Mickwitz P., Melanen, M., Rosenström U., Seppälä, J. Regional Eco - Efficiency Indicators—A Participatory Approach [J]. Journal of Cleaner Production, 2006 (14): 1603 -1611.

[78] Miller S. M., Upadhyay M. P. Total factor productivity and the convergence hypothesis. Journal of Macroeconomics, 2002, 24 (2): 267 -286.

[79] Mohamad N. H., Said F. Decomposing productivity growth in Malaysian food manufacturing industry. African Journal of Business Management, 2010 (4): 3522 -3529.

[80] Noura A. A., Hosseinzadeh Lotfi F., Jahanshahloo G. R., Rashidi S. F. and Parker B. R. A new method for measuring congestion in data envelopment analysis [J]. Socio - Economic Planning Sciences, 2010, 44 (4): 240 -246.

[81] OECD. Eco - efficiency [R]. Paris, Organization for Economic Cooperation and Development, 1998.

[82] Oggioni G., Riccardi R., Toninelli R. Eco - efficiency of theworld cement

industry: a data envelopment analysis. Energy Policy, 2011, 39 (5): 2842 -2854.

[83] Oh D. H. A global malmquist - luenberger productivity index [J]. Journal of Productivity Analysis, 2010 (3): 183 - 197.

[84] Oueslati W. Environmental Tax Reform: Short - Term versus Long - Term Macroeconomic Effects [J]. Journal of Macroeconomics, 2014, 40 (6): 190 - 201.

[85] Pastor J. T., Lovell C. A. K. A global Malmquist productivity index [J]. Economic Letter, 2005 (88): 266 -271.

[86] Poon J. P., et al. The Impact of Energy, Transport, and Trade on Air Pollution in China [J]. Eurasian Geography and Economics, 2006, 47 (5): 568 - 584.

[87] Ramli N. A. and Munisamy S. Eco - efficiency in greenhouse emissions among manufacturing industries: A range adjusted measure. Economic Modelling, 2015, 47: 219 -227.

[88] Rausch S., Schwarz G. A. Household Heterogeneity, Aggregation, and the Distributional Impacts of Environmental Taxes [J]. Journal of Public Economics, 2016, 138 (6): 43 -57.

[89] Riccardi R., Oggioni G., Toninelli R. Efficiency analysis of world cement industry in presence of undesirable output: application of data envelopment analysisAnd directional distance function. Energy Policy, 2012, 44: 140 - 152.

[90] Rupasingha A., et al. The Environmental Kuznets Curve for US Counties: A Spatial Econometric Analysis with Extensions [J]. Papers in Regional Science, 2004, 83 (2): 407 -424.

[91] Salaimartin X. The classical approach to convergence analysis [J]. The Economic Journal, 1996, 106 (437): 1019 - 1036.

[92] Sarıcak OrI. Efficiency assessment of Turkish power plants using data Envelopment analysis. Energy, 2007; 32: 1484 - 1499.

[93] Serrano, M. and E. Dietzenbacher. Responsibility and Trade Emission Bal-

ances: An Evaluation of Approaches. Ecological Economics, 2010, 69: 2224 –2232.

[94] Shephard R. W., Färe R. The law of diminishing returns [J]. Zeitschrift für Nationalökonomie, 1974, (34): 69 –90.

[95] Shi G. M., Bi J., Wang J. N. Chinese regional industrial energy efficiency evaluation based on a DEA modelof fixing non – energy inputs [J]. Energy Policy, 2010, 38: 6172 –6179.

[96] Solow, R. Technical change and the agregate production function. Review of Economics and Statistics, 1957, 39: 312 –320.

[97] Sueyoshi T., Goto M. Returns to scale and damages to scale on U. S. fossil fuel power plants: Radial and non – radial approaches for DEA environmental assessment [J]. Energy Economics, 2012b, 34 (6): 2240 –2259.

[98] Sueyoshi T., Goto M. Weak and strong disposability vs. natural and managerial disposability in DEA environmental assessment: Comparison between Japanese electric power industry and manufacturing industries [J]. Energy Economics, 2012c, 34 (3): 686 –699.

[99] Sueyoshi T., Goto M. Undesirable congestion under natural disposability and desirable congestion under managerial disposability in U. S. electric power industry measured by DEA environmental assessment [J]. Energy Economics, 2016, 55: 173 –188.

[100] Sueyoshi T., Goto M., Ueno T. Performance analysis of US coal – fired power plantsby measuring three DEA efficiencies [J]. Energy Policy, 2010, 38 (4): 1675 –1688.

[101] Thrall R. M. Measures in DEA with an application to the malmquist index [J]. Journal of Productivity Analysis, 2000, (13): 125 –137.

[102] Tian Y., Govindan K., Zhu Q. A System Dynamics Model based on Evolutionary Game Theory for Green Supply Chain Management Diffusion among Chinese Manufacturers [J]. Journal of Cleaner Production, 2014, 80: 96 –105.

[103] Tohidi G., Razavyan S, Tohidnias. A global cost Malmquist productivity

index using data envelopment analysis [J]. Journal of the Operational Research Society, 2012, (63): 72 - 78.

[104] Tohidi G., Razavyan S. A circular global profit Malmquist productivity index in data envelopment analysis [J]. Applied Mathematical Modelling, 2013, (37): 216 - 227.

[105] Tone K. and Sahoo B. K. Degree of scale economies and congestion: A unified DEA approach [J]. European Journal of Operational Research, 2004, 158 (3): 755 - 772.

[106] Tone K. A slacks - based measure of efficiency in data envelopment analysis. European Journal of Operational Research, 2001, 130 (3): 498 - 509.

[107] Tsang S. S., Chen Y. F., Lu Y. H., et al. Assessing productivity in the presence of negative data and undesirable outputs [J]. Service Industries Journal, 2014, 34 (2): 162 - 174.

[108] Wang K., Yu S., Zhang W. China's regional energy and environmental efficiency: a DEA window analysis based dynamic evaluation. Math Comput Model, 2013, 58: 1117 - 1127.

[109] Wang Z., Feng C., Zhang B. An empirical an alysis of China's energy efficiency: from both static and dynamic perspectives. Energy, 2014, 74: 322 - 330.

[110] Wang K., Wei Y. M., Zhang X. A comparative analysis of China's regional energy and emission performance: which is the better way to deal with undesirable outputs? [J]. Energy Policy, 2012 (46): 574 - 584.

[111] Wang K., Wei Y. M., Zhang X., 2013b. Energy and emissions efficiency of Chinese regions: a multidirectional efficiency analysis. Appl. Energy, 2013, 104: 105 - 116.

[112] Wang K., Zhang X., Yu X., Wei Y. & Wang B. Emissions trading and abatement cost savings: An estimation of China's thermal power industry [J]. Renewable & Sustainable Energy Reviews, 2016, 65 (11): 1005 - 1017.

[113] Wang T., Watson J. Scenario analysis of China's emissions pathways in the

21st century for low - carbon transition [J]. Energy Policy, 2010, 38 (7): 3537 - 3546.

[114] Wang Y., Xie B., Shang L. & Li W. Measures to improve the performance of China's thermal power industry in view of cost efficiency [J]. Applied Energy, 2013, 112 (12): 1078 - 1086.

[115] Watanabe, M., Tanaka, K., 2007. Efficiency analysis of Chinese industry: a directional distance function approach [J]. Energy Policy, 2007, 35 (12): 6323 - 6331.

[116] WBCSD. Eco - efficient Leadership for Improve Economic and EnvironmentalPerformance [M]. Geneva: WBCSD, 1996: 3 - 16.

[117] Wei C., Ni J., Sheng M. China's energy inefficiency: across - country comparison [J]. Science Society Journal, 2011, 48: 478 - 488.

[118] Wei Q., Yan H. Congestion and returns to scale in data envelopment analysis [J]. European Journal of Operational Research, 2004, 153 (3): 641 - 660.

[119] Wei Y. M., Liao H., FanY. An empirical analysis of energye fficiency in China's Iron and steel sector. Energy, 2007, 32: 2262 - 2270.

[120] Wei Y. M., L. Wang, H. Liao, K. Wang, T. Murty and J. Y. Yan. Responsibility accounting in carbon allocation: A global perspective [J]. Applied Energy, 2014, 130: 122 - 133.

[121] Wu B., Liu P. F., Xu X. F. An Evolutionary Analysis of Low - Carbon Strategies based on the Government - Enterprise Game in the Complex Network Context [J]. Journal of Cleaner Production, 2016, in Press.

[122] Wu F., Zhou P. and Zhou D. Q. Does there exist energy congestion? Empirical evidence from Chinese industrial sectors [J]. Energy Efficiency, 2016, 9 (2): 371 - 384.

[123] Yang Z. F., Zhou X. C., Xu L. Y. Eco - efficiency Optimization for Municipal Solid Waste Management [J]. Journal of Cleaner Production, 2014: 1 - 8.

[124] Yang L., Wang K. L. Regional differences of environmental efficiency of

China's energy utilization and environmental regulation cost based on provincial panel data and DEA method. Math. Comput. Model, 2013, 58 (5): 1074 - 1083.

[125] Yin K., Wang R. S., An Q. X., Yao L., Liang J. Using Eco - Efficiency as An Indicator for Sustainable Urban Development: A Case Study of Chinese Provincial Capital Cities [J]. Ecological Indicators, 2014 (36): 665 - 671.

[126] York R., E. A. Rosa and T. Dietz. STIRPAT, IPAT and ImPACT: Analytic Tools for Unpacking the Driving Forces of Environmental Impacts [J]. Ecological economics, 2003, 46: 351 - 365.

[127] Zha Y., Zhao L., Bian Y. Measuring regional efficiency of energy and carbon dioxide emissions in China: A chance constrained DEA approach. Computers & Operations Research, 2016, 66: 351 - 361.

[128] Zhang C., Kong F., Yu Y. Measuring ecological total - factor energy efficiency incorporating regional heterogeneities in China. Ecol Indic, 2015, 51: 165 - 172.

[129] Zhang X. P., Cheng X. M., Yuan J. H., Gao X. J. Total - factor energy efficiency in developing countries [J]. Energy Policy, 2011; 39 (2): 644 - 650.

[130] Zhang N., Choi Y. Environmental energy efficiency of China's regional economies: A non - oriented slacks - based measure analysis [J]. The Social Science Journal, 2013, 50 (2): 225 - 234.

[131] Zhang N., Kong F., Choi Y. Measuring sustainability performance for China: a sequential generalized directional distance function approach [J]. Economic Model, 2014, 41: 392 - 397.

[132] Zhao R., Neighbour G. Han J. J., McGuire M., Deutz P. Using Game Theory to Describe Strategy Selection for Environmental Risk and Carbon Emissions Reduction in the Green Supply Chain [J]. Journal of Loss Prevention in the Process Industries, 2012, 25 (6): 927 - 936.

[133] Zhao R., Zhou X., Han J., Liu C. For The Sustainable Performance of the Carbon Reduction Labeling Policies under an Evolutionary Game Simulation [J].

Technological Forecasting and Social Change, 2016, in Press.

[134] Zhao X., Yang R., Ma Q. China's total factor energy efficiency of provincial industrial sectors [J]. Energy, 2014, 65: 52-61.

[135] Zhou B. W., Ang B., Poh K. L. A survey of data envelopment analysis in energy andenvironmental studies [J]. European Journal of Operational Research, 2008, 189 (1): 1-18.

[136] Zhou D. Q., Meng F. Y., Bai Y. and Cai S. Q. Energy efficiency and congestion assessment with energy mix effect: The case of APEC countries [J]. Journal of Cleaner Production, 2017, 142: 819-828.

[137] Zhou P., Ang B. W., Han J., et al. Total factor carbon emission performance: A Malmquist index analysis [J]. Energy Economics, 2010, 32 (1): 194-201.

[138] Zhou P., Ang B. W., Wang H., et al. Energy and CO_2 emission performance in electricity generation: A non-radial directional distance function approach [J]. European Journal of Operational Research, 2012, 221 (3): 625-635.

[139] Zhou Y., Xing X., Fang K., Liang D., Xu C. Environmental efficiency analysis of power industry in China based on an entropy SBM model [J]. Energy Policy, 2013, 57: 68-75.

[140] Zhou P., Sun Z. R., Zhou D. Q. Optimal path for controlling CO_2, emissions in China: A perspective of efficiency analysis [J]. Energy Economics, 2014, 45 (C): 99-110.

[141] 陈傲. 中国区域生态效率评价及影响因素实证分析——以2000—2006年省际数据为例 [J]. 中国管理科学, 2008, 16 (10): 566-570.

[142] 陈诗一. 中国的绿色工业革命: 基于环境全要素生产率视角的解释 (1980—2008) [J]. 经济研究, 2010, 45 (11): 21-34.

[143] 陈真玲. 生态效率、城镇化与空间溢出——基于空间面板杜宾模型的研究 [J]. 管理评论, 2016 (11): 66-74.

[144] 成金华, 孙琼, 郭明晶等. 中国生态效率的区域差异及动态演化研究

[J]. 中国人口·资源与环境，2014，24（1）：47－54.

[145] 邓波，张学军，郭军华. 基于三阶段DEA模型的区域生态效率研究[J]. 中国软科学，2011（1）：92－99.

[146] 付丽娜，陈晓红等. 基于超效率DEA模型的城市群生态效率研究——以长株潭“3＋5”城市群为例[J]. 中国人口·资源与环境，2013，23（4）：169－175.

[147] 郭本海，方志耕，刘卿. 基于演化博弈的区域高耗能产业退出机制研究[J]. 中国管理科学，2012，20（8）：79－85.

[148] 郭朝先. 中国工业碳减排潜力估算[J]. 中国人口·资源与环境，2014（9）：13－20.

[149] 郭志仪，姚慧玲. 环境税相关主体利益的博弈及其制度安排[J]. 税务研究，2011（7）：37－39.

[150] 何建坤. CO_2排放峰值分析：中国的减排目标与对策[J]. 中国人口·资源与环境，2013，23（12），1－9.

[151] 何梦舒. 我国碳排放权初始分配研究——基于金融工程视角的分析[J]. 管理世界，2011（11）：172－173.

[152] 洪涛，于明超，江静. 中国工业污染物排放密度的影响因素分析——基于污染供需分析框架的实证研究[J]. 管理评论，2011，23（10）：3－8.

[153] 贾康，王桂娟. 以税制绿化和碳税开启新一轮中国环境税制改革[J]. 开放导报，2011，157（4）：20－22.

[154] 蒋伟杰，张少华. 中国工业二氧化碳影子价格的稳健估计与减排政策[J]. 管理世界，2018（7）：32－49.

[155] 李斌，彭星，欧阳铭珂. 环境规制、绿色全要素生产率与中国工业发展方式转变——基于36个工业行业数据的实证研究[J]. 中国工业经济，2013（4）：56－68.

[156] 李峰，王文举. 中国试点碳市场配额分配方法比较研究[J]. 经济与管理研究，2015（4）：9－15.

[157] 李婧，管莉花. 区域创新效率的空间集聚及其地区差异——来自中国

的实证 [J]. 管理评论. 2014, 26 (8): 127-134.

[158] 李静, 陈武. 中国工业环境绩效与治理投资的规模报酬研究 [J]. 2013, 27 (3): 44-50.

[159] 李兰冰. 中国能源绩效的动态演化、地区差距与成因识别——基于一种新型全要素能源生产率变动指标 [J]. 管理世界, 2015 (11): 40-52.

[160] 李玲, 陶锋. 中国制造业最优环境规制强度的选择——基于绿色全要素生产率的视角 [J]. 中国工业经济, 2012 (5): 70-82.

[161] 李明全, 王奇. 基于双主体博弈的地方政府任期对区域环境合作稳定性影响研究 [J]. 中国人口·资源与环境, 2016, 26 (3): 83-88.

[162] 李楠, 乔榛. 国有企业改制政策效果的实证分析——基于双重差分模型的估计 [J]. 数量经济技术经济研究, 2010, 27 (2): 3-21.

[163] 李胜兰, 初善冰, 申晨. 地方政府竞争、环境规制与区域生态效率 [J]. 世界经济, 2014 (4): 88-110.

[164] 李姝. 城市化、产业结构调整与环境污染 [J]. 财经问题研究, 2011 (6): 38-43.

[165] 李双成, 赵志强, 王仰麟. 中国城市化过程及其资源与生态环境效应机制 [J]. 地理科学进展, 2009, 28 (1): 63-70.

[166] 李新然, 陈蓉. 基于政府基金政策的再制造闭环供应链最优决策研究 [J]. 管理评论, 2015, 27 (10): 183-194.

[167] 李媛, 赵道致, 祝晓光. 基于碳税的政府与企业行为博弈模型研究 [J]. 资源科学, 2013, 35 (1): 125-131.

[168] 李长胜, 范英, 朱磊. 基于两阶段博弈模型的钢铁行业碳强度减排机制研究 [J]. 中国管理科学, 2012, 20 (2): 94-101.

[169] 林伯强. 中国二氧化碳的环境库兹涅茨曲线预测及影响因素分析 [J]. 管理世界, 2009, No.187 (4): 33-42.

[170] 林坦, 宁俊飞. 基于零和 DEA 模型的欧盟国家碳排放权分配效率研究 [J]. 数量经济技术经济研究, 2011 (3): 36-50.

[171] 林毅夫, 张鹏飞. 适宜技术、技术选择和发展中国家的经济增长

[J]. 经济学（季刊），2006，5（4）：985－1006.

[172] 刘传江，胡威，吴晗晗．环境规制、经济增长与地区碳生产率——基于中国省级数据的实证考察[J]. 财经问题研究，2015（10）：31－37.

[173] 刘凤良，吕志华．经济增长框架下的最优环境税及其配套政策研究——基于中国数据的模拟运算[J]. 管理世界，2009（6）：40－49.

[174] 刘健，王润，孙艳伟等．中国低碳试点省份发展路径研究[J]. 中国人口·资源与环境，2012，22（3）：56－62.

[175] 刘骏，何轶．我国低碳试点城市经济增长与碳排放解耦分析[J]. 科技进步与对策，2015，32（8）：51－55.

[176] 刘瑞翔，安同良．资源环境约束下中国经济增长绩效变化趋势与因素分析—基于一种新型生产率指数构建与分解方法的研究[J]. 经济研究，2012（11）：34－47.

[177] 陆铭，冯皓．集聚与减排：城市规模差距影响工业污染强度的经验研究[J]. 世界经济，2014（7）：86－114.

[178] 罗能生，李佳佳，罗富政．中国城镇化进程与区域生态效率关系的实证研究[J]. 中国人口·资源与环境，2013，23（11）：53－60.

[179] 马丽梅、张晓．中国雾霾污染的空间效应及经济、能源结构影响[J]. 中国工业经济，2014（4）：19－31.

[180] 潘峰，西宝，王琳．地方政府间环境规制策略的演化博弈分析[J]. 中国人口·资源与环境，2014（6）：97－102.

[181] 潘峰，西宝，王琳．基于演化博弈的地方政府环境规制策略分析[J]. 系统工程理论与实践，2015（6）：1393－1404.

[182] 彭水军，张文城，孙传旺．中国生产侧和消费侧碳排放量测算及影响因素研究[J]. 经济研究，2015（1）：168－182.

[183] 齐亚伟．碳排放约束下我国全要素生产率增长的测度与分解——基于SBM方向性距离函数和GML指数[J]. 工业技术经济，2013（5）：137－146.

[184] 乔晗，李自然．碳税政策国际比较与效率分析[J]. 管理评论，2010（6）：85－92.

[185] 邵帅，张可，豆建民．经济集聚的节能减排效应：理论与中国经验[J]．管理世界，2019，35（1）：36-60，226.

[186] 申亮．我国环保监督机制问题研究：一个演化博弈理论的分析[J]．管理评论，2011，23（8）：46-51.

[187] 沈能，赵增耀，周晶晶．生产要素拥挤与最优集聚度识别——行业异质性的视角[J]．中国工业经济，2014（5）：83-95.

[188] 宋马林，吴杰，杨力，曹秀芬，梁樑．非期望产出，影子价格与无效决策单元的改进[J]．管理科学学报，2012，15（10）：1-10.

[189] 宋祺佼，王宇飞，齐晔．中国低碳试点城市的碳排放现状[J]．中国人口·资源与环境，2015，25（1）：78-82.

[190] 孙传旺，刘希颖，林静．碳强度约束下中国全要素生产率测算与收敛性研究[J]．金融研究，2010（6）：17-33.

[191] 孙巍，陈丹，王海蓉．资产闲置、资产专用性与要素拥挤的理论内涵[J]．数量经济技术经济研究，2003，20（12）：71-74.

[192] 孙巍．转轨时期中国工业生产要素拥挤的特征分析[J]．管理科学学报，2004，7（3）：38-45.

[193] 汪彩君，唐根年．长江三角洲地区制造业空间集聚、生产要素拥挤与集聚适度识别研究[J]．统计研究，2011，28（2）：59-64.

[194] 汪克亮，孟祥瑞，程云鹤．技术异质性、节能减排与地区生态效率[J]．山西财经大学学报，2015，37（2）：69-80.

[195] 汪克亮，杨宝臣，杨力．基于环境效应的中国能源效率与节能减排潜力分析[J]．管理评论，2012，24（8）：40-50.

[196] 王火根，滕玉华．经济发展与环境污染空间面板数据分析[J]．技术经济与管理研究，2013（2）：85-89.

[197] 王维国，王霄凌．基于演化博弈的我国高能耗企业节能减排政策分析[J]．财经问题研究，2012（4）：75-82.

[198] 王文举，李峰．我国统一碳市场中的省际间配额分配问题研究[J]．求是学刊，2015，42（2）：44-51，181.

[199] 王文举，向其凤．中国产业结构调整及其节能减排潜力评估［J］．中国工业经济，2014（1）：44－56.

[200] 王文举，向其凤．国际贸易中的隐含碳排放核算及责任分配［J］．中国工业经济，2011（10）：56－64.

[201] 吴国华，刘清清，吴琳．碳减排潜力差异分析及目标设定［J］．中国人口·资源与环境，2011，21（S2）：308－312.

[202] 吴军．环境约束下中国地区工业全要素生产率增长及收敛分析［J］．数量经济技术经济研究，2009（11）：17－27.

[203] 夏飞，曹鑫，赵锋．基于双重差分模型的西部地区“资源诅咒”现象的实证研究［J］．中国软科学，2014（9）：127－135.

[204] 夏炎，范英．基于减排成本曲线演化的碳减排策略研究［J］．中国软科学，2012（3）：12－22.

[205] 谢晶晶，窦祥胜．基于合作博弈的碳配额交易价格形成机制研究［J］．管理评论，2016，28（2）：15－24.

[206] 徐晓亮．资源税税负提高能缩小区域和增加环境福利吗？——以煤炭资源税改革为例［J］．管理评论，2014（7）：29－36.

[207] 徐盈之，张赟．中国区域碳减排责任及碳减排潜力研究［J］．财贸研究，2013，24（2），50－59.

[208] 许和连，邓玉萍．外商直接投资导致了中国的环境污染吗？——基于中国省际面板数据的空间计量研究［J］．管理世界，2012（2）：30－43.

[209] 杨冬梅，万道侠，杨晨格．产业结构、城市化与环境污染——基于山东的实证研究［J］．经济管理研究，2014（2）：67－74.

[210] 杨继生，徐娟．环境收益分配的不公平性及其转移机制［J］．经济研究，2016，51（1）：155－167.

[211] 杨俊，邵汉华．环境约束下的中国工业增长状况研究——基于Malmquist－Luenberger指数的实证分析［J］．数量经济技术经济研究，2009（9）：64－78.

[212] 姚昕，刘希颖．基于增长视角的中国最优碳税研究［J］．经济研究，

2010, 45 (11): 48 - 58.

[213] 于维生，张志远．中国碳税政策可行性与方式选择的博弈研究 [J]. 中国人口·资源与环境，2013，23 (6): 8 - 15.

[214] 余伟，陈强，陈华．不同环境政策工具对技术创新的影响分析——基于 2004 - 2011 年我国省级面板数据的实证研究 [J]. 管理评论，2016，28 (1): 53 - 61.

[215] 余泳泽．中国区域创新活动的“协同效应”与“挤占效应”——基于创新价值链视角的研究 [J]. 中国工业经济，2015 (10): 37 - 52.

[216] 张为付，李逢春，胡雅蓓．中国 CO_2 排放的省际转移与减排责任度量研究 [J]. 中国工业经济，2014 (3): 57 - 69.

[217] 张学刚，钟茂初．政府环境监管与企业污染的博弈分析及对策研究 [J]. 中国人口·资源与环境，2011，21 (2): 31 - 35.